인간의 발달과 생존

[힘과 통제의 원리]

조수철 저

학지사

머리말

인간이란 무엇인가? 우리는 늘 이런 생각에 사로잡혀 있지만 간단하게 정의 내리기는 아주 어렵다. 생물학적인 측면만 보더라도 100조 개의 세포가 서로 협조하면서 유지하는 생명체이니 그 복잡성과 오묘함에 대해서 간단하게 답변하기란 어려울 수밖에 없다.

발달이란 또한 무엇인가? 인간의 발달에 영향을 미치는 요인들에는 어떤 것들이 있는가? 타고난 능력(maturation)과 환경 간의 상호작용은 어떻게 일어나는가? 관계란 무엇인가? 대인관계가 원만하기 위해서는 어떤 자세를 갖추어야 하는가? 왜 인간이라는 존재가 소중한가? 오랫동안 진화되어 온 과정에서 왜 인간은 지금과 같은 모습을 취하고 있는가? 생물학과 심리학은 서로 다른 학문인가? 몸과 마음의 관계(body-mind relationship)는 어떠한가? 더 나아가 몸-마음-사회-영혼(body-mind-society-spirit)의 상호관련성은 어떠한가? 정신적으로 정상(normality)은 무엇이며, 비정상(abnormality)은 무엇인가? 일반인과 성인(聖人)은 어떤 차이가 있는가? 왜 어떤 사람들은 착하고 선한 행동을 하는데 또 다른 사람들은 악한 행동만 하는가? 이기주의란 무엇이며, 이타주의란 무엇인가? 둘 간에는 차이가 있는가? 왜 깊은 성찰을 거친 사람들이 인간에 대한 통찰력을 얻게 되면 '모든 인간은 우주적 존재다.' 라는 선언을 하는가?

필자는 이런 모든 질문에 대한 답을 구하기 위하여 이런저런 고민을 하다가 이 책을 내게 되었다. 모든 인간이 궁극적으로 추구하는 목표는 무엇인가에 대하여는 '효과적인 생존(effective survival)' 이라는 답을 얻었고, 모든 발달은 '효과적으로 생존하는 방향으로 설계되어 있다.' 는 결론에 도달하였다.

또한 인간의 발달이란 누구나 경험하는 과정이기에 누구나 쉽게 이해할 수 있는 용어로 설명해 보자는 생각으로 필자가 선택한 단어는 '힘과 통제력(power and control)' 이었다. 그리하여 필자는 '모든 발달은 힘과 통제력을 얻는 과정에서 일어난다. 이는 모든 인간의 공통적 목적인 생존을 위하여는 힘과 통제력이 필수적인 조건이기 때문이다.' 라는 결론에 도달하였다. '힘과 통제력' 이란 누구나 이해할 수 있는 아주 쉬운 용어이며, 생물학적, 심리적, 사회적 및 영혼적 측면 등 인간의 여러 측면에 모두 적용될 수 있는 장점도 있다. 더 나아가서는 힘과 통제력의 조화와 균형에 의하여 정상과 비정상에 대한 새로운 정의도 가능하다.

이 책의 내용을 살펴보면, 우선 제목이 '인간의 발달과 생존' 으로 정해졌는데, 그 의미는 모든 인간은 발달 상태에 있고 이러한 발달은 개인이나 집단의 효과적인 생존과 밀접한 관계가 있다는 것이다. 생존은 영어로 'survive, survival' 인데, 간단하게는 '살아남는다.' 는 의미이고 더 정확하게는 '죽은 후에도(sur) 살아남는다(vive).' 는 의미다. 즉, 영생(永生)의 의미를 갖는다. 모든 인간의 내부에는 효과적으로 살아남는 기제가 이미 준비되어 있다. 이런 교훈을 있는 그대로 받아들임으로써 우리는 효과적으로 살아남는 방법을 터득할 수 있게 된다. 이 책은 이와 같은 과정을 그리고 있는데, 그것을 7개 부분으로 나누어 기술하였다.

- 1장에서는 생존의 기본 모델을 제시한다.

- 2장에서는 인간이란 무엇인가, 왜 모든 인간 존재가 중요한가에 대하여 다룬다.
- 3장에서는 대인관계의 심리학에 대하여 기술한다.
- 4장에서는 대인관계의 유형에 대하여 기술한다.
- 5장에서는 성숙한 대인관계와 부적응적 대인관계를 다룬다.
- 6장에서는 대인관계에서 '긍정적인 힘'의 요소에 대하여 기술한다.
- 7장에서는 '긍정적인 힘'을 획득하는 방법과 실천하는 방법에 대하여 기술한다.

이 책의 가장 기본적인 목적은 우리 내부의 긍정적인 부분은 무엇이고, 어떻게 하면 그것을 강화시킬 수 있는가를 밝히는 것이다. 분명 우리에게는 스스로 성숙할 수 있는 부분이 존재하며, 이를 통하여 영원한 삶을 추구할 수 있는 조건이 갖추어져 있다. 필자는 이에 대한 확신을 가지고 이 책을 낸다.

인체를 구성하고 있는 기본적인 생명 분자는 그 자체로는 아무런 기능을 하지 못한다. 반드시 자신의 짝을 만나서 함께 협조하고 작용해야 생명체를 유지하는 에너지를 가질 수 있다. 분자가 모여 세포를 이루고, 세포(cell) 또한 독자적으로는 효과적인 기능을 할 수가 없기에 다른 세포와 모여 조직(tissue)이 되며, 조직은 모여 기관(organ)이 된다. 그리고 기관은 모여 계(system)가 되고, 계는 모여 인간이 되는 것이다. 인간 또한 홀로 생존할 수가 없다. 항상 타인과의 관계 속에서 생존이 가능해진다. 따라서 인생이란 태어나서 죽음에 이를 때까지 무수한 인간과 만나고 또 헤어지는 과정의 총합이라고 정의할 수 있다. 이 만나고 헤어지는 과정은 일시적인 것인가 영원한 것인가? 일시적인 것이기도 하고 영원한 것이기도 하다. 기쁘기도 하고 슬프기도 하다. 즐겁기도 하고 지겹기도 하다. 사이좋게 지내는 것이기도 하고 다투는 것이기도 하다. 기분이 나쁘기도 하고 좋기도 하다. 이 책은 결국 이러한 과정에서 내가 영원한 삶을 얻기 위해서는 어떻게 하여야 하는가에 관한 것이다.

이 책은 다음과 같은 시로 요약될 수 있다.

만남과 헤어짐

만남이 있다고 크게 기뻐할 것도 없고
헤어짐이 있다고 크게 슬퍼할 것도 없다.
만남이란 것도 영원한 것이 아니고
헤어짐, 이 또한 영원한 것이 아니다.
만나고 헤어지는 것이
둘이 아니고
결국은 하나일지니.

끝으로 항상 따뜻한 마음으로 대해 주시는 학지사의 김진환 사장님 그리고 직원들께 깊은 감사의 말을 전한다.

2010년 1월
然谷齋에서 조수철

차 례

제1장

생존의 기본 모델

인간이란 여러 가지 관점으로 정의할 수 있다. 첫 번째는 생물학적인 관점이다. 그것은 인간을 이루고 있는 기본 단위는 세포이며, 세포가 모여 조직이 되고, 조직이 모여 기관이 되며, 기관이 모여 계가 되고, 계가 모인 것이 인간이라는 관점이다. 이런 모델에서는 세포 간, 조직 간, 기관 간 그리고 계 간의 조화와 균형이 신체적으로 건강을 유지할 수 있도록 한다. 두 번째는 심리적 또는 정신적인 관점이다. 그것은 모든 인간의 정신은 사고(thinking), 감정(emotion) 그리고 행동(behavior)으로 이루어져 있으며, 이 삼자 간의 조화와 균형에 의하여 정신적인 건강, 성격적인 특성과 인격적인 성숙이 결정된다는 관점이다. 세 번째는 사회적인 관점이다. 그것은 인간이란 혼자서는 살아남을 수 없는 존재이며 반드시 타인들과의 관계에서 존재의 의미를 찾는다는 관점이다. 즉, 인간을 집단 내의 한 개체로 보며 다른 사람들과의 관계적인 측면에서 보는 견해다. 네 번째는 종교적 및 철학적인 관점이다. 그것은 인간 존재 자체가 소중하며, 인간에게는 스스로 영원한 삶을 추구하는 잠재적인 능력이 있다는 관점이다.

이상과 같이 인간을 보는 관점에는 여러 가지가 있을 수 있는데, 그 공통점은 모두 '인간의 생존(human survival)'과 밀접한 관계가 있다는 것이다. 다시 말하면, 인간을 보는 관점이 생물학적이건, 정신적이건, 사회적이건, 철학적이건, 모두 기본적으로 인간의 효과적인 생존과 밀접한 관계가 있다는 점에서는 큰 차이가 없다.

정신의학에서는 정신병리를 이해하고 설명하는 많은 이론들이 있어 왔다. 이러한 이론들은 크게 두 가지 접근으로 나누어 볼 수 있다. 하나는 생물학적인 접근이며, 다른 하나는 비생물학적인 접근이다. 생물학적인 접근은 케티(Kety), 위노커(Winokur), 로빈스

(Robins)로 대표된다. 이 학파는 뇌의 기질적인 병변 내지는 유전적인 요인에 의하여 정신질환이 발생한다는 가설하에, 뇌의 신경전달물질계의 이상, 뇌영상 연구를 통한 뇌의 기능적 내지는 기질적인 장애와 정신병리 간의 관계, 유전적인 요인에 관한 연구를 하며, 치료는 약물치료를 주로 한다.

비생물학적인 접근은 여러 학파로 나누어 볼 수 있다. 첫째는 프로이트(Freud)의 정신분석학에 입각한 정신분석학파이고, 둘째는 융(Jung)의 분석심리학에 입각한 분석심리학파다. 이들 학파에서는 인간의 정신을 의식과 무의식으로 나누고 치료자가 자신의 무의식에 대한 이해를 통하여 다른 사람의 무의식을 이해하는데, 이러한 과정을 치료에서 가장 중요한 과정으로 인식한다. 셋째는 사회심리학 또는 발달심리학에 근거한 대인관계이론을 기본으로 하는 학파로서 설리번(Sullivan), 프롬-라이히만(Fromm-Reichman), 아리에티(Arieti)로 대변된다. 넷째는 사회학, 인류학 또는 사회과학의 이론을 기반으로 하는 사회학파로서 메이어(Meyer), 레이턴(Leighton), 린데만(Lindemann)으로 대변된다. 이 학파에서는 역학연구를 주로 하며, 특히 사회 전체의 정신건강 향상을 강조한다. 다섯째는 파블로프(Pavlov) 또는 스키너(Skinner)의 학습이론에 입각한 행동학파로서 울프(Wolpe), 스턴커드(Stunkard)로 대변된다. 이 학파에서는 인간의 행동이 그 행동의 결과에 대한 반응에 의하여 결정되고 또 변화될 수 있다고 생각하면서 행동치료를 주로 한다. 마지막은 인지심리학에 입각한 인지학파로 인지치료를 주된 치료법으로 사용한다.

이처럼 인간의 사고, 감정 또는 행동에 대하여 수많은 이론과 학설이 있어 왔다. 그러나 아직까지 인간의 기본적인 문제를 포괄적으로 설명하고 치료법을 제시하며, 나아가 체계적으로 예방책을 제시하는 이론과 학설은 없다고 할 것이다. 게다가 각 학파가 인간의 정신 현상에 대한 설명에서 서로 다른 용어들을 사용하기에 한 학파의 설명을 다른 학파에서는 전혀 이해하기 어려운 점도 있다.

이에 이 장의 기본 목적은 우선 생물학적인 이론과 비생물학적인 이론을 통괄하는 것이다. 두 번째로 인간 내적인(intrapersonal) 측면과 대인관계적인(interpersonal) 측면을 통괄하는 것이다. 마지막으로 이 두 측면에서 공통적으로 적용 가능한 용어—이 용어에는 힘(power), 통제력(control), 생존(survival)이 포함된다—를 사용하여 인간 내적과 대인관계적인 한 모델을 제시하고, 그에 입각하여 정상(normality)과 비정상(abnormality)에 대한 새로운 정의를 확립하는 것이다.

1. 생존의 모델

관계에는 자신과의 관계와 타인과의 관계가 있으며, 물리적인 측면과 정신적인 측면이 있다. 관계의 두 가지 기본적인 요소는 힘(power)과 통제(control)다.

힘과 통제는 사전적인 정의를 그대로 따른다. 즉, '힘' 은 ① 사람이나 동물에서 남을 움직이게 하는 근육의 작용이나 기운(strength), ② 정지한 물체에 운동을 일으키고, 또 움직이는 물체의 속도를 바꾸거나 운동을 그치게 하는 작용(force, 물리학의 정의), ③ 도움이 되는 것(help), ④ 일을 하는 능력(ability), ⑤ 견디거나 해낼 수 있는 한도(endurance), ⑥ 알거나 깨달을 수 있는 학식, ⑦ 세력이나 권력(power), ⑧ 은혜 또는 은덕, ⑨ 효력 또는 효능 등으로 정의된다.

그리고 '통제'는 ① 여러 갈래로 나누어진 일을 하나로 모음, ② 특정 목적을 달성하기 위하여 모든 부분을 하나의 원리로 제약하는 일(regulation), ③ 좋은 결과를 극대화하고 나쁜 결과를 최소화하는 방향으로 일어나는 행동 등으로 정의된다.

'힘'은 네 가지 요소로 구성되는데, '내적인 신체적 힘' '내적인 정신적 힘' '외적인 신체적 힘' '외적인 정신적 힘'이다. '통제' 또한 네 가지 요소로 구성되는데, '내적인 신체적 통제' '내적인 정신적 통제' '외적인 신체적 통제' '외적인 정신적 통제'다. 이 네 종류의 힘과 네 종류의 통제의 균형에 의하여 특정 개인의 특성과 관계적인 측면에서의 특성이 결정된다.

여기서 '내적'이란 한 개인에서 힘과 통제가 그 자신에게로 향한다는 의미를 가지며 '외적'이란 힘과 통제가 타인에게로 향한다는 의미를 가진다. 그리고 '신체적'이란 '물리적 또는 생물학적'과 거의 동일한 의미로 사용될 수 있으며, '심리적'이란 '정신적'으로 대치가 가능한 개념이다. 이러한 기본적인 정의하에 그 세부적인 내용을 살펴보면 다음과 같다.

1) 힘

(1) 내적인 신체적 힘

'내적인 신체적 힘(internal physical power)'이란 개인이 신체적 또는 물리적 측면에서 얼마나 강력한 힘을 가지는가 하는 것이다. 이것은 개인의 생존에 지대한 영향을 미칠 수가 있다. 내부적으로 개인의 각 신체기관, 즉 심장, 폐, 위장, 간장, 소장, 대장, 신장, 뇌, 눈, 코, 귀, 입, 식도, 각종 내분비기관 등 모든 기관들이 얼마나 적절하게 기능을 하는가 하는 측면이다. 이러한 각 기관들이 자신들의 기능을 충실하게 수행하면 내적인 신체적 힘이 강화되어 생존이 가능하지만, 적절하게 수행하지 못하면 살아남기가 힘들다.

(2) 외적인 신체적 힘

'외적인 신체적 힘(external physical power)' 은 개인이 내적인 신체적 힘을 사용하여 다른 사람에게 작용하도록 하는 힘을 말한다. 힘은 다른 사람들에게 영향을 미칠 수 있기에 긍정적으로 작용할 수도 있고 부정적으로 작용할 수도 있다. 신체적인 힘이 센 사람은 약한 사람을 도와줄 수도 있지만 해를 끼칠 수도 있다. 따라서 이러한 물리적인 힘이 적절하게 사용되지 않는 경우에는 다른 사람의 생존에 영향을 미치게 되며, 궁극적으로는 적절하게 사용하지 못한 사람들도 자기파멸에 이르게 된다. 따라서 그것을 긍정적으로 사용하기 위하여는 적절한 통제가 필요하다.

(3) 내적인 심리적 힘

'내적인 심리적 힘(internal psychological power)' 은 정신적 또는 심리적 측면에서 얼마나 안정된 상태에 있느냐가 그 힘을 결정하는 가장 중요한 요인이 된다. 인간의 정신은 세 가지 측면에서 고려해 볼 수 있다. 즉, 생각과 감정 그리고 이 두 요소의 상호작용에 의하여 행동이 결정된다. 우리는 사람에 대한 평가를 할 때 여러 각도에서 할 수 있는데, 그 사람의 생각과 감정 그리고 그 결과로 나타나는 행동의 특징에 대한 기술로 비교적 간단하게 평가할 수 있다.

올바른 생각을 가지고 있는가? 선과 악을 구별할 수 있는 능력이 있는가? 기본적인 도덕이나 윤리의식이 있는가? 지나친 욕심을 가지고 있지는 않는가? 극단적인 이기주의적 사고방식을 가지고 있지는 않는가? 자신이 하고 있는 일에 대하여 전문적인 지식을 가지고 있는가? 올바른 방법으로 돈을 벌려는 자세를 갖추고 있는가? 다른 사람에 대하여 사랑하고 봉사하고 희생하는 자세를 갖추고 있는가? 다른 사람의 삶에 대하여 진지한 자세를 갖고 있는가? 겸손한 태도를 가지고 있는가? 부드러운 자세를 가지고 있는가? 신뢰 있는 대인관계가 형성되어 있는가? 이러한 것들이 내적인 심리적 힘에서 중요한 덕목이라고 할 수 있다.

(4) 외적인 심리적 힘

'외적인 심리적 힘(external psychological power)'은 내적인 심리적 힘이 자신에게서 타인에게로 향하는 것을 말한다. 따라서 내적인 심리적 힘이 얼마나 성숙한가에 따라서 외적인 심리적 힘이 결정된다고 할 수 있다. 내적인 심리적 힘이 성숙한 상태에 있으면 외적인 심리적 힘은 그에 비례하여 강력해지며, 그 반대인 경우에는 외적인 심리적 힘이 약해진다.

2) 통제

(1) 내적인 신체적 통제

'내적인 신체적 통제(internal physical control)'는 신체적인 힘이 작동하여 자신에게 영향을 미치는 과정을 말한다. 개인의 내부에는 각각의 기관들이 힘을 가지고 있는데, 그 힘이 다른 기관들과 조화와 균형을 이루는 과정을 내적인 신체적 통제라고 한다. 이러한 과정은 생존에 필수적인 과정이다. 예를 들어, 뇌의 중추기관에서 말초기관들에 대한 적절한 통제가 상실되면 말초기관들의 기능이 마비되어 결과적으로 살아남을 수 없게 된다.

내적인 신체적 통제가 무너져 생존하지 못하게 되는 가장 전형적인 예는 암에서 볼 수 있다. 인간을 구성하는 기본 단위인 세포는 '유전적 통제(genetic control)'를 받도록 프로그램되어 있다. 다시 말해, 생체 내 모든 기관의 세포는 유전적인 통제를 받아 일정한 세포 분열을 거쳐 특정 크기의 특정 개수가 되면 더 이상 많아지거나 커지지 못하게 되어 있다. 그러나 어떠한 원인 탓에 정상 세포의 불필요한 세포 분열을 억제시키는 정상적인 세포 분열의 조절 기능이 고장나면 세포들은 비정상적인 지속적 세포 분열을 통하여 세포 집단을 형성하게 된다. 이것이 곧 암세포 집단이다. 즉, 생체 내에서 스스로의 통제 조절 기능에서 벗어나서 제 마음대로 행동하는 세포가 바로 암세포인 것이다.

암세포는 특정 부위에서 생겨나 마음대로 자라서 그 기관의 기능을 마비시키고, 나아가 다른 부위로 전이되어 다시 마음대로 분열하여 그 기관의 기능도 마비시켜서 급기야는 한 개체를 파멸시킨다. 현재 암의 원인에 대해서는 여러 가지 가설들이 있는데, '통제'라는 용어로도 암에 대한 설명이 가능하다.

모든 인간은 항상 어떤 집단 내에서만 생존이 가능하다. 그런데 어떤 사람들은 자신이 속해 있는 일정한 집단 내에서 그 집단의 규칙을 지키지 않고 자기 마음대로 행동하고, 주변과의 균형과 조화를 무시하고 끊임없이 자기 세력만 넓히면서 이익만 추구하려 한다. 이와 같은 사람들을 '암 같은 존재' 라고 일컫는 이유가 바로 여기에 있다. 집단 내에서 극단적인 이기주의만을 추구하는 사람들은 일시적으로는 자신이 뜻하는 바를 이룰 수 있을지 몰라도 긴 안목으로는 결국 자신이 속해 있는 집단을 와해시키며, 결국에는 자신도 살아남을 수 없는 상태가 된다. 이와 같이 암세포는 생물학적인 현상과 사회 · 심리적인 현상 간의 연관성을 볼 수 있는 좋은 예다.

(2) 외적인 신체적 통제

'외적인 신체적 통제(external physical control)' 는 내적인 신체적 힘이 타인에게 영향을 미치는 과정을 말한다. 여기에는 신체적, 물리적 요소가 모두 포함될 수 있다.

(3) 내적인 심리적 통제

'내적인 심리적 통제(internal psychological control)' 는 내적인 심리적 힘에 의하여 자신의 생각이나 감정 또는 행동에 영향을 미치는 과정을 뜻한다. 내적인 심리적 힘이 확고한 경우에는 우리 내부에서 일어나는 부정적인 요소가 효과적으로 통제되어 상대적으로 긍정적인 요소가 강력하게 작용하게 된다. 반대로 내적인 심리적 힘이 취약한 경우에는 우리 내부의 부정적인 요소가 강력하게 작용하게 된다. 보통 사람들은 생각보다는 감정이 행동을 결정하는 중요한 요인으로 작용한다. '도덕' '윤리' '종교적 교훈' 등의 내적인 심리적 힘이 강화되어야 내적인 심리적 통제가 강화될 수 있다.

(4) 외적인 심리적 통제

'외적인 심리적 통제(external psychological control)' 는 개인의 생

각이나 감정 등 내적인 심리적 힘이 다른 사람들에게 영향을 미치는 과정을 의미한다. 올바른 사고방식을 가지고 있는 사람들은 다른 사람에 대한 심리적인 통제가 강하다. 자신의 감정을 잘 통제하는 사람들은 다른 사람에 대하여도 감정에 따라 충동적으로 행동하지 않는다. 도덕이나 윤리 또는 종교적인 교훈 등에 의하여 내적인 심리적 통제가 확고한 사람들은 다른 사람에 대하여도 강력한 통제를 할 수 있다.

2. 효과적인 생존

인간은 생물학적, 심리적, 사회적 관점 등 여러 관점으로 정의할 수 있다. 인간에 대한 정의가 어떠하든지 모든 인간에게 공통적으로 적용되는 원칙은 '효과적인 생존' 이다. 인간은 알게 모르게 인간 내적 또는 대인관계적 측면에서 효과적인 생존을 추구하고 있다는 것이다.

우선 인간의 정상적인 발달과정에서 자연스럽게 관찰되는 현상들이 효과적인 생존과 어떠한 관계가 있는가를 살펴보자.

첫 번째는 수태(Conception)과정이다. 임신이 되는 과정은 인간의 효과적인 생존과 밀접한 관계가 있다. 수태는 한 정자와 한 난자가 만나는 과정이다. 개인에 따라서 많은 차이가 있지만, 이 과정에서 최소한 정액 1ml당 약 7천만 마리의 정충이 있어야 수태가 가능하다. 한 번 사정 시 평균 정액량을 3~5ml로 본다면, 한 번 사정에서는 2~4억 마리의 정충이 쏟아진다. 이것은 경제적 논리로 본다면 지극히 비경제적이다. 정작 필요한 정충은 단 한 마리인

데 엄청난 수의 정충이 쏟아지기 때문이다. 이렇게 비경제적인데도 이런 과정으로 인간이 설계(design)되는 이유는 엄청난 경쟁 속에서만이 생존에 가장 이상적인 인간이 탄생할 수 있기 때문이다. 모든 인간의 존엄성이 중요하게 다루어져야 하는 이유도 바로 여기에 있다.

두 번째는 분만(delivery)과정이다. 수태 후 약 40주가 지나면 분만이 시작된다. 의학적인 면, 즉 신체적인 면에서 분만이 어떤 기전(mechanism)으로 시작되는가에 대하여는 아직까지도 명확히 알려진 바가 없다. 왜 40주까지는 모체가 태아를 자신의 신체 일부로 받아들여서 공생(co-survival)을 하다가 그 이후에 갑자기 이물체(foreign body)로 인식하게 되는가 하는 문제다. 이에 대해 아직까지 밝혀진 명확한 답은 없으나, 분명한 것은 태아가 자궁 내에 머무르는 상황에서는 더 이상 생존할 수 없기에 모체가 태아의 생존을 위하여 태아를 이물체로 받아들여 거부 반응을 보이는 것이 분만이다. 간단히 말해, 분만이란 태아의 생존을 위한 모체의 신비한 반응이라고 할 수 있다.

세 번째는 반사 반응(reflex response)이다. 신생아들은 여러 종류의 반사 반응을 보인다. 그것은 학습된 행동이 아니며, 인간 내부에 태어날 때부터 이미 존재하는 행동이다. 대표적인 반사 반응으로는 눈 깜빡임 반사(blinking reflex), 후퇴반사(withdrawal reflex), 파고듦 반사(rooting reflex), 빨기반사(sucking reflex), 연하반사(swallowing reflex), 모로반사(Moro reflex), 보행반사(stepping reflex), 수영반사(swimming reflex) 등이 있다.

이들 반사는 각기 신생아의 생존과 밀접한 관계가 있다. 눈 깜빡임 반사가 없으면 안구가 말라서 눈이 멀게 된다. 후퇴반사는 통증

자극을 주었을 때 피하는 반사로 자기 보호의 의미가 있다. 파고듦 반사, 빨기반사, 연하반사는 생존하기 위한 필사적인 노력이다. 모로반사는 높은 곳에서 떨어졌을 때 자신을 보호하기 위한 반응이다. 보행반사는 장차 땅위를 걸어다니면서 생존하기 위한 연습과정이다. 수영반사는 물에 빠지더라도 살아남을 수 있도록 설계되어 있는 반응이다. 이 모든 반사 반응들은 신생아가 어떠한 어려운 상황에 처하더라도 생존할 수 있도록 도와주는 심오한 의미가 있는 반사들이다. 이들 반사에 대해서는 2장에서 더 자세히 다루도록 하겠다.

네 번째는 울음(crying)이다. 울음은 신생아들의 의사소통도구다. 이 역시 학습된 행동이 아니라 인간에게 내재되어 있는 행동이다. 신생아는 태어날 때부터 울기 시작하여(birth cry), 배가 고파도 울고(hunger cry), 지루해도 울고(bored cry), 소변이나 대변을 싼 후 불편해도 울며(discomfort cry), 몸이 아플 때도 운다(pain cry). 어머니는 대개 신생아의 울음소리만 듣고도 무슨 문제가 있는지를 정확하게 판단하고 그것을 해결해 주는 능력을 가지고 있다. 이런 의미에서 신생아의 울음도 자신의 괴로움을 해결하는 생존과 밀접한 관계가 있다고 할 수 있다. 울음으로 어려운 상황에서 벗어나고자 하는 행동은 신생아뿐만 아니라 성인기에서도 흔히 관찰된다.

다섯 번째는 눈 맞춤(eye contact)이다. 생후 4주 정도까지 신생아들은 어머니와 눈을 정확하게 맞출 수가 없다. 그러나 생후 4~6주 정도가 경과되면 어머니와 눈을 맞출 수 있게 된다. 이러한 능력은 안구의 운동을 조절하는 신경이 성숙하면서 나타나는데, 이 역시 신생아의 생존과 밀접한 연관성을 갖는다. 왜냐하면 신생아가 어머니와 눈을 맞춤으로써 어머니의 신생아에 대한 감정적인 반응 그리고 사랑이 더욱 깊어지기 때문이다. 신생아는 어머니와의 눈 맞춤을 통하여 자신에 대한 보살핌(caretaking)을 능동적으로 유도함으로써 결국 효과적으로 생존할 수 있게 된다. 성인기에도 서로 간의 효과적인 감정 교류에는 눈 맞춤이 반드시 필요하다.

여섯 번째는 미소(smiling)다. 미소는 생후 약 9~10주가 경과되면 나타나기 시작한다. 이 또한 학습된 행동이 아니라 타고난 행동이다. 이 미소는 처음 단계에서는 선택성이 없다. 영아는 누구라도 어르고 자극을 주면 웃는 행동을 보인다. 약 20주가 지나서야 선택성을 띠게 되는데, 어머니 등 자신과 친숙한 사람에게만 미소를 띠게 된다. 미소 또한 눈 맞춤과 마찬가지로 어머니의 관심을 끌고 어머니의 사랑을 더욱 깊게 만드는 작용을 하여 유아의 효과적인 생존에 중요한 역할을 하게 된다.

일곱 번째는 정상 불안(normal anxiety)이다. 유아기에는 정상적인 불안 반응을 보인다. 하나는 분리불안(separation anxiety)이고, 다른 하나는 낯가림(stranger anxiety)이다. 개인에 따라서 나타나는 시기에 차이가 있으나, 대개 생후 약 6개월이 경과되면 분리불안을 보인다. 분리불안이란 어머니가 곁에 있다가 없어지면 보이는 불안 반응으로, 기어 다니거나 울면서 찾는 행동을 보인다. 이 또한 학습된 행동이 아니라 성장과정에서 자연스럽게 나타나는 행동이다. 이러한 행동에는 유아가 혼자서 자신의 문제를 해결할 수 있는 능력이 결여된 상태이기에 어머니를 결사적으로 곁에 붙잡아 둠으로써 도움이 필요할 때마다 도움을 받겠다는 의미가 들어 있다.

분리불안이 나타난 지 약 1~2개월이 경과되면 친숙한 사람과 친숙하지 않은 사람을 구별하는 능력이 생기게 된다. 이에 친숙하지 않은 사람이 나타나면 경계를 하고, 심하면 우는 행동을 보인다. 이것이 낯가림이다. 이 행동은 유아가 스스로를 보호할 수 있는 능력이 없어서, 낯선 사람이 나타나면 울음으로써 친숙한 사람에게 알리고 위험한 사람으로부터 스스로를 보호하고자 하는 기능을 가진다. 그렇기에 이 또한 유아의 효과적인 생존과 밀접한 관계가 있다고 할 수 있다.

여덟 번째는 유아의 놀이다. 아동에게 놀이는 자연스러우며, 자발적이고, 능동적이며, 반복적이고, 재미가 있다. 유아기에 하는 놀이에는 도리도리, 잼잼놀이, 곤지곤지, 까꿍놀이 등이 있다. 특히 까꿍놀이는 걸음마기가 되면 어머니를 쫓아다니는 놀이(chasing game) 형태로 발전되며, 이후에는 또래와의 숨바꼭질 형태로 발전된다. 또 아빠 · 엄마 놀이, 소꿉놀이, 협동놀이 등 발전된 형태의 놀이가 이후에 나타나는데, 이러한 모든 놀이들은 나중에 커서 해야 할 일들을 미리 연습한다는 점에서 생존의 의미가 있다.

이러한 놀이들은 모두 다른 사람들과의 관계에서 일어난다. 특히 유아기의 까꿍놀이는 사람과 사람이 만나고 헤어지는 형태를 취하는데, 이런 과정은 모든 인간이 태어나서 죽을 때까지 반복하는 과정이다. 그러므로 유아기부터 어머니들이 유아들을 데리고 그에 대한 준비를 할 수 있도록 도와준다. 이런 의미에서 유아의 놀이도 이후의 삶에서 생존을 도와주는 심오한 의미를 지닌다.

아홉 번째는 임상 증상(clinical symptoms)이다. 신체적인 질환이 있을 때에 가장 흔한 임상 증상은 통증이며, 정신적으로 안정되어 있지 않을 때에 경험하는 증상은 불안이다. 신체적인 질환이 있는데 아무런 증상이 없이 그냥 지난다면 질병은 지속적으로 악화되어 급기야는 개체가 생존할 수 없는 상태로까지 발전하게 될 것이다. 그러나 실제로 질병이 있는 경우에는 통증을 비롯하여 여러 종류의 증상들을 경험하게 된다. 이러한 증상들은 개체 내에서 무엇인가 잘못되고 있다는 경고로서, 여기에는 질병을 찾아내고 고쳐서 생존이 가능하도록 도와주는 의미가 있다.

불안 또한 같은 의미를 가진다. 정신적인 면에서 무엇인가 균형이 깨어져 있다는 것을 가르쳐 주며, 그 경고의 의미를 함께 찾고 해결하는 과정이 곧 치료과정이다. 이러한 관점에서 본다면 통증이나 불안은 그 자체가 괴로움을 주어도 개체를 효과적으로 생존할 수 있도록 도와주는 것이다.

이번에는 발달과정에서의 대인관계적인 측면을 살펴보자.

대인관계의 형성은 일생을 통하여 지속적으로 일어나는 과정으로, 인간의 삶은 인간과 인간이 만나고 헤어지는 과정의 연속이다. 세상에 태어나면서 부모 및 형제자매와 만나고, 걸음마기가 되면 또래 친구들과 만나는 경험을 한다. 또 학령전기에는 유치원에서 또래 친구들 및 유치원 선생님들과 만나고, 학령기에는 학교에서 선생님 및 친구들과 만난다. 독서할 능력이 생기면 동화 또는 소설 속 주인공들과의 만남으로 꿈을 키우고 청소년기가 되면 동성 및 이성 친구와의 만남이 이루어진다.

성인기가 되면 부모로부터 서서히 독립하면서 배우자와의 중요한 만남을 갖게 된다. 배우자와의 만남을 통하여 배우자 가족들과의 새로운 만남이 형성되고, 자녀를 낳음으로써 자녀들과 새로운 만남을 시작한다. 또 자녀들이 성장하여 새로운 가정을 이루면 그에 따른 새로운 만남이 형성된다. 직장 내에서는 동료들 및 직업과 관련된 새로운 대인관계가 형성된다. 그 밖에도 취미생활 또는 종교생활을 통해 대인관계가 새롭게 형성된다. 인간은 이러한 숱한 대인관계 속에서 살다가 결국에는 죽음으로써 그 모든 중요한 관계와의 헤어짐을 경험한다.

개인은 신체적, 정신적인 면에서 조화를 이루어야 사회적으로도 다른 사람들과의 관계에서 조화와 균형을 이룰 수 있다. 정신질환을 앓고 있는 사람들은 생각과 감정 및 행동 간에 조화와 균형이 완전히 깨어진 상태에 있다. 일반인들의 경우에도 얼핏 보기에는 삼자 간의 조화와 균형이 어느 정도 유지되는 듯하나, 자세히 들여다보면 그 속에 엄청난 부조화가 내재되어 있음을 알 수 있다. 그리고 성인(聖人)의 경우에는 삼자 간의 조화와 균형이 완벽하게 이루어져, 생각하는 대로 느끼고 느끼는 대로 행동하여도 도리에 벗어남이 없는 상태가 된다.

이러한 인간의 특성을 모두 고려하면서 통괄하기 위한 방법으로, 필자는 필자가 개발한 한 모델을 제시하였다. 이 모델은 몸과 마음, 인간 내적과 대인관계적 측면 모두를 포함하고 있다.

인간의 발달은 자신에 대한 통제력을 발달시켜 나가는 과정이라고 정의할 수 있다. 나이가 어리거나 인격적으로 미성숙한 상태에서는 외적 통제(external control)에 의하여 행동이 적절하게 통제되나, 나이가 들거나 인격적으로 성숙해진 상태가 되면 외적 통제가 가해지지 않더라도 내적 통제(internal control)에 의하여 행동 통제가 가능해진다. 그러나 외적 통제 없이 내적 통제에 의하여만 자신의 행동 통제를 완벽하게 한다는 것은 일반인들에게는 거의 불가능하다. 이러한 이유로 집단생활을 영위하는 데 있어 법이라는 외적 통제장치가 불가피한 것이다.

힘과 통제는 상호 밀접한 관계로, 양자 중 어느 한쪽만 결여되어도 효과적으로 생존할 수 없다. 이처럼 힘과 통제는 누구에게나 생존에 필수적이기에 누구나 그것을 추구한다. 누구나 공통적인 것을 추구하기 때문에 대인관계에서는 갈등이 야기된다. 이처럼 대인관계에서의 모든 갈등은 힘과 통제의 두 요인으로 설명 가능하다.

인간과 인간이 서로 관계를 맺을 때는 여러 종류의 갈등이 야기된다. 한쪽의 힘에 의하여 다른 한쪽이 완벽하게 통제될 때를 제외하고는 여러 사람들이 공감할 수 있는 합리적인 힘이 아니라, 다른 사람과 공유하지 못하는 개인적인 힘으로 상대방을 통제하려고 할 때에는 갈등이 야기된다.

필자가 만든 모델을 사용하면 정상과 비정상에 대한 새로운 정의가 가능하다. 즉, 힘과 통제는 모든 인간의 생존에 필수적이기에 누구나 그것을 추구하게 된다. 따라서 개인이 힘을 얻는 과정, 힘을 사용하는 과정이 정상적인 범위를 벗어날 때에는 비정상적인 것으로 정의될 수 있다.

힘에는 긍정적인 힘(positive power)과 부정적인 힘(negative power)이 있다. 개인 자신의 생존에 긍정적인 방향으로 작용하는 힘이 긍정적인 힘이며, 부정적인 방향으로 작용하는 힘이 부정적인 힘이다. 사랑, 봉사, 감사하는 마음, 희생, 신뢰 등은 긍정적인 힘이 되며, 거짓말, 도둑질, 위선, 독선, 아집, 욕심, 허영심, 지나친 이기주의, 배타주의 등은 부정적인 힘이 된다. 부정적인 힘의 추구는 결국 생존에 부정적으로 작용한다는 의미에서 비정상적이라고 정의할 수 있다. 통제 면에서도 비슷한 설명이 가능하다.

이러한 모델은 여러 가지 관점에서 적용될 수 있다. 우선 인간 심성의 측면에 적용할 경우, 일반인은 사고와 감정 그리고 행동 간의 힘과 통제에서 조화와 균형이 어느 정도 유지되고 있다고 할 수 있다. 성인의 경우에는 삼자 간의 조화와 균형이 완벽하여 하나가 되는 경지에 이르게 된다. 이런 관점에서 성인과 일반인 그리고 정신질환자들 간의 관계는 서로 분리되는 개념이 아니라 지속적인 개념으로 파악할 수 있다. 그리고 새로운 각도에서 정상과 비정상에 대한 정의가 가능해진다.

이 모델을 정신과 질환에 적용시켜 본다면, 정신분열병은 기본적으로 인지적 기능체계가 조화와 균형을 잃게 되는 질환이고, 정서장애는 감정체계의 조화와 균형이 무너지는 질환이다. 또한 행동에 대한 내적 통제체계가 기능을 잃게 되면 여러 가지 행동장애가 유발될 수 있다.

또한 이 모델은 인간의 종교생활의 의미가 무엇인가에 대한 통찰력도 갖게 해 준다. 생존의 사전적인 정의를 보면, ① 죽은 후에도 살아남는다, ② 어려운 상황에서 견디어 내며 살아남는다다. 이처럼 사전적인 의미는 두 가지로 구분해서 설명하고 있지만, 사실 그 내용은 하나라고 할 수 있다. 후자의 경우 여러 어려운 상황 중에서도 가장 어려운 상황은 죽음이기 때문이다.

모든 종교는 내세, 즉 사후 세계를 설정하고 있다. 모든 인간은 영원히 살고 싶어 하며, 이러한 인간의 공통적인 욕구가 가장 전형적으로 표현된 것이 바로 종교다. 종교에서는 삶과 죽음이 분리된 개념이 아니라 서로 연결되어 있는 연속적인 개념이다. 생존의 관점에서는 수태과정, 신생아기, 유아기의 인간 내부에 프로그램되어 있는 모든 행동 및 발달 과정, 그 후 대인관계를 맺으면서 살아가는 모든 삶과 종교적인 삶은 서로 같은 행동이다. 종교를 갖고 싶어 하는 마음은 태어날 때부터 존재하는 원초적인 본능이라고 할 수 있다. 인류 역사상 인간의 정신과 행동에 가장 강력한 영향을 미쳐 온 것은 종교라고 할 수 있다. 그것은 종교가 영원한 삶을 살 수 있는 방법을 제공해 주기 때문이다.

3. 힘과 통제력

개인이 성장, 성숙, 발달하는 과정은 결국 힘과 통제력을 성취하는 과정이다. 신체적인 측면에서는 세포의 크기나 개수가 늘어나서 키나 몸무게가 자라게 된다. 이러한 발달의 과정에서 인지 능력, 언어 능력, 운동 능력, 지각 능력, 사회성(대인관계) 능력 등 발달의 모든 부분에서의 기본적인 능력(즉, 힘)이 점차 발달함으로써 주변 환경에 대하여 적절하게 적응하고 살아남을 수 있는 힘을 갖게 된다. 신체적인 발달도 청소년기까지 지속되어 중요한 각 기관의 세포가 일정한 수를 유지하고, 청소년기가 되면 신체적인 발달은 거의 완성된다. 뇌의 적절한 통제 기능에 의하여 세포가 일정한 크기와 수가 되면 더 이상 커지거나 많아지지 않는다. 또한 신체의 각 기관들—심장, 폐, 위장, 간, 담낭, 소장, 대장, 췌장, 신장 등—이 상호 절묘한 협동과 통제에 따라서 한 목적으로 일을 하는데, 이 과정이 개체의 생존이 가능한 이유가 된다.

신체적인 발달과 더불어, 심리적인 측면에서도 생각할 수 있는 능력(thinking), 느낄 수 있는 능력(affect, emotion) 그리고 이들에 입각한 행동(behavior)의 체계가 잡히게 된다. 그리하여 집단 내에서 규칙을 지키는 능력, 다른 사람의 기본적인 권리를 존중할 줄 아는 능력, 자신의 욕구 충족을 지연시키는 능력 등의 기본적인 능력들이 발달한다. 즉, 할 수 있는 행동과 해서는 안 될 행동에 대한 통제력이 발달하는 것이다.

이러한 힘은 우리가 사용하는 언어 곳곳에서 발견된다. 즉, 국력, 체력, 학력, 집중력, 기억력, 독해력, 결단력, 능력, 판단력, 응용력, 이해력, 경제력, 추리력, 사랑의 힘, 도덕의 힘, 종교의 힘, 법의 힘 등이다. 이러한 힘이 긍정적으로 작용하기 위하여 힘이 적절하게 사용되고 있는가를 검증하는 체계가 '통제체계(control system)' 다.

힘이란 그것을 사용할 때에 아주 재미가 있기 때문에 그에 대한 통제체계가 형성되지 않으면 자신에게 유리하게 마음대로 사용할 위험성이 아주 크다. 즉, 힘은 다른 사람에게 영향력을 갖기 때문에 긍정적인 측면과 부정적인 측면의 양면성을 갖는다. 예를 들어, 칼이라는 것은 큰 힘을 갖는데, 그것을 유능한 의사가 쥐면 사람의 고귀한 생명을 살리는 데 이용되지만 강도가 쥐면 생명을 빼앗는 결과를 낳게 된다. 이는 힘의 양면성을 볼 수 있는 적절한 예라고 할 수 있다. 이런 것을 막기 위하여 통제체계가 존재하는 것이다. 발달과정에서 우리의 내부에 상당 부분 설계되어 있으며, 일부는 교육과정을 통하여 후천적으로 습득하게 된다. 사회적 통제는 '법' 에 의하여 이루어지며, 인간의 내부에서 자기 행동을 스스로 통제하는 능력은 '도덕 또는 윤리' 에 의하여 이루어진다. 즉, 법은 인간의 행동에 대한 외적인 통제체계이며, 도덕은 인간 내부에서 스스로 통제력을 발휘하도록 하는 내적 통제체계다. 통제력의 입장에서 본다면 도덕과 법은 서로 긴밀한 관계에 있으며, '법은 최소한의 도덕' 이라는 정의가 가능하다.

4. 힘과 통제력: 사회적 측면

힘과 통제력이 서로 이러한 관계에 있기 때문에 사회의 모든 구조가 그 원칙하에 만들어져 있다. 힘이 주어진 기관에는 반드시 통제제도가 수반된다. 통제제도는 그 역사가 아주 오래되었다. 과거 절대왕조 시대에 왕은 절대적인 힘을 갖고 그것을 마음대로 행사했을 것처럼 보이지만 실제는 전혀 그렇지 못하였다. 사관(史官)이라는 관리가 왕의 말과 행동 하나하나를 모두 역사의 기록으로 남기도록 하였다. 사관의 존재는 왕의 말이나 행동 또는 중요한 정책의 결정에서 엄청난 통제력을 가지고 있었다. 게다가 왕은 국법으로 사관의 기록을 보지 못하도록 되어 있었다. 즉, 왕이 자신의 잘못을 마음대로 고치지 못하고 자신이나 선조들에 대한 기록을 보지 못하도록 하여, 사관들이 왕들의 좋은 기록이든 좋지 못한 기록이든 왕의 눈치를 보지 않고 사실을 정확하게 기록할 수 있도록 제도적으로 뒷받침해 놓은 것이다.

왕과 신하가 일대일로 만나는 것을 독대(獨對)라고 하였는데, 원칙적으로는 독대도 하지 못하도록 되어 있었다. 독대는 독선을 낳고 독선은 독식을 낳는다는 것을 경험적으로 잘 알고 있었기에 통제체계를 마련해 둔 것이었다. 또한 제도적으로 사간원(司諫院), 대간(臺諫) 등을 두어 왕의 잘못에 대하여 직언을 하도록 하였다. 과거시험 답안지에는 왕에 대하여 어떤 비판을 하더라도 처벌을 할 수 없게 되어 있었다. 또 가뭄, 홍수, 일식, 월식 등 천재지변이나 하늘의 변화가 일어나면 일단 왕의 덕이 부족하여 일어나는 현상이라 생각하고 왕이 근신하도록 하는 제도도 있었다. 이러한 모든 제도가 왕에 대한 체계적인 통제체계를 의미한다. 힘이라는 것이 얼마나 무서운 것인가를 잘 알고 있었기 때문에 만들어진 제도들이라고 할 수 있다.

오늘날의 권력자들이 나쁜 짓을 일삼고 그 기록을 모조리 없애 버리는 것에 비한다면 훨씬 더 발전된 제도라 할 수 있다. 현대사회에서 민주주의의 가장 기본적인 원칙인 삼권분리는 바로 이러한 정신에 입각한 것이다. 입법, 사법, 행정 기관을 두고 서로 견제하에 협조하도록 하고, 힘이 주어진 모든 기관에는 감사원에서 그 힘을 적법하게 사용하는지 또는 남용하는지를 감사하는 제도가 있다. 물론 제도만 갖추어져 있다고 다 되는 것은 아니다. 제도가 있어도 그것이 제 기능을 하지 않으면 힘을 가진 기관은 그 힘을 자기 편의에 따라서 행사하게 된다. 그 결과로 많은 사람들의 인권이 유린되는 결과를 낳게 된다. 우리나라의 어두운 역사의 일면이 바로 힘이 주어진 기관에 대한 통제력이 제대로 작용하지 않아서 유래된 것임을 알 수 있다.

다시 강조하지만, 모든 인간은 궁극적으로 힘을 추구하며, 그것이 누구에게나 필요한 것이기에 성취하려고 한다. 그래서 힘을 얻을 수 있는 기회가 주어진다면 그 적법성을 검증할 마음의 여유를 갖지 못한 채 불법적으로라도 얻거나 사용하려는 강한 욕구를 갖게 된다. 그러므로 그에 대한 적절한 통제체계가 반드시 존재해야 하는 것이다.

제2장

인간이란

1. 인간이란 무엇인가

1) 인간의 정의

'인간' 이란 말은 참으로 쉽고도 어렵다. 우리 자신이 인간이기에 이 단어의 의미를 모르는 사람은 없을 것이라 생각하지만 자기 자신에 대하여 완벽하게 아는 사람 또한 존재하지 않기에 그 완전한 의미를 파악하다는 것은 아주 어려운 일이다.

'모든 인간 존재는 소중하다.' 와 같이 사용될 때에는 남녀노소, 인종, 선악 등 모든 것을 총괄하는 의미를 갖는다. 그러나 '인간이 되어야 한다.' 와 같이 사용될 때에는 정상적으로 판단하고 실천한다는 의미에서의 인간으로 상당히 제한적이 된다.

또한 의학적, 사회적, 심리적, 종교적 및 철학적 측면 등의 다양한 각도에서 '인간' 이라는 말의 정의를 내릴 수 있다. 기본적인 인간의 개념에 대하여 살펴보자.

첫째는 신체적 · 물질적 의미에서의 인간이다. 즉, 생물학적 의미에서의 인간이다. 인간을 구성하고 있는 기본 단위는 세포이고, 세포가 모여서 조직이 되며, 조직이 모여 기관이 되고, 기관이 모여 계가 되며, 계가 모여 인간, 즉 개체가 된다. 이러한 기본 세포의 상태 변화에 따라 신체적인 기능의 변화가 일어나고, 신체적인 욕구를 갖게 된다.

둘째는 정신적 · 심리적 의미에서의 인간이다. 인간의 정신은 생각, 감정 그리고 행동의 세 가지 요소로 구성되며, 이를 통하여 정신 상태를 평가할 수 있다. 모든 인간의 내부에는 생각과 감정 그리고 행동 간의 조화를 유지하려는 내적인 욕구가 존재한다. 이러한 균형이 깨어진 경우가 정신질환이라고 할 수 있다.

셋째는 사회적인 존재로서의 인간이다. 이는 모든 인간은 타인과의 관계를 떠나서는 존재할 수 없다는 전제하에 존중되어야 할 가치다. '人間' 이란 '人+間' 으로 구성되어 있다. '人' 은 사람이란 뜻으로, 두 사람이 서로 받치고 의지하고 있는 모습을 나타내고 있다. 즉, 사람이란 혼자서는 존재할 수 없다는 것을 나타낸다. '間' 은 틈 또는 관계를 나타낸다. 그러므로 인간(人間)이란 글자 그대로 '사람관계' 란 의미를 가지고 있다. 즉, 인간은 다른 사람과의 관계 속에서만 존재할 수 있다는 것이다. 모든 인간들이 자신의 존재뿐만 아니라 다른 사람들의 존재에 대하여도 중요하게 생각하여야 할 이유가 바로 여기에 있다. 다른 사람의 존재 없이는 자신의 존재 자체가 그 의미를 상실하기 때문이다. 인간이란 말 자체가 이러한 의미에서 만들어졌으며, 또 일상생활에서 그 사실이 그대로 반영되어 있다.

넷째는 영혼적인 존재로서의 인간이다. 즉, 초월적인 존재로서의 인간이다. 인간은 물질적인 법칙에 지배되는 한계를 넘어 가능과 불가능의 경계, 대극적인 관계를 극복하려는 존재다. 삶과 죽음의 경계를 넘어 영원한 삶을 추구하려는 인간의 속성은 이러한 면을 반영하는 것이라고 할 수 있다. 이러한 가치는 종교, 문학, 예술, 철학 등을 통하여 실천된다.

인간의 여러 측면들은 완전히 독립적일 수 없으며 상호 긴밀한 관계를 맺고 있다. 가령 신체적인 구조 자체에서 정신적 또는 사회적 특징을 결정짓는 요소에 대한 교훈을 얻을 수가 있다.

인간에 대한 네 가지 기본적 관점

인간에 대한 이해를 위하여는 최소한 다음의 네 가지 기본적인 관점이 필요하다.

첫째, 역사적인 관점이다. 인간에 대하여 길게 보는 관점으로, 과거, 현재 그리고 미래라는 시간적인 관점에서 인간을 바라보는 것이다. 현재의 모든 생각, 감정, 사회적인 행동, 신체적인 특성 등은 과거의 경험과 밀접한 관계가 있다고 보고, 이를 바탕으로 현재를 이해하고 미래를 예측하는 태도를 말한다.

둘째, 과학적인 관점이다. 인간에 대하여 정확하게 보는 관점으로, 개인적인 편견이 배제된 객관적인 태도로 인간을 바라보는 태도를 말한다. 각 분야의 연구 과정이 이에 해당된다고 할 수 있다. 객관적인 태도가 잘 유지될수록 정확하게 인간을 파악한다는 평가를 받는다.

셋째, 예술적인 관점이다. 인간에 대하여 아름답게 보는 관점으로, 모든 인간의 내부에 진선미가 존재한다고 보고 그것을 추구하는 관점이다. 인간 내부에 존재하는 조화로움을 추구한다.

넷째, 종교적, 윤리적, 철학적 관점이다. 모든 인간 존재의 소중함을 추구하는 관점으로, 인간에 대하여 깊이 이해하고 생명의 소중함을 추구하는 태도다.

2) 인생의 정의

인생은 곧 사람이 사는 과정이다. 인간이라는 말의 기원에 근거를 두고 정의를 내린다면, 인생은 '사람관계에서 일어나는 모든 사건의 연속' 이라고 할 수 있다. 여기서 사람관계란 구체적으로 '사람과 사람이 만나고(attach) 헤어지는(separate) 과정' 이다. 즉, 이러한 과정이 곧 인생인 것이다.

'기쁘다' '슬프다' '화를 내다' '섭섭하다' '즐겁다' '사랑하다' '미워하다' '봉사하다' '희생하다' '관심이 있다' '관심이 없다' '호감을 갖다' 불쌍히 여기다' '독선적이다' '오만하다' '거만하다' '편견이 있다' '남을 깔보다' '무시하다' '이기적이다' '이타적이다' '자기 잘못을 남의 탓으로 돌리다' 등 모든 인간의 생각과 감정과 행동을 표현하는 말은 모두 '자신과 남 간의 관계' 에서 유래된다.

남녀의 만남으로 인간이 태어나게 되는데, 모든 인간이 세상에서 만나는 첫 상대는 부모다. 그 후 자라면서는 형제자매들과의 만남이 일어난다. 가족 내에서만 자라다가 걸음마기가 되면 밖으로 나가고, 놀이방 또는 유치원에 가서는 또래 친구들 및 선생님들과의 새로운 만남이 이루어진다. 학교에 입학하면 학교 친구들, 선생님들, 선후배들과의 만남이 일어난다. 또한 독서를 하면 글을 쓴 작가와 새로운 관계가 형성되고, 책을 읽으면서 책 속 등장인물들과 새로운 관계가 형성된다. 이때 경험하는 대인관계는 '간접적인 대인관계' 라고 할 수 있다.

청소년기가 되어서도 가장 중요한 것은 역시 대인관계다. 청소년기가 되면 서서히 부모로부터 독립을 하고 자유로워지려는 노력을 한다. 또 이성에 대한 관심이 많아지고 이성 친구들을 사귐으로써 상당히 중요한 변화를 겪게 된다. 물론 이 시기에도 많은 독서를 통하여 책 속 주인공들과의 간접적인 대인관계가 형성된다. 이외에도 가수, 운동선수 등 대중적 우상에 대한 관심이 높아져 간접적인 대인관계의 폭이 더 풍부해진다.

대학에 입학하면 전공 과목을 중심으로 한 보다 깊은 친구관계가 이루어지며 취미생활, 동아리 활동 등의 다양한 사회활동을 통하여 대인관계의 폭이 훨씬 더 넓어진다. 종교가 있는 경우에는 그것을 통한 대인관계뿐만 아니라 절대자와의 관계를 통하여 인생이 훨씬 더 보람되고 참되어지기도 한다. 남자들은 고등학교 또는 대학을 졸업하고 입대를 하게 되면 군대생활을 통해 새로운 대인관계가 형성된다. 직장을 가지면 직장 동료들과도 대인관계를 이루게 된다.

이러한 과정을 거쳐 결혼을 하게 되면 배우자를 통하여 아주 중요하고 새로운 대인관계가 형성된다. 결혼 후 자녀를 낳을 경우엔 자녀들과의 중요한 만남이 일어나고, 자녀들을 통한 새로운 대인관계가 형성된다. 자녀들이 성장하여 결혼을 하면 이를 통한 많은 새로운 대인관계가 형성되며, 자녀들이 그들의 자녀를 가지면 손자, 손녀와의 새로운 만남이 형성된다. 이와 같은 지속적인 대인관계를 이루어 나가다가 결국 사망하면서 모든 중요한 만남이 끝나게 된다. 이것이 곧 인생의 끝이다.

사람 간의 만남과 헤어짐이 이렇게 중요하기 때문에 삶 자체에는 이와 관련된 내용들이 많다. 우선 태어나서 100일이 되면 백일잔치를 하고, 만 1세가 되면 돌 잔치를 한다. 이것은 새로운 만남을 축하하는 의식이다. 요즈음은 여러 가지 인간 삶의 조건들이 많이 개선되었지만, 과거에는 위생시설도 좋지 않고 의학의 발전도 초보적인 상태여서 생후 1개월 이내에 사망하는 비율이 아주 높았다. 그래서 태어난 지 3개월이 지나면 이제는 계속 살아남을 수 있다는 확신을 어느 정도 갖게 된다. 이렇게 앞으로의 관계가 계속 유지될 수 있다는 것을 축하하는 것이 백일 잔치다. 또한 과거에는 100일은 지났지만 만 1년이 되기 전의 사망률도 지금에 비해 현저하게 높아서 만 1세가 되면 돌 잔치를 하여 이 새로운 만남을 크게 축하하는 것이다.

그 후에도 백일 잔치나 돌 잔치처럼 거창한 행사를 하지는 않아도 매년 생일이 되면 서로 축하를 해 주는데, 이것은 만남의 행사라는 의미를 갖는다. 그러다 환갑, 칠순, 팔순 등 특정한 나이에 이르면 크게 축하를 하고, 만남이 지속되어 온 것과 또 앞으로 지속될 것을 기원한다.

이처럼 사람들은 중요한 만남 또는 헤어짐이 있을 때에 가까운 사람들과 함께 그 기쁨과 슬픔을 나누려고 한다. 개인의 일생을 통하여 가장 중요한 만남은 '결혼'이며 가장 의미가 깊은 헤어짐은 '죽음'이다. 그래서 이를 기리는 행사에는 가능한 한 많은 사람들에게 연락을 하고 모두 함께 참여하여 기쁨이나 슬픔을 나누려고 한다.

이에서 볼 수 있는 바와 같이, 인간이 경험하는 모든 '희로애락(喜怒哀樂)'의 뿌리에는 이러한 '사람과 사람의 관계'가 있으며 또 그것을 벗어날 수 없다. 대인관계가 중요한 이유, 자신의 생명과 존재가 중요한 만큼 다른 사람의 생명과 존재도 똑같이 중요하다고 생각하고 행동해야 하는 이유가 바로 여기에 있다. 다른 사람의 존재 없이는 모든 인간 존재는 그 의미를 완전히 상실하기 때문이다.

3) 개인의 정의

인간(人間)이란 글자 그대로 사람(人)의 관계(間)라는 의미를 가진다. 人이라는 글자 자체도 두 사람이 서로 의지하고 있는 모양을 나타내고 있다. 이것은 사람이라는 존재가 다른 사람과의 관계를 떠나서는 존재할 수 없다는 것을 나타낸다.

개인이란 단어도 이와 유사하다. '個人' 이란 '個 + 人' 으로 구성되어 있다. '個' 는 '人(사람 인)과 固(굳을 고)' 가 어우러져 이루어진 것이다. 따라서 個人이란 글자 그대로 '굳은 사람' 을 나타내고, 이는 곧 '시체' 또는 '사체' 를 의미한다. 사람이 죽으면 굳어지기 때문이다. 이를 의학 용어로는 '사후 경직(postmortem rigidity)' 이라 한다. 결국 개인 존재가 중요하지만 다른 사람들과의 관계를 떠난 개인은 죽은 시체나 다름없다는 것을 나타내고 있다. 바꿔 말해, 다른 사람들과의 관계를 떠나서 철저하게 혼자일 수 있는 것은 죽은 후에나 가능하다는 것이다. 그렇지만 엄밀히 보면 모든 인간은 사후에도 철저하게 혼자일 수 없다. 가까운 사람들이 마음속으로 계속 애도하고 그리워하기 때문이다.

이러한 개념은 한자뿐만 아니라 영어에서도 유사하다. 개인을 의미하는 'individual' 은 'divide(나누다)' 라는 단어에 그 뿌리를 두고 있다. 그래서 글자 그대로 'dividual은 '나눌 수 있는' 이라는 의미이며, 부정의 의미를 나타내는 접두사 'in' 을 사용한 'individual' 은 '나눌 수 없는'이라는 의미다. 즉, individual은 inseparable(분리할 수 없는)과 동의어다. 한자의 個人과 마찬가지로 개별 인간 존재가 중요하지만 다른 사람들과의 관계를 떠나서는 존재할 수 없다는 심오한 의미를 갖는다. 동양과 서양이 인종적, 문화적, 역사적으로 큰 차이가 있으나, 기본적으로 인간에게 가장 중요한 문제는 무엇인가 하는 점에서는 큰 차이가 없다고 할 수 있다.

모든 인간은 그 자체가 목적이며 생명의 존엄성이 존중되어야 하지만 이 모든 것이 다른 사람들과의 관계 속에서 일어나는 것이지 관계를 떠나서는 존재할 수 없는 것이다.

4) 모든 인간 존재는 소중하다

모든 인간은 생긴 모습이 다르고, 능력에도 차이가 있으며, 성격적으로도 아주 다르다. 그러나 태어나는 과정에서는 모두가 큰 차이가 없다.

인간의 신체는 완벽한 설계를 갖추고 있다. 모든 신체의 조직과 기관들이 한치의 오차도 없이 완벽하게 조화와 균형을 이루면서 최소한의 에너지로 최대의 효과를 낼 수 있도록 설계되어 있다. 다시 말하면, 경제적으로 가장 효율적으로 설계되어 있다는 것이다. 예를 들면, 생체 내에서의 에너지 대사 효율은 거의 완벽하게 설계되어 있다. 생체 대사계에는 불순이나 폐기란 말이 적용되지 않는다. 100% 효율성으로 물질을 생성 · 분해 · 변환시키며, 남은 잔재는 공기 중의 탄산가스나 소변 중의 요소와 물로 배설되기 때문에 누적되는 법이 없다. 생성과 소비가 엄격하게 균형을 이루고 있으며 대사 최종 산물에 의하여 피드백 조절을 철저하게 받고 있기 때문에 과잉 생산되는 경우는 아예 발생하지 않는다. 더욱 기막힌 설계는 이러한 생체 배설물들이 생태 순환계의 일원으로 자연 속에 회귀되어 재활용된다는 것이다(박상철, 1999). 얼마나 완벽한 조화인가?

이런 관점에서 보면 인간이 태어나기 위해 반드시 거쳐야 하는 수정 과정은 경제성의 원리로는 아주 비경제적이다. 앞에서도 언급했듯이 하나의 정자만이 난자와 결합한다면 한 마리의 정자만 사출되면 충분한데, 2～4억 마리의 엄청난 수의 정충이 나오고 그 중 한마리가 결합하면 다른 정충들은 결합할 수 없게 되어 있다. 왜 이렇게 설계되어 있는가에 대하여는 아직 의학적으로 규명하지 못하고 있다.

그러나 이러한 과정은 심리·사회적으로 아주 중요한 의미가 있다. 즉, 많은 정충들이 자유 경쟁을 하여 가장 힘이 좋고 활동성이 강하고 우수한 정충이 난자와 결합함으로써 가장 우수한 인간이 세상에 태어나도록 한다는 아주 심오한 의미를 갖는다. 2～4억 대 1의 이런 경쟁은 어떤 인간이든지 세상에 태어난 이후에는 전혀 경험할 수 없는 엄청난 것이다. 모든 인간은 자신도 모르는 사이에 2～4억 대 1이라는 엄청난 경쟁에서 선택된 존재다.

'億' 이라는 글자의 의미를 한 번 생각해 보자. 그것은 '사람 인(人)에 '뜻 의(意)' 가 합쳐져 이루어진 글자다. 이에 억이란 '인간이 억이라는 수만큼의 성취를 이루면 인간의 뜻을 다한 것이다.' 라는 심오한 의미를 갖는다. 이후 수정란으로부터 자궁 내에 머무는 동안 무게로만 60억 배의 성장이 일어나고, 태어난 후 청소년기까지의 몸무게 발달은 약 20배 정도 된다. 그러니까 수정란부터 청소년기까지 순전히 무게의 성장만 따지면 약 1,200억 배의 성장·발달이 일어나며, 세포의 수로는 약 60～100조에 이르면서 분열과 분화가 일어난다. 이러한 복잡한 과정의 어느 한 단계에서라도 오류가 생기면 생존이 어려울 뿐더러, 태어나더라도 선천적인 기형을 갖게 된다.

수정의 또 하나 중요한 의미는 대극의 합일(Gegensatzvereinigung)이다. 정자나 난자 모두는 독자적으로 아무런 힘도 가질 수 없고 생명력도 가질 수 없다. 그들이 합일될 때 비로소 생명력을 갖고 생명이 탄생된다. 경쟁을 통한 합일의 성취, 이것은 모든 인간이 공통적으로 추구해 왔고 또 앞으로 추구하여야 할 보편 타당한 가치다. 모든 인간의 생명 존엄성이 바로 여기에 있다. 생물학적인 과정이 심리 · 사회적인 의미를 동시에 갖는 것이다.

5) 인간의 공통적인 특징

앞에서 살펴봤듯이 인간이 '사람관계' 라는 뜻을 가지고 인생이 '대인관계에서 일어나는 사건의 연속' 이라고 한다면, 인간의 가장 공통적인 특징은 '집단' 을 형성하는 것이라고 할 수 있다. 즉, 인간이란 혼자서는 절대로 생존할 수 없는 존재이기에 항상 다른 사람과 관계를 맺고 그 관계 속에서 생존할 수 있다. 따라서 모든 인간은 항상 집단을 만들려는 특징이 있다. 집단을 형성하게 되면 힘을 갖게 되고, 힘은 효과적인 생존에 필수적인 요건이기 때문이다.

작게는 가정이라는 것이 인간이 만드는 가장 기본적인 집단이라고 할 수 있다. 사회나 국가도 그 기본 단위는 가정이다. 정치적인 소신이 비슷한 사람들의 집단이 정당이고, 비슷한 학문을 하는 사람들의 모임이 학회다. 그리고 같은 고향을 가진 사람들의 모임은 향우회, 같은 학교 출신의 집단은 동창회, 같은 스승을 모신 제자의 모임은 동문회, 같은 조상을 가진 사람들의 모임은 종친회, 친목을 도모하기 위한 모임은 친목회이고, 이외에도 취미가 같거나 같은 운동을 하는 등 조그마한 공통점이라도 있는 경우에는 항상 서로 모여서 관계를 체계적으로 만들려는 시도를 한다. 이렇게 지속적으로 집단을 만들려는 이유는 '힘' 을 가질 수 있기 때문이다. 서로의 경험을 공유할 수도 있으며, 어려운 일이 있을 때에 서로 도움을 줄 수도 있다. 특별한 목적이 없는 단순한 친목회라고 할지라도 그에 속한 사람들에게 큰 힘이 될 수 있다. 사람이 서로 친하게 지낸다는 것은 큰 힘이 되기 때문이다.

이렇게 모든 인간들이 항상 집단을 만들려고 노력하는데, 이러한 집단은 항상 '보편타당한 가치' 를 추구하여야 한다. 누구나 받아들일 수 있는 보편성 또는 타당성의 추구가 목적이 되어야지, 개인적인 욕심이나 욕구를 달성하기 위한 집단이 되어서는 안 된다. 또한 모든 집단에서는 그 내부에 권위체계가 있어서 전체 집단을 이끌어 나가도록 되어 있다. 가정에서는 부모를 중심으로 자녀와의 관계가 기본이 되어 부모의 권위와 힘이 가정을 이끌어 나가는 원동력이 된다. 국가에서는 대통령을 중심으로 권위체계가 형성되어 있고, 다른 개별 집단에서도 회장, 부회장 등 권위체계를 만들어 전체 집단을 체계적으로 이끌어 나가고 있다.

개인에게나 집단에게나 효과적인 생존을 위하여는 기본적인 힘이 가장 중요하며, 그에 대한 적절한 통제력이 또한 필수적인 요소라고 할 수 있다. '힘' 이나 '통제력' 은 어느 누구에게나 어느 집단에서나 개인이나 집단의 '생존' 에 필수적인 요소이기에 누구나 그것을 추구한다. 따라서 개인 간의 갈등 또는 집단 간의 갈등은 모두 '힘 싸움' 또는 '통제력 싸움' 이라고 규정할 수 있다.

2. 세포란 무엇인가

1) 세포의 정의

생물학적으로 본다면 인간을 이루고 있는 기본 단위는 세포(cell)다. 세포는 대개 현미경으로만 볼 수 있는 크기이나 종류에 따라 큰 차이를 보인다. 예를 들면, 난자는 직경이 0.5mm가량 되나 적혈구는 7.5㎛로 난자의 1/100에도 미치지 못한다. 또한 모양도 아주 다양하여 평평한 세포도 있고 실 모양의 세포도 있다. 세포의 주요 성분은 세포막과 세포질 그리고 핵이다. 세포막은 세포를 둘러싼 막으로 정교한 구조와 기능을 가지고 있다. 세포의 집단은 조직(tissue)이라 하고, 여기에는 지방조직, 상피조직, 근육조직, 신경조직 등이 있다. 조직이 모인 것은 기관(organ)인데, 간, 위, 장, 폐, 뇌, 심장, 신장 등이 있다. 기관이 모이면 계(system)가 되고, 계에는 신경계, 소화기계, 비뇨기계, 순환기계, 내분비계 등이 있다. 이러한 계가 모인 것이 곧 인간이다.

이러한 구조는 사회적인 구조(social structure)와 매우 흡사하다. 어쩌면 똑같다고 할 수도 있다. 개인(cell)이 가정이나 직장(tissue)을 이루고, 특정한 집단이 모이면 기관(organ)이 되며, 기관이 모이면 더 큰 집단(system)이 되고, 집단이 모여 국가나 세계를 형성하게 된다. 즉, 신체 내부의 구조가 그대로 사회의 구조로 반영되는 것이다.

세포는 세포막, 사립체(미토콘드리아), 용해소체, 리보솜(ribosome), 형질내세망, 골지장치, 핵 등의 구조로 이루어져 있으

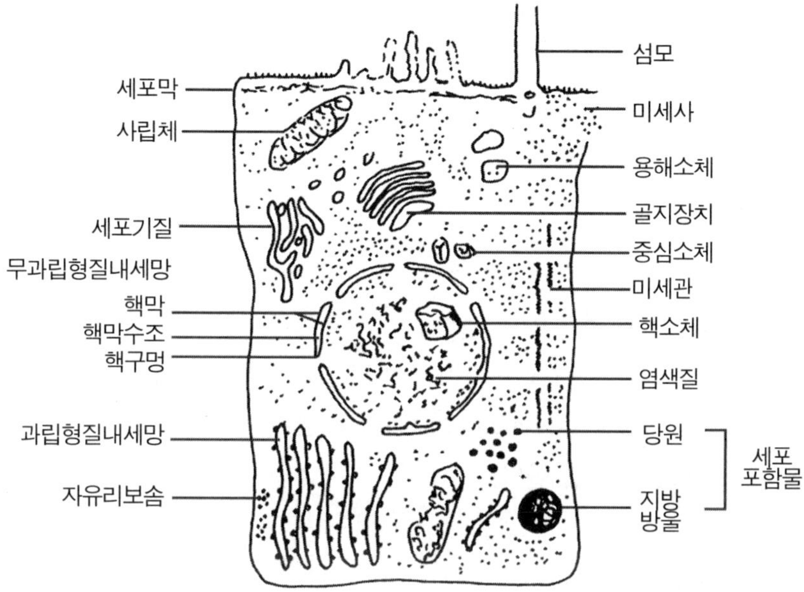

[그림 1] 유핵세포의 기본 구조

며 각각 다른 기능을 가지고 있다([그림 1] 참조). 그 속에 10만 종 이상의 유전인자가 들어 있고, 1만 종 이상의 서로 다른 생체 분자들이 존재하며, 서로 다른 기능을 가지고 있다. 세포막은 물질의 출입을 관리하고, 세포의 구조를 일정한 형태로 유지한다. 핵 내에는 유전자가 존재하며, 사립체는 이화 작용을 하고, 용해소체는 소화 작용을 한다. 리보솜은 동화 작용과 단백질을 합성하고, 형질내세망은 구조 간의 연락을 담당한다. 그리고 골지장치는 탄수화물을 생산하여 단백질과 결합하며 포장하는 기능을 한다. 각 구조물들은 각자의 임무를 성실하게 수행하면서 다른 기관들과의 협조를 완벽하게 수행하고 있다.

각종 기관들은 일생 동안 많은 변화를 겪는다. 성년 초기까지는 기관들이 성장 · 발달을 계속하다가 그 후 점차 위축되고, 세포의 기능도 나이에 따라 점차 위축된다. 유아기에는 신체 기능이 효율적으로 강화되고, 청년기에는 가장 왕성한 시기를 보낸다. 기능적 · 형태적으로 완성되어 나아가는 과정을 발달과정이라고 부르고, 위축되면서 기능이 저하되는 과정을 노화과정이라고 부른다.

인체의 모든 세포들과 접촉하고 있는 혈액이나 간질액은 체액으로서 내부 환경이라고도 부른다. 대부분의 생리적 조절 작용은 내부 환경을 일정하게 유지하려는 방향으로 움직이는데, 이와 같은 특성을 생체항상성(homeostasis)이라고 한다. 이는 생체의 생존에 아주 중요한 역할을 한다.

2) 세포 내 분자

생명 현상을 규명하고 이해하기 위해서는 생명체를 구성하고 있는 물질에 대해 이해해야 한다. 생물과 무생물의 차이는 바로 구성하고 있는 물질의 차이에 있다. 생명체를 구성하고 있는 물질들은 원소, 거대분자(macromolecules) 그리고 벽돌분자들이다(서울대학교 의과대학, 1996).

(1) 원소

자연계에 존재하는 92종의 원소 중 27종의 원소가 생체를 구성하고 있다. 양적으로는 수소(63%), 산소(25.5%), 탄소(9.5%), 질소(1.4%) 순으로 존재한다. 이러한 원소 조성은 바닷물과 아주 유사하다. 바닷물은 수소(66%), 산소(33%), 탄소(0.33%)도 구성되어 있다. 이것은 생명체가 바닷물에서 처음 생성하였을 가능성을 시사하는 소견이라고 할 수 있다. 원소는 다시 다음의 세 종류로 구분된다.

- 유기물질을 구성하는 다량 원소: C, H, O, N, P, S
- 이온으로 존재하는 다량 원소: Na, K, Mg, Ca, Cl
- 미량 원소: Fe, Cu, Zn, Mn, Co, I, Mo, V, Ni, Cr, Se, Si, Sn, B, Al

여기서 미량 원소(trace element)란 소량 존재하나 생명에 필수적인 원소를 말한다.

(2) 거대분자

생체를 구성하고 있는 분자는 대개 분자량이 커서 거대분자라고 부르는데, 분자량이 1～100만에 이른다. 단백질, 탄수화물, 핵산이 해당된다. 지방질은 개별 분자량은 적으나 여러 개의 분자들이 모여 복합체를 형성하기에 거대분자로 간주되기도 한다. 즉, 단백질은 아미노산의 펩타이드(peptide) 결합으로 형성되어 있고, 다당류는 단당류인 포도당이 글리코사이드(glycoside) 결합으로 형성되어 있는 거대분자다. 핵산은 뉴클레오타이드(nucleotide)가 포스포디에스테르(phosphodiester) 결합에 의하여 형성되고, 지방은 지방산에 의하여 형성된다.

세포가 갖고 있는 유전 정보가 발현된 산물이 단백질이다. 단백질은 생체의 구조를 구성하고, 세포의 대사를 촉매하는 효소로 작용하며, 항체 형성에도 기여한다.

탄수화물은 생체의 기본이 되는 대사 경로를 유지하게 하며, 생체의 구조 유지에도 관여한다. 생체가 비상시에 쓸 수 있는 연료의 저장형으로도 작용한다.

지질은 생체막을 구성하고 있으며 생체의 구조 유지와 완충 작용을 한다. 또한 잉여 영양분을 저장하는 분자로도 작용한다.

핵산은 세포의 유전 정보를 보관하며, 그것을 정확하게 복제함으로써 개체의 영속성과 종족 보존 기능을 담당한다. 세포가 갖고 있는 유전 정보에 따라 특정 단백질을 특정 시기에 특정한 양으로 합성하도록 작용한다.

(3) 벽돌분자

거대분자를 구성하고 있는 분자량이 작은 분자를 일컫는다. 단백질을 구성하는 아미노산은 20여 종, 다당류를 구성하는 단당류는 10여 종, 핵산을 구성하는 뉴클레오타이드는 5종에 불과하다. 그러나 그것들이 결합하는 순서나 구성의 변화에 따라 형성될 수 있는 거대분자의 수는 거의 무한하다.

(4) 세포 구조의 층계

벽돌분자가 공유 결합하여 거대분자를 형성하고, 거대분자들이 비공유 결합하여 특수한 기능을 수행하는 초분자부속장치(supermolecular assembly) 구조를 형성한다. 원형질막, 리보솜, 크로마틴(chromatin) 등이 그에 속한다. 초분자부속장치보다 더 크고 복잡한 구조가 소기관들인데, 이들은 세포 내에서 막으로 분리되어 있다. 핵, 미토콘드리아, 골지체, 세포 내 세망 등이 그에 속한다. 이러한 소기관들이 모인 것이 세포이며, 세포의 집합이 조직, 조직의 집합이 기관, 기관의 집합이 계, 그리고 계의 집합이 개체,

즉 인간이다. 또한 세포와 세포 사이에는 물질이 존재하는데, 그 대표적인 것이 교원섬유다.

3) 세포연접

세포와 세포 간의 연결을 세포연접(cell junction)이라 한다. 세포 간에는 서로 경계를 지어야 할 부분도 있고 서로 대화하면서 협조하여야 할 부분도 있다. 세포연접은 모든 세포에 존재하나, 특히 상피세포에서 발달되어 있다.

상피의 구조와 기능은 벽돌로 쌓은 담에 비유할 수 있다. 이에는 폐쇄연접(occluding junction), 고정연접(anchoring junction) 그리고 교통연접(communicating junction)의 세 종류가 있다. 폐쇄연접은 막단백질들이 일렬로 연결된 띠를 형성하는데 그것을 폐쇄띠라 한다. 폐쇄띠는 세포의 꼭대기 부위를 둘러싸며, 전자현미경으로 보면 이웃 세포들의 세포막이 가까워지는 부분도 있고 멀어지는 부분도 있다. 폐쇄연접의 기능은 이웃한 세포의 틈새를 막아 줌으로써 세포로부터 물질이 세는 것을 막아 주는 것이다. 벽돌로 쌓은 담에 비유한다면 담을 구성하고 있는 벽돌과 벽돌 사이의 틈새를 막아 주는 기능이라고 할 수 있다.

고정연접은 두 종류의 단백질로 구성되는데, 하나는 세포 내 애착 단백질(intracellular attachment protein)이며, 다른 하나는 회막연결 단백질(transmembrane linker protein)이다. 전자는 세포 내에서 작용하며, 후자는 세포 외에서 작용하여 이웃 세포와 상호 결합하는 기능을 한다.

교통연접은 수백 개에 이르는 통로의 복합체로 구성된다. 통로를 형성하여 무기이온 등 작은 수용성 물질이 이웃 세포로 직접 전달된다. 그 결과 이웃 세포 사이의 전기적인 대사 동화(coupling)가 유발된다(서울대학교 의과대학, 1996).

이처럼 하나의 세포가 정상적인 기능을 하거나 구조적으로 안정성을 유지하기 위하여는 여러 가지의 설계가 있어야 하며, 다른 세포와의 긴밀한 대화도 아주 중요하다. 인간이 정상적인 기능을 하기 위하여 집단을 만들 때에 어떤 구조를 가져야 하며 대화를 원활하게 하기 위하여는 어떤 구조를 가져야 하는가를 이와 같은 세포간의 연접 구조와 기능에서 배울 수 있다. 인간을 이루고 있는 기본 단위는 세포로, 약 100조 개의 세포가 인간을 이루고 있다. 이러한 관점에서 인간 존재를 본다면 그 존재의 중요성을 깨달을 수 있을 것이다.

4) 신경원

신경세포는 일반적으로 신경원(neuron, 뉴런)이라고 불린다([그림 2] 참조). 신경원은 일반 세포와 마찬가지로 핵, 리보솜, 망상체, 골지체, 미토콘드리아 등을 가지고 있으나 다른 세포에는 존재하지 않는 특이한 2개의 돌기를 지니고 있다. 하나는 수상돌기이며 다른 하나는 축삭돌기다. 수상돌기는 외부로부터 자극을 받아들이는 기능을 하며, 축삭돌기는 다른 신경원으로 자극을 전달하는 기능을 한다. 하나의 신경원에 수상돌기는 1만～1만 5,000개가 있으나 축삭돌기는 하나만 있다. 즉, 수많은 자극을 받아들여 잘 정리해서 하나의 통로로 종합하여 다음 세포로 전달하는 것이다.

축삭의 말단에는 비대한 부분이 있는데 이 부위는 인접한 신경

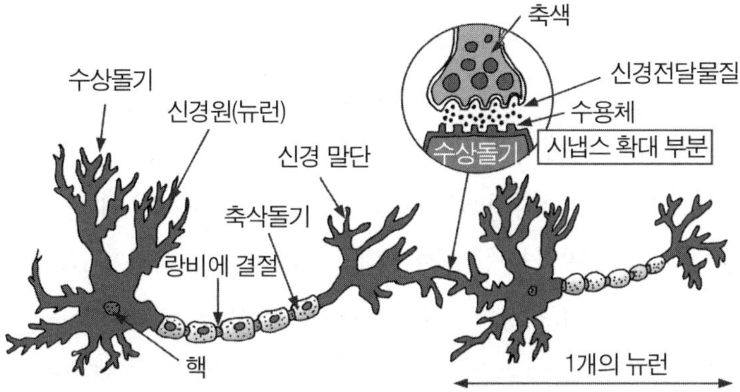

신경원의 기본 단위 '뉴런'을 확대해서 본 모양

[그림 2] 신경원(조수철, 서영미, 2008: 29)

원과 함께 시냅스(synapse)를 형성한다. 축삭 말단은 전달된 전기 신호를 받아 시냅스 틈새(synaptic cleft)로 신경전달물질을 분비한다. 신경전달물질이란 정보를 한 신경원에서 다른 신경원으로 전달하는 기능을 하는 물질을 말한다. 도파민, 세로토닌, 노르에피네피린 등 단가아민이 있고, 흥분성 또는 억제성 아미노산들과 각종 신경펩타이드들이 있다. 분비된 신경전달물질은 수용체에 작용하거나 재흡수되는 과정을 밟는다.

하나의 정보를 한 신경원에서 다른 신경원으로 전달하는 데 있어 그 구조나 기능이 정교하게 설계되어 있는 것은 인간 간에 서로 대화를 하는 통로가 어떠해야 하는지를 잘 보여 주는 예라고 하겠다. 대화의 통로는 다양하고 세밀할수록 더 바람직하다.

5) 세포주기

모든 세포는 분열을 하는데 이 과정을 세포주기(cell cycle)라 이른다. 성숙한 뇌의 신경원은 세포분열을 하지 않는다. 유사분열(mitosis)은 매우 복잡한 과정으로 세포핵 및 세포질 내의 다양한 기관에서 동시 변화를 수반하는데, 이 과정은 세심하게 조절된다. 세포주기는 G0(휴지기)→G1→S(DNA 합성)→G2→M(mitosis)의 단계로 일어난다. 세포주기의 조절은 한 단계가 그전 단계의 사건이 완수되기 전에 일어나지 않도록 특정 순간(check point)까지 억제함으로써 이루어진다. 특정 순간이란 세포 내 특정 조건의 집합으로 세포주기가 진행되기 위해 충족되어야 할 조건들을 의미한다(예: DNA의 합성이나 방추 조립 등).

한편, 세포주기는 외부의 영향도 받는다. 특히 발달과정 중에는 특정 기관의 형성을 위하여 다양한 세포 간의 협조가 있어야 하며, 세포분열의 수를 적당하게 제한하여야 한다. 이 과정에는 성장인자(growth factor 또는 trophic factor)와 호르몬 등이 관여한다. 세포분열은 G1에서 DNA 합성을 위한 준비를 하면서부터 시작되는데, 여기에 외부적 조절점(restriction point)이 위치한다. 세포가 이 점을 통과하여 세포주기로 들어가려면 특정 조건이 충족되어야 하는데, 그 조건들 중의 하나가 세포 외부, 즉 다른 세포에서 공급되는 성장인자다. 일단 그것을 통과하면 더 이상 성장인자가 필요없게 되고, 내적 조절체계에 의하여 다음 과정이 일어나게 된다(서울대학교 의과대학, 1996).

이 과정에서 볼 수 있는 것은 세포주기에서도 필수적인 요건이 통제의 원리에 있다는 것이다. 즉, 초기 단계에서는 외적 통제에 의하여 진행되다가, 일정한 단계에 이르면 외적 통제와는 독립적으로 내적 통제에 의하여 진행된다는 것이다. 이와 같이 세포의 발달과정과 인간의 발달과정이 동일한 과정을 밟고 있음을 볼 수 있다.

6) 센트럴 도그마

인체의 세포에는 약 10만 종의 유전자가 있는 것으로 알려져 있다. 이 많은 유전자가 모두 동시에 발현되는 것은 아니다. 유전 정보는 암호 형태(genetic code)로 세포의 핵 내에 위치한 염색체 속 DNA(deoxyribonucleic acid) 내에 들어 있다. 이러한 암호는 서로 인접한 염기의 서열이며 3문자 염기에 의하여 결정된다. 핵 내의 DNA에서 RNA 중합효소 II에 의하여 전령 RNA(messenger RNA: mRNA)가 만들어지는데 이 과정을 전사(transcription)라 이른다. mRNA는 핵에서 세포질로 이동되어 세포질의 리보솜 내에서 RNA의 서열이 해독되어 아미노산 서열을 결정하고, 이에 따라 단백질이 합성된다. 이 과정을 유전암호 해독이라 이른다. 리보솜은 mRNA를 포함하여 단백질 합성 시 상호작용하는 모든 물질과 결합할 수 있는 세포질 내 소기관이다. 이는 DNA에서 RNA 중합효소 I에 의하여 생성된 리보소말 RNA(ribosomal RNA: rRNA)로 알려진 특이화된 RNA의 여러 다양한 단백질과 결합할 수 있는 특징을 갖는다. mRNA는 운반 RNA(transfer RNA: tRNA)에 의하여 단백질을 합성한다.

이상과 같이 DNA에서 mRNA가 만들어지고 mRNA에서 단백질이 합성되는 과정을 센트럴 도그마(central dogma)라 부른다. 이 과정에서 효소의 통제 작용은 필수적인 과정이다. 이 역시 생명의 과

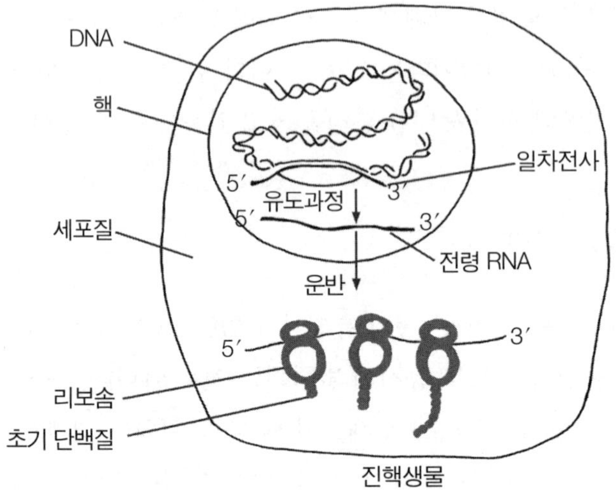

[그림 3] 단백질 합성과정

정에서 통제의 중요성을 볼 수 있는 좋은 예라고 할 수 있다([그림 3] 참조).

7) 생체 분자의 특성

생명의 정보는 바로 DNA 내에 존재한다. DNA는 몇 가지 특성을 갖는다. 첫 번째는 DNA 핵산의 염기 서열이다. 즉, 공간적인 의미에서의 서열이다. 이 염기 서열이 단백질의 아미노산 서열을 결정하고, 이러한 아미노산 서열에 따라 단백질의 구조와 기능이 결정된다. 이런 공간적인 서열에 문제가 생기는 것이 돌연변이 현상이 되고, 각종 유전병, 암 등의 병적인 상태를 유발하게 된다.

두 번째는 각 분자들이 짝을 짓는 것이다. 각각의 분자는 자신의 짝을 만나야 하지만 고유의 기능을 발휘하게 된다. DNA 핵산의

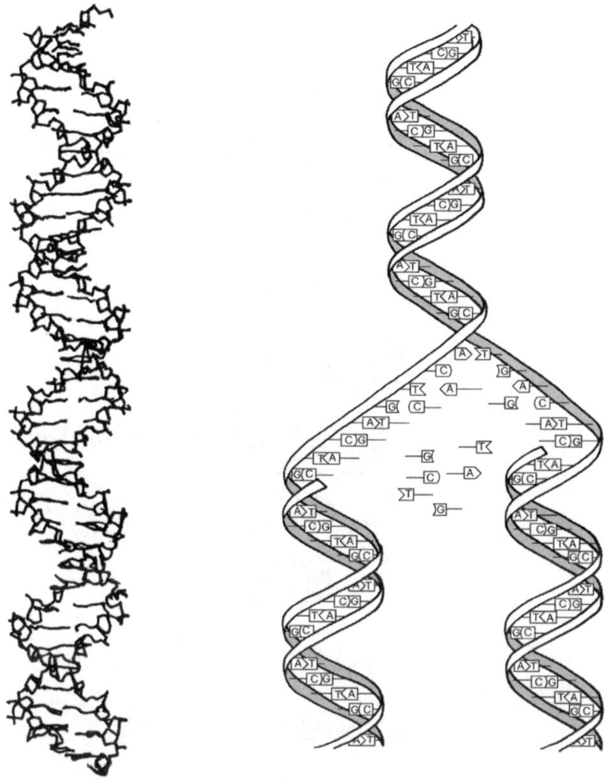

[그림 4] DNA의 이중 나선형 구조(박재갑, 2005: 2)

경우 이중 나선형(double helix) 구조([그림 4] 참조)로 되어 있는데, 한쪽 가닥의 염기는 반드시 특정한 염기와 짝을 이루게 된다. 예컨대, 아데닌(adenine)은 타이민(thymine)과만, 구아닌(guanine)은 사이토신(cytosine)과만 짝을 짓는다([그림 5] 참조). 이러한 지조 현상은 호르몬과 수용체의 관계, 항원과 항체의 관계, 효소와 기질의 관계에서도 관찰되는 특징이다.

세 번째는 세포 내 각 기관들의 구획화(compartmentation)다. 세

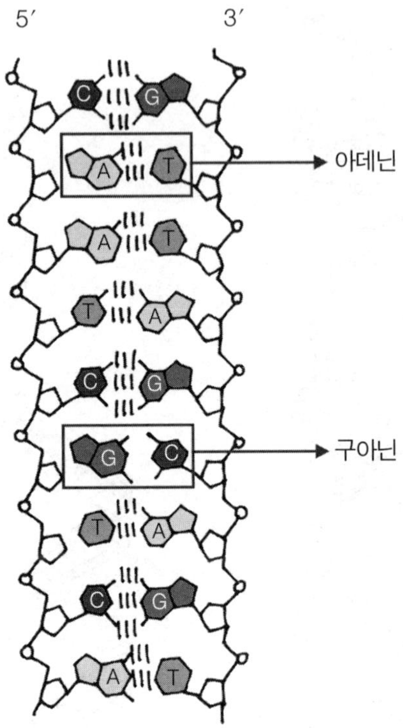

[그림 5] DNA 염기쌍(박재갑, 2005: 2)

포는 세포막, 사립체(미토콘드리아), 용해소체, 리보솜, 형질내세망, 골지장치, 핵 등의 구조로 되어 있고, 각 세포당 약 10만 종 이상의 정보를 갖게 되는데, 이들의 기능이 원활하게 수행되기 위하여 완벽한 구획화가 되어 있다는 것이다. 다시 말해, 주어진 위치에서 벗어나지 않음으로써 자신의 역할을 성실하게 수행할 수 있는 것이다.

네 번째는 분자들의 협동 현상(cooperability)이다. 생체 분자들은 기본적으로 1차 구조를 갖는다. 그러나 기능 면에서 1차 구조로는 효과적인 기능을 하지 못하는 경우도 많다. 그래서 이러한 1차 구조를 가진 분자들이 모여 보다 복잡하고 특별한 입체 구조를 만드는데 이를 4차 구조라 한다. 이러한 과정이 협동 현상이다. 그것은 생체 분자의 반응 속도를 효과적으로 높일 수 있으며, 대사계 전체의 흐름을 유도하기도 하고 중단시키기도 하기 때문에 생명 현상의 조절 기전으로 아주 중요하다. 이러한 협동 현상은 효소의 조절, 세포 내 신호 전달체계 등 생체의 주요한 현상에서 결정적인 스위치 역할을 해 준다.

마지막은 세포의 자기 희생이다. 생체 내에 들어온 모든 분자들은 변화되지 않으면 기능을 하지 못한다. 모든 분자들이 자신을 태워서 새로운 형태의 분자로 변화되어야만 삶이 가능해진다. 이러한 변화과정을 대사과정이라고 한다. 예를 들면, 고기 같은 단백질 성분은 각 아미노산으로, 쌀 같은 전분은 포도당과 같은 단위체로 위장관 내에서 소화 · 분해된 다음 장내 세포로 흡수된다. 이후 대사과정을 거쳐 결국 물, 탄산가스 또는 요소(urea)의 형태로 체외 배설되는데, 이 과정에서 생체에 필요한 에너지가 발생된다. 즉, 자신을 태워서 생체의 삶을 가능하게 하는 것이다.

생체 분자의 이러한 과정은 바람직한 인간 삶의 과정을 그대로 반영하는 것이다. 대인관계에서 순서와 지조와 자신의 분수를 지키고, 서로 협동하는 것, 그리고 자기희생의 정신 등 모든 긍정적인 삶의 과정은 생체 분자의 현상에서 배울 수 있다. 생체 분자의 이러한 과정은 순서의 미학, 분자의 지조, 안분(安分)의 도, 협동의 묘, 화생(化生)의 묘라고 멋있게 표현한 학자가 있다(박상철, 1999). 생물학적인 현상과 과정은 사회 · 심리적 현상이나 과정과 정확하게 일치되는 것을 볼 수 있다.

8) 래디컬: 절대선과 절대악

생명을 대표하는 가장 대표적인 장치는 유전 정보다. 면면히 이어오는 유전 정보는 수십만 년 내려오는 과정에서 별로 변화되지 못한 상태다. 특히 크기가 작은 유전인자는 변화되지 않고 그대로 유지될 가능성이 아주 크다. 오로지 성(sex)이라는 또 다른 방법에 의하여 유전 정보에 약간의 변형만이 있을 뿐이다. 이미 결정된 유전 정보는 당대에서는 바뀌지 않는다. 절대적인 정보에 복종하여 각종 생체 분자들이 생성되고 기능을 발휘하다가 사라져 갈 뿐이다.

이러한 유전 정보에 손상을 일으키는 대표적인 물질이 래디컬(radical)이다. 화학 반응에서 변화하지 않고 그대로 이동하는 제1군의 원자를 래디컬이라 이르는데, 그 반응성이 아주 높기 때문에 아무 분자들이나 다 공격하는 특성이 있다. 핵산, 단백질, 지질 등을 무차별로 공격하여 결국 구조를 손상시키고 기능의 장애를 초래한다. 더욱 위험한 것은 그것들이 외부로부터 들어올 뿐만 아니라 생체 내에서 자체적으로도 생성된다는 점이다. 하지만 이에 대하여도 생체는 슈퍼옥사이드 디스뮤타제,[1] 카탈라제,[2] 과산화효소[3] 등

1) superoxide dismutase: O_2(superixide) + O_2(superoxide) + $2H^+$ = O_2 + H_2O_2의 화학 반응을 촉매하는 산화환원 효소의 한 종류로서 슈퍼옥사이드가 위험한 농도에 도달할 때 세포를 보호하는 역할을 한다.

2) catalase: 과산화수소를 물과 분자 상태로 분해하는 반응을 촉매하는 효소다. 1분간 500만 분자의 과산화수소를 분해한다. 현재 알려져 있는 효소 중에서는 반응 속도가 가장 빠르다. 생체에 유해한 과산화수소를 즉시 분해 · 제거하여 세포를 보호할 뿐만 아니라 페르옥시다제의 작용도 있기 때문에 생체 산화에도 관여한다(지제근 편, 2004).

3) 페르옥시다제(peroxidase): 과산화수소를 수소 수용체로 하여 여러 물질의 산화를 촉매하는 효소의 총칭이다. 이에는 NAD 과산화효소, NADP 과산화효소, 지방

각종 해독 효소들이 있어 나름대로 안전체계를 갖추고 있다. 또한 래디컬들과 직접 반응하여 제거하는 단백질도 발견되었고, 래디컬에 의하여 손상된 단백질이나 핵산을 선택적으로 구분하여 분해하는 효소도 발견되었다. 이처럼 생체에는 유해한 래디컬의 독성 작용을 없애 주는 안전장치가 잘 마련되어 있다.

그러나 래디컬이라고 하여 항상 독성 작용만 하는 것은 아니다. 페르옥시다제 중 일부는 세포의 신호전달 체계를 자극하여 세포를 증식시키는 작용을 하고, 일부 효소를 활성화시키는 기능이 있음이 밝혀지기도 하였다. 더욱이 래디컬에 의하여 야기된 돌연변이가 때로는 생체의 진화에 중요한 계기가 된 예도 밝혀진 바 있다.

이처럼 만사에는 양면성이 있을 수 있다는 점을 래디컬이 가르쳐 주고 있다. 절대적으로 나쁘다고 알려져 왔던 래디컬이 경우에 따라서는 생체에 도움이 되는 기능을 하는 것이다. 인간사도 마찬가지일 것이다. 성인이 아닌 한 누구나 옳을 수도 그를 수도 있는 것이다.

• 공자의 교훈

衆好之必察焉 衆惡之必察焉

모든 사람이 다 좋다고 해도 반드시 살펴보아야 하고,

모든 사람이 다 싫다고 해도 반드시 살펴보아야 한다.

산 과산화효소, 글루타치온 과산화효소, 시토크롬 과산화효소 등이 있다(지제근 편, 2004).

9) 대사과정

대사란 생체 내에 들어온 물질들이 변화하여 생명 현상에 필요한 여러 물질을 생성하게 하고, 그 물질들이 고유한 기능을 가지게 하며, 필요한 에너지를 생성하는 과정을 이른다. 대사에는 들어온 물질이 분해되어 없어지는 과정(이화대사, catabolism)과 생체에 필요한 물질을 새롭게 만드는 과정(동화대사, anabolism)이 포함된다. 이러한 대사의 과정에는 효소(enzyme)의 작용이 필수적이다. 대사과정이 없으면 삶이 불가능하다는 점을 감안할 때 효소는 삶이라는 현상에 대한 열쇠를 가지고 있다고 할 것이다.

효소가 작용하는 물질은 기질(substrates)이라고 부른다. 효소는 일반적으로 기질에 비하여 크기가 훨씬 더 크다. 기질과 작용할 때에는 열쇠와 자물쇠처럼 고정된 구조를 가지는 것이 아니라 반응과정에서 기질에 의하여 입체 구조(quaternary structure)가 유도되어 반응의 효율을 높인다. 즉, 자극에 반응하여 자신의 구조를 변경시킴으로써 새로운 능력을 부여받아 적극적이고도 능동적으로 활동하게 된다. 더 나아가 효소들은 단위 분자로만 되어 있는 것이 아니라 여러 개의 단위체가 모인 올리고체(oligomeric structure)를 형성하여 협동 현상으로 대사의 시작과 끝을 결정하기도 한다.

효소들은 자신의 힘만으로는 해결할 수 없는 경우에 기능을 발휘하기 위하여 조효소(coenzyme)의 도움을 청하는데 대부분의 비타민이 조효소의 기능을 한다. 예를 들면, 조효소인 NAD는 니아신(niacin), TPP는 티아민(thiamine), FAD는 리보플라빈(riboflavin), 피리독살포스페이트(pyridoxal phosphate)는 피리독신(pyridoxine)으로부터 생성된다.

이러한 효소와 조효소의 작용 외에도 대사과정에는 절묘한 조절 기능이 있다. 이러한 조절 기능은 조화로운 삶에 결정적인 역할을 한다. 그 기본적인 원칙에 대하여 살펴보자(박상철, 1999).

첫째, 모든 생체 반응은 주고받는 관계다. 전자를 주면 전자를 받고 양자를 받으면 또 주어야 하는 관계다. 다시 말해, 공평무사한 관계가 조화로움을 유지하는 데 있어서 기본이다.

둘째, 생체는 에너지를 생성하기 위하여 이화대사를 가동한다. 단백질, 지질, 다당류 등은 1단계로 각각의 구성 단위로 분해되며, 2단계로 공통의 최종 산물인 아세틸 CoA로 산화되는 단순한 과정이다. 이렇게 산화되는 일부 단계에서 생체 이용 에너지의 기본 형태인 ATP를 생성하여 삶의 원동력을 제공한다.

셋째, 생체는 에너지를 소모하여 필요한 분자를 생합성한다. 생체 내로 들어온 모든 분자를 단위 구성 분자로 분해한 다음 자신이 필요한 생체 분자들을 만들어 내는 동화대사다.

넷째, 대사 경로의 효율적 조정을 위하여 반응계는 구별화되어 있다. 동화와 이화가 병존하는 경우 혼동을 초래할 수 있기 때문에 이를 방지하기 위하여 우선 반응계의 공간 배치가 다르다. 예를 들면, 지방산 생합성과 당분해 대사는 세포질에서 지방산 분해와 에너지 주 생산 크렙스(Krebs) 회로가 미토콘드리아 내에서 이루어진다. 뿐만 아니라 효소가 이용하는 조효소의 체계도 구분되어 있다. 이화대사는 NAD/NADH계를 이용하고 동화대사는 NADP/NADPH계를 이용하여 반응상의 혼동을 미리 방지하고 있다.

다섯째, 모든 대사 반응은 다단계적이다. 에너지 배출이나 물질의 변화가 일정량씩 무리 없이 여러 단계에 걸쳐 진행된다. 즉, 모든 반응이 점진적으로 일어난다.

여섯째, 대사계의 중요한 조절장치는 모든 대사 반응계의 첫 번째 효소 활성의 통제에 따른다. 각 대사 반응계의 복잡한 순서 중 첫 번째 효소를 통제함으로써 동 반응계 전체의 on/off를 결정한다. 이 첫 번째 효소를 병목조절 효소(rate-limiting enzyme)라고 부른다. 대부분 올리고체로 되어 있으며 협동 현상에 의하여 효소 활동을 효율적으로 조절한다. 또 하나 이러한 효소에 영향을 미치는 활성 저해인자는 바로 그 대사 반응계의 최종 산물이다. 반응계의 활성이 높아서 최종 산물이 많아지면 더 이상 효소가 기능을 하지 못하도록 하는 피드백 기전이 작동하게 된다.

이처럼 대사과정에는 공평성의 원리, 유연성의 원리, 사고 예방의 원리, 지나친 욕심에 대한 방지 등 각종 통제체계가 완벽하게 갖추어져 있다.

10) 이기적 세포와 이타적 세포

생체의 기관들 중에는 이기주의적인 기관도 있고 이타주의적인 기관도 있다. 전자의 대표로는 근육을 들 수 있고, 후자의 대표로는 간을 들 수 있다. 간은 장을 통하여 흡수된 잉여 영양분을 글리코겐(glycogen) 형태로 저장하였다가 말초에서 포도당이 고갈되면 글리코겐을 포도당으로 분해하여 혈액을 통하여 공급해 준다. 이런 점에서 간은 이타주의의 특성이 있다고 할 수 있다. 반면에 근육조직은 간과 같이 글리코겐을 저장할 수 있으나, 자신이 가지고 있는 글리코겐은 오로지 자신만을 위해서 사용하고 다른 기관에는 절대로 주지 않는다. 이런 점에서 근육은 극도로 이기주의적인 장기라할 수 있다.

근육은 생체를 움직이는 데 필수적인 기관이다. 따라서 자신의 독자적인 영양체계를 확보하는 것이 무엇보다 중요하다. 근육세포에는 포도당을 세포 밖으로 배출시키는 장치가 아예 없다. 그래서 다른 세포에게 공급하고 싶어도 할 수 없다. 참으로 한 목적을 위해 설계되어 있다.

그러나 간과 근육의 공통점은 둘 다 자신이 속해 있는 생체의 효과적인 생존을 도모한다는 점이다. 단지 하나는 이기주의로, 다른 하나는 이타주의로 실천함으로써 생존을 돕는다는 점이 다를 뿐이다.

11) 계획된 세포의 죽음

아포프토시스(apoptosis)는 1972년 커(Kerr) 등이 정상 생리 현상의 결과로 나타나는 세포의 죽음과 그 형태가 매우 상이한 세포사를 기술하기 위해 처음 사용되었다. 이후 많은 연구를 통해 세포가 죽음에 이르는 경로는 두 갈래가 있음이 밝혀졌다. 하나는 화상, 독소, 외상 등의 사고로 수동적으로 죽음에 이르는 괴사(necrosis)이며, 다른 하나는 세포의 유전자에 내재된 계획(program)에 의하여 능동적으로 사멸로 향하는 계획된 세포의 죽음이다. 아포프토시스는 엄밀히 말하면 후자인 '계획된 세포의 죽음'의 일종이지만 흔히 같은 뜻으로 사용된다. 어떤 이는 아포프토시스를 '세포 자살현상'이라고 명명하기도 한다.

생체 내의 모든 세포에는 일정한 수명이 있다. 예를 들면, 적혈구는 골수에서 생성되어 나온 후 120일 정도가 경과되면 비장 등에서 처리되어 사라진다. 젊은 세포를 없애는 것이 아니라 일정하게 나이 든 세포를 선택적으로 죽게 하여 보다 젊은 세포로 혈액을 채우게 된다. 피부세포도 비슷하다. 기저세포(basal cell)로부터 분화되어 과립세포가 된 다음 표피막의 성분으로 변하였다가 없어진다. 물론 림프구처럼 수명이 긴 세포도 있고, 신경원처럼 출생 시부터 전혀 변하지 않는 세포도 있다. 그 의미에 대하여는 추후에 논하기로 한다.

세포의 괴사가 오랜 시간에 걸쳐 무질서하게 일어나는 데 반해, 아포프토시스는 단시간에 조직적으로 일어난다. 단순히 외형의 특징으로 구분하자면, 세포의 괴사는 세포 밖에서 유입된 수분으로세포가 팽창하여 파괴되는 데 반해, 아포프토시스는 세포가 축소되면서 시작된다. 이후 인접 세포 사이에 틈이 생기고, 세포 내에서는 DNA가 규칙적으로 절단되어 잘게 나누어진다(fragmented). 마지막에 세포 전체도 잘게 부서져 아포프토시스 소체(apoptosome)라고 불리는 것이 된 후 가까이 있는 식세포(phagocyte)에게 먹힘으로써 죽음에 이르게 된다.

아포프토시스는 인간을 포함한 모든 다세포 고등생물의 발생과 성장과정에서 무질서한 초기 상태를 적절하게 제거하고 절제되게 팽창시켜 몸의 형태 만들기를 담당하고, 성장이 끝난 생체에서는 정상적인 전체 기능의 항상성 유지를 위하여 이상이 생기거나 노화된 세포를 제거하는 일을 담당하고 있다. 대표적인 예가 사람 손발의 발생과정이다. 임신 초기에 태아는 손이나 발이 주걱 모양을 하고 있어 발가락이나 손가락 사이가 구분되어 벌어져 있지 않다. 그러다 후기에 이르면 그 사이에 해당하는 부분에 있던 세포에서 아포프토시스가 이루어져 손가락이나 발가락의 형태가 생기고 기능적 구조를 갖게 된다.

생명 유지와 기능 향상에 도움을 주는 아포프토시스이지만 과도하게 일어나면 부적절한 세포 손실로 질환이 발생하는데, 그 대표적인 예로 자가면역질환이나 치매를 들 수 있다. 반대로 아포프토시스가 너무 적게 일어나면 과도한 세포 증식과 팽창이 일어나서 암과 같은 치명적 질환을 야기한다. 우리의 세포가 도저히 고칠 수 없는 상태로 손상되거나 바이러스에 의하여 감염되면, 우리 몸은 개체의 생존을 위하여 그 세포를 지체 없이 과감히 죽일 수 있어야 한다. 이를 달성하지 못하면 그 세포는 변질된 상태로 분열을 거듭하여 자신과 같이 기능이 없거나 역기능의 세포를 많이 만들게 된다. 바로 '암화(cancerization)'인 것이다. 요컨대, 아포프토시스의 조절은 우리 몸의 생존과 적응의 가장 근본적 기전이라 할 수 있다.

최근의 연구 결과, 일부 바이러스들은 우리 몸의 이러한 기능을 역이용하기도 한다. 그 예가 AIDS다. AIDS를 유발하는 HIV (human immunodeficiency Virus)는 주변 면역세포 중 T세포가 아포프토시스를 하도록 유도하여 우리 몸의 면역체계를 와해시킨다. 면역체계의 와해 때문에 각종 감염에 노출이 된 개체는 일상적 감염도 이기지 못하고 죽음에 이르게 된다. 이와 같이 아포프토시스의 다양한 역할과 질병 연관성이 알려지면서 아포프토시스에 초점을 둔 연구가 1990년대부터 매우 활발하게 진행되고 있다. 그 결실로 자가면역질환이나 암과 같은 질환에 대한 치료가 현실로 나타나기 시작하였다. 향후 아포프토시스에 대한 이해가 깊어질수록 우리 몸과 질환에 대한 이해의 심도도 증가할 것이다.

한 가지 재미있는 것은 아포프토시스(apoptosis)라는 단어의 의미다. Apoptosis는 apo(낙엽)+ptosis(떨어지다)로 구성되어 문자 그대로 '낙엽이 떨어지다.' 라는 의미를 가진다. 얼마나 낭만적인 표현인가? 하나의 세포가 자신의 임무가 끝났을 때에 조용히 물러나는 모습이 마치 낙엽이 떨어지듯 자연스럽고 아름답다고 느껴져서 이러한 이름이 붙여진 듯하다.

이러한 현상은 사회적으로도 그대로 적용할 수 있을 것이다. 일정한 역할이 끝난 경우에는 미련 없이 조용히 물러나는 자세인 것이다. 이는 말은 쉬워도 실천하기는 어렵다. 우리가 우리 내부를 자세히 들여다보면 그곳에는 온갖 지혜가 다 숨어 있다. 우리는 인간이 진화되어 나온 과정에서 일어나는 모든 현상에서 많은 교훈을 얻을 수 있는 것이다.

12) 인체의 방어 기능

(1) 신체적 방어 기능

인체는 지속적으로 박테리아 등 많은 미생물로부터 침범을 받는다. 그런데도 우리가 살아남아 있는 것은 그에 대한 적절한 방어체계를 갖추고 있기 때문이다(박재갑, 2005). 첫째는 1차 방어선으로 외부 세계와 접촉하고 있는 피부조직이다. 피부는 아주 치밀한 조직으로 되어 있어서 미생물이 체내의 내부 조직으로 침투하지 못하도록 물리적인 차단벽을 형성함과 아울러 지방산이나 다른 분비물을 내어서 미생물이 존재하지 못하도록 한다. 눈이나 호흡기에는 점막이 존재하여 분비물을 내어 미생물을 희석시켜 외부로 계속 씻어 내는 작용을 하고 있다. 또한 위에서는 아주 강력한 산을 분비하여 음식물에 섞여 들어온 미생물을 죽이는 기능을 한다.

둘째는 2차 방어선이다. 1차 방어선을 뚫고 들어온 미생물에 대하여는 2차 방어선이 작용한다. 이것을 면역 기능이라 한다. 면역이란 '정상적인 생리 상태에서는 가지고 있지 않은 이물에 대하여 생체가 반응함에 따라 그 물질에 대한 저항성을 갖는 과정' 을 말한다. 이는 적절한 생존에 필수적인 기능이라고 할 수 있다.

면역계는 림프조직계가 중심을 이룬다. 림프구는 골수에 있는 간세포로부터 생산되는데, 흉선에 도달한 간세포로부터 분화된 세포를 T림프구라 하고, 계속 골수에 머무는 간세포로부터 유래된 림프구를 B림프구라 한다. 이외에도 림프계 세포로부터 유래된 자연살세포가 있다. 림프기관에는 1차 림프조직과 2차 림프조직이 있다. 흉선과 골수가 1차 림프조직에 해당하고 림프절, 비장, 소장, 충수 등이 2차 림프조직에 해당한다.

림프계 이외에 면역을 담당하는 요소로는 식세포계가 있는데 단핵성 식세포계와 다형핵 백혈구로 구성된다. 단핵성 식세포계에는 혈류 중의 단핵구와 조직 내의 대식세포가 포함되어 있다. 다형핵 백혈구에는 호중구, 호산구, 호염기구 등이 있는데 호중구가 주를 이루고 있다.

B림프구는 세포 표면에 면역 글로블린을 갖고 있다. 이것은 특정 항원에 대하여 수용체 역할을 하여 하나의 열쇠에 대한 자물쇠와 같은 구조를 가지기 때문에 특정 항체를 생성하는 첫 단계가 되는 항원인자의 필수적인 요소가 된다. B림프구의 표면에는 면역 글로블린 이외에 제2형의 조직 적합성 분자가 있고 면역 글로블린의 C말단부 및 제3보체에 대한 수용체가 있다. 골수에서의 B림프구 발달은 항원과는 무관하게 이루어지지만 성숙된 B세포가 림프아구나 형질세포로 분화되려면 항원의 자극과 T림프구에서 나오는 매개인자가 필요하다. 형질세포는 표면 면역 글로블린은 갖지

않고 대신 항체로서의 면역 글로블린을 대량 생산할 수 있다. 림프아구는 다시 휴지 상태로 돌아가 그 항원에 대한 기억 기능을 가진 B림프구군을 형성한다. 그리하여 다시 같은 항원에 노출되면 이러한 기억세포들에 의해 매우 빠르고 강한 2차 면역 반응이 일어나게 된다.

중성구는 침입한 적을 단순하게 공격하여 세포질 내의 과립으로 적을 없애는 세포다. 핵이 여러 개로 갈라져 있으며 세포질 내에 수많은 과립들을 지니고 있다. 자연살세포는 바이러스 감염세포나 종양세포에 대하여 자발적인 세포 독성을 가져 그것들을 죽일 수 있는 능력을 갖는 세포다. 형태적으로는 큰 과립을 가지며 인터페론 1과 인터페론 2에 의해 활성화된다. 세포의 독성은 식작용에 의한 것이 아니다. 자연살세포의 세포 내 과립에 들어 있는 물질에 의해 표적세포의 세포막에 구멍을 만들고 용해인자를 들여 보내 세포를 파괴하는 것이다.

셋째는 혈액응고 시스템이다. 인체는 각종 물리적인 요인에 의하여 상처를 입을 수 있고 출혈이 될 수 있다. 이때 작동하는 시스템이 혈소판과 응고인자로 이루어진 혈액응고 시스템이다. 만약 이 시스템이 작동하지 않으면 지속적인 출혈로 생을 보존할 수 없게 된다. 그러므로 인간의 생존에 필수적인 기능이라 할 것이다.

마지막은 각종 화학적 해독 시스템이다. 인체는 항상 각종 화학물질에 노출되어 있다. 식품 속에 들어 있는 각종 산화제, 방부제, 잔류 농약 및 각종 공해 산물 등 일일이 열거할 수 없을 정도로 다양한 화학물질들이 생체를 위협한다. 생체의 세포들은 이들 독성물질을 해독하기 위한 방법으로 그것들을 산화시키거나 다른 물질들을 포합시켜 수용성 형태로 바꾸는 장치를 갖추고 있다. 특히 간

조직이 이러한 해독 기능을 주로 담당하고 있다.

이처럼 생체는 생체에 대하여 부정적으로 작용하는 모든 가능성에 대하여 아주 치밀한 방어체계를 가지고 생체의 효과적인 생존을 돕고 있다. 실로 인체의 신비로운 진화과정을 엿볼 수 있는 방어체계라 하겠다.

(2) 심리적 방어기제

인간의 내부에는 신체적인 방어기제뿐만 아니라 심리적인 방어기제 또한 존재한다. 그것은 오랜 기간의 발달과정을 통하여 불안, 공격적인 충동, 증오, 분노, 좌절 등의 내적 긴장 상태를 완화시키고 심리적 균형을 이루고자 하는 기제다. 인간은 여러 가지의 심리적 방어기제들을 습득하여 왔는데, 그것은 자아의 기능에 속하며 대개는 무의식적으로 선택된다(조두영, 2001).

❶ 억압(repression)

방어기제 중 가장 기본적인 것이다. 의식에서 받아들이기 어려운 욕망, 충동, 사고 등을 무의식의 영역으로 밀어내는 과정이다. 주로 죄악감, 수치감 또는 자존심에 손상을 가져올 만한 기억이나 욕망을 무의식의 영역에 가둠으로써 고통스러운 불안을 미리 예방하는 효과가 있다.

❷ 억제(suppression)

억압이 무의식적인 과정이라면 억제는 의식적인 노력이다. 의식이 받아들이기 어려운 내용이기는 하지만 그 강도가 억압적인 내용에 비하여는 약한 경우가 된다. 싫은 사람의 이름을 언뜻 기억하지 못하는데 노력하면 생각이 나는 경우가 억제에 해당한다.

❸ 투사(projection)

의식이 받아들일 수 없는 충동이나 생각을 외부 세계로 옮기는 과정으로, 자신의 생각이나 욕망이 마치 다른 사람의 것으로 지각되는 경우다. 예를 들면, 자신이 받아들일 수 없는 성적 욕망이나 공격적 충동을 타인의 속성으로 돌림으로써 자신이 오히려 타인으로부터 성적인 유혹이나 공격적인 대우를 받은 것으로 인식하는 경우다. 의처증이나 의부증에서 흔히 관찰된다.

❹ 반동형성(reaction formation)

자신이 느끼는 고통스러운 감정이나 생각들이 무의식적으로 그와 반대되는 내용들로 대체되는 과정이다. 예를 들어, 부모에 대한 적개심이 오히려 부모에 대한 지나친 관심이나 염려로 나타나는 경우다.

❺ 전치(displacement)

의식이 받아들일 수 없는 충동이나 생각을 본래의 대상에서 다른 대상으로 옮기는 과정이다. '종로에서 뺨 맞고 한강 가서 눈 흘긴다.' 는 속담은 전치의 기제를 잘 나타내 준다.

❻ 전환(conversion)

의식에서 거부된 내용이 신체 증상으로 바뀌는 과정이다. 예를 들면, 학교에서 스트레스를 받아 학교를 두려워하여 가기 싫어하던 아동이 갑자기 다리가 마비되어 걷지 못하는 경우다.

❼ **승화**(sublimation)

본능적 충동이나 욕동들이 예술 활동, 문화 활동, 종교 활동 등 사회적으로 받아들여질 수 있는 건설적인 방향으로 변화되는 과정이다. 청소년기의 성적 충동을 운동으로 해결하려는 노력 등이 이에 속한다.

❽ **합리화**(rationalization)

자신의 행동이나 사고에 대하여 그 무의식적인 동기를 이해하지 못하는 상태에서 그것을 정당화시키기 위하여 합리적이고도 의식적인 설명을 하는 정신과정이다. 예를 들면, 이솝 우화 「여우와 포도 이야기」가 해당된다. 여우는 자신의 무능력을 인정하는 대신 '저 포도는 시어서 먹지 못하겠다.' 라고 생각한다.

❾ **지식화**(intellectualization)

불안을 통제하고 긴장을 해소시키기 위하여 자신의 본능적 욕망을 지적 활동으로 변화시키는 과정이다. 청소년기에 내적인 성적 또는 공격적 욕구를 철학적 또는 종교적 주제에 몰두함으로써 해결하려는 행동이 해당된다.

❿ **부정**(denial)

불안을 해결하기 위하여 특정 사건이 지니는 의미를 회피하는 과정이다. 예를 들면, 암 등의 심각한 질병에 걸린 환자들이 자신의 병을 받아들이지 않고, 자신은 신경성 질환 등 가벼운 병에 걸렸다고 받아들이는 경우다.

⑪ **퇴행**(regression)

자신이 받아들이기 어려운 상황에 부딪혔을 때, 이미 성취한 나이에 적절한 적응방법을 포기하고 이전의 적응 단계로 후퇴하여 적응을 시도하는 행동을 이른다. 예를 들면, 대소변을 잘 가리던 아동들이 동생이 태어나면 스트레스를 받아 다시 대소변을 가리지 못하게 되는 경우다.

⑫ **신체화**(somatization)

불안을 신체적인 증상을 통하여 표현한다는 점에서는 전환과 유사하나, 신체화에는 증상이 지니는 상징적인 의미가 없다. 두통, 복통, 설사, 변비 등으로 표현되는 경우가 많다.

⑬ **동일시**(identification)

발달과정에서 부모 또는 가까운 성인들의 태도, 행동 또는 말을 닮으려는 무의식적인 과정이다. 이는 자아 또는 초자아의 발달에 필수적이다.

⑭ **고립**(isolation)

고통스러운 생각이나 사건을 그와 연관된 감정으로부터 떼어 내어 스스로를 보호하는 과정이다. 임상적으로는 강박증에서 흔히 관찰된다. 생각과 감정이 분리되기 때문에 고통스러운 감정의 경험 없이 공격적 또는 외설적 생각이 떠오를 수 있다.

⑮ **취소**(undoing)

의례적인 행동을 통하여 성적 또는 공격적 의도를 제거하거나 자신의 행동에 대한 책임을 면제받고자 하는 심리적 방어기제다. 죄를 짓고는 종교적인 자기 징벌적 속죄방식을 통하여 죄책감을 떨쳐 버리려고 하는 시도 등이 이에 속한다.

⑯ **분리조장**(splitting)

모든 가치를 이분법적인 방법으로 인식하고 판단하는 심리기제다. 자기(self)와 대상(object)에 대한 심상이 극단적으로 상반된 특성에 따라 구분되어 존재한다. 초기 유아 단계의 심리 상태를 반영하는 것이기도 하다.

⑰ **보상**(compensation)

내적 또는 외적 열등감, 불안정감, 자존심 등의 손상을 극복하는 심리기제다. '작은 고추가 더 맵다.' 는 속담처럼 작은 체구를 가진 사람이 공격적이고도 지배적인 특징을 갖는 경우가 해당된다.

⑱ **상징화**(symbolization)

억압된 충동이나 욕구가 위장된 형태로 의식화가 허용될 때, 거의 관련이 없어 보이는 다른 모습이나 언어로 표현되는 과정이다. 꿈에서 나타나는 현상들 중 이에 해당하는 내용들이 많다.

⑲ **이타주의**(altruism)

일종의 반동 현상으로 자신보다는 타인을 위하는 행동을 의미한다. 스스로 만족을 느낄 수 있다는 점에서 단순한 반동의 형성과는 구별된다.

⑳ 유머(humor)

자신의 불쾌한 감정을 타인에게 웃음을 유발하는 즐거운 과정으로 대체시키는 심리기제다. 비교적 건설적인 방어기제로 평가된다.

3. 임신과 출산

1) 입덧의 의미

많은 여성들은 임신을 하게 되면 개인마다 그 정도에서 많은 차이가 있지만 입덧을 하게 된다. 식욕이 떨어지고 음식만 보아도 구역질을 한다. 왜 이런 증상이 일어날까? 그 기전은 잘 알려져 있지 않지만 태아가 모체에게 미치는 영향으로 이해되고 있다. 특히 임신 초기 3~4개월 정도에서 가장 심하게 입덧을 경험하는데, 이는 태아가 스스로를 보호하는 의미를 갖는다. 즉, 이 시기에는 태아에게 중요한 장기가 모두 형성된다. 따라서 모체가 태아에게 해로운 음식을 섭취하면 태아에게 심각한 영향을 초래할 수 있다. 그렇기에 이를 방지하기 위하여 모체가 입덧을 하도록 만드는 것이다. 말하자면 스스로의 효과적인 생존을 위하여 취하는 행동이다.

물론 이러한 과정도 궁극적으로는 모체와 태아의 공생이라는 심오한 의미를 갖는다. 모체는 입덧 때문에 일시적으로 괴로워하더라도 후에 보상을 받을 기회를 가질 수 있지만, 태아는 이렇게 결사적으로 스스로를 보호하지 않으면 생존이 불가능해지기 때문이다.

2) 분만 시 통증의 의미

인간은 아이를 낳을 때에 왜 그토록 심한 고통을 느끼도록 설계되어 있을까? 쾌적하고 안락한 상태에서 분만을 할 수 있다면 출산이 얼마나 즐거운 일이겠는가? 곁에 있는 사람과 농담을 하면서 웃으면서 새로운 생명체를 탄생시킬 수 있다면 얼마나 즐거울까? 하지만 가만히 생각해 보면 진정한 기쁨이나 행복은 고통을 통하지 않고서는 이루어질 수 없기에 힘든 분만과정이 갖는 의미를 이해할 수도 있다.

정신적으로 높은 수준의 경지에 도달하기 위하여는 인내, 고통, 피를 말리는 수양 등이 필수적이다. 우수한 문학작품, 불멸의 그림, 음악과 같은 예술작품 등도 고통과 고난을 겪지 않고서는 창조될 수 없다. 예수의 생애, 부처의 해탈은 모두 엄청난 고난과 고행, 수행 끝에 얻은 결과다. 분만 시 그러한 엄청난 고통 끝에 얻은 생명체이기에 더욱 고귀하며 강한 애착을 가지게 되는 것이다. 새로운 탄생은 고통 없이는 절대로 이루어질 수 없다는 교훈을 분만과정에서 얻을 수 있다.

3) 출산의 의미

일반적으로 수정 후 약 266일이 경과되면 출산을 한다. 출산의 기전에 대해서도 여러 가설이 있다. 그런데 왜 하필 그 시기에 출산이 일어나는가 하는 의문이 든다. 그 시기에 와서 자궁의 수축이 일어나기 전까지, 모체는 태아를 자기 몸의 일부로 받아들인다. 그뿐 아니라 모체는 자기 몸의 일부 중에서도 가장 중요한 부분으로 인식한다.

이미 언급한 것처럼, 모체는 모든 영양분을 자신보다는 태아에게 먼저 공급한다는 점에서 자신의 몸보다 태아의 존재를 더 중요하게 인식한다고 할 수 있다. 태아의 입장에서는 이렇게 행복한 상태로 잘 지낸다. 아주 쾌적한 환경에서 자신이 아무런 노력을 하지 않아도 생존에 필요한 모든 것이 자동적으로 공급된다. 쾌적한 온도, 조용한 분위기, 적당한 영양분, 호흡하지 않아도 공급되는 산소 등 모든 것이 완벽하게 자동적으로 이루어진다. 그런데 어느 날 갑자기 자궁의 수축이 일어나면서 불편하게 되고 심지어 자궁 밖으로 쫓겨나게 된다. 이러한 과정이 바로 분만이다.

하필 왜 그 시점에서 갑자기 모체가 태아를 이물체로 인식하고 자기 몸 바깥으로 쫓아내는가에 대하여는 의학적으로 설명할 수 있는 방법이 없다. 그러나 한 가지 확실한 것은 태아를 자궁 내에 머물게 하면 더 이상 태아가 생존할 수 없다는 사실이다. 태아가 더 커지면 출산이 불가능해질 뿐만 아니라 지속적으로 생존할 수 없다. 따라서 태아의 입장에서는 모체로부터 쫓겨나는 것이 되지만, 모체의 입장에서는 더 이상 자신 내에 두어서는 태아가 생존할 수 없다는 것을 인식하는 것이다. 결국 태아를 살리기 위하여 자신의 몸 밖으로 밀어내는 과정이 곧 출산인 것이다.

4) 태반과 탯줄의 역할

태반은 매우 빨리 자라서 약 5개월이면 거의 완성된 상태가 된다. 태반은 세 가지의 중요한 기능을 갖는다. 첫째, 태반은 모체와 태아 또는 배아 간 물질의 이동을 통제한다. 이동되는 물질로 배아나 태아에게 필요한 물질들인 산소나 영양물질뿐만 아니라 해로운 물질도 함께 통과된다. 그러므로 임산부는 이러한 독성물질이나 균에 노출되지 않도록 주의하여야 한다. 둘째, 태반은 글리코겐과 지방산을 합성한다. 이것이 아마도 임신 초기에 배아나 태아의 영양분과 에너지를 공급하는 것으로 추정하고 있다. 셋째, 태반은 호르몬을 분비한다. 특히 융모성 성선자극 호르몬과 융모성 체유선 발육 호르몬을 주로 분비하고, 태아와 협력하여 스테로이드 호르몬인 에스트로겐과 항체 호르몬을 분비한다.

탯줄(제대)은 임신 5주경에 형성된다. 태아가 살아남기 위하여 모체로부터의 산소나 영양 공급은 필수적이다. 더욱이 신비롭게 설계되어 있는 것은 모체가 자신보다는 배아나 태아에게 우선적으로 영양분을 공급한다는 사실이다. 어머니 자신은 영양실조 상태가 되더라도 배아나 태아의 건강은 유지시키겠다는 것이다. 이 얼마나 희생적이고도 거룩한 설계인가? 자신보다 남을 더 위하는 마음—즉, 극단적인 이타주의—은 이미 임신 순간부터 모체 내에 설계되어 있는 것이다. 모성의 위대함이 바로 여기에 있다고 할 것이다. 반대로 태아는 극단적인 이기주의 상태에 있다고 할 수 있다. 모체의 상태나 입장은 전혀 고려하지 않고 자기 자신만을 위하기 때문이다. 이처럼 모든 인간들은 어머니의 거룩한 희생정신과 태아의 극단적인 이기주의의 조화로 세상으로 나오게 된다.

이러한 설계 역시 생존의 의미가 있다. 모체는 일시적으로 영양실조 상태가 된다고 하더라도 나중에 회복할 수 있는 기회를 가질 수 있지만, 태아는 영양실조가 되면 생존하지 못하거나 생존하더라도 선천성 기형 등 장애를 가지게 되기 때문이다. 외적인 현상은 극단적인 이타주의와 이기주의이지만 내용적으로는 상호 생존, 즉

윈윈(Win-Win) 전략의 모델이다. 이는 생물학적인 현상에서 심리 · 사회적 교훈을 얻을 수 있는 좋은 예가 된다. 인격적인 발달의 과정이란 이기주의에서 이타주의로 변화되는 과정이기 때문이다. 더불어 발달의 신비한 모델을 볼 수 있는 좋은 예가 된다.

5) 울음의 의미

유아들의 울음은 심오한 의미를 지닌다. 그것은 바로 효과적인 생존을 말한다. 울음에도 여러 종류가 있다. 첫째는 출생 시의 울음(birth cry)이다. 심리 · 사회적으로는 모체로부터 분리되면서 불안을 느끼게 된다거나 또는 모체로부터 거부당함으로써 슬픔을 느끼게 된다는 의미가 있다. 또한 생물학적으로는 울면서 호흡을 시작하게 된다. 그 어떤 경우건 생존의 의미가 있다.

울음은 언뜻 들으면 모두 똑같이 들리지만 실은 상당히 차이가 있다. 언어가 발달하기 전에 유아들이 할 수 있는 유일한 의사소통 방법이 울음이다. 어머니들은 거의 본능적으로 유아들이 보내는 메시지를 잘 알아듣고, 무엇이 필요한가를 알아차리고 즉각적으로 해결해 준다. 자신의 어려운 점을 주변 사람들에게 알려서 해결한다는 점에서 모든 울음은 효과적 생존의 의미가 있다.

간혹 유아들의 이러한 메시지를 잘 이해하지 못하는 어머니들이 있다. 예를 들어, 유아가 대변을 싼 후 불편해서 우는데 배가 고파서 우는 것으로 착각한 어머니가 계속 우유통을 입에 물리는 경우다. 이런 경우 유아의 울음소리는 더 커진다. 엉뚱한 짓을 하지 말라는 강력한 경고다. 대부분의 어머니들은 몇 차례의 시행착오를 거치면서 유아들이 보내는 메시지가 무엇인가를 알아차리고 해결해 준다. 그러나 지속적으로 그 메시지를 알아차리지 못하고 엉뚱한 반응을 보인다면 유아들의 대인관계에서의 신뢰 형성에 지장을 초래할 수 있다.

유아기의 울음 기능은 성장한 후에도 마찬가지다. 실수를 저질러서 자신의 실수를 인정하면서 울며 용서를 구할 때, 특별한 경우를 제외하고 모두 받아주는 것을 흔히 본다. 울음은 성인에게도 사회적으로 어려운 상황에서 벗어날 수 있게 해 주는 의미를 지닌다.

4. 발달의 의미

1) 발달의 개념

발달이론에서 발달은 특정한 의미를 갖는다. 수많은 발달이론은 학자들마다 사용하는 용어, 설명하는 방법, 발달의 내용 등이 달라 학자마다 다르게 발달이론을 주장하고 있다. 그러나 그들의 의견이 일치되는 기본적인 가정이 있는데, 몇 가지 들어 보면 다음과 같다.

- 발달은 직선적이 아닌 계단식 발달을 한다.
- 각 단계마다 반드시 성취하여야 할 발달 과제가 있다.
- 각 단계에서 성취되어야 할 발달 과제가 성취되지 않으면 다음 단계의 발달에 지장이 초래된다.

또한 발달에는 몇 가지 기본적인 개념이 있다.

첫째, 성장(growth)은 순전히 물리적, 신체적 의미로만 사용된다. 예컨대, 세포의 크기가 커진다거나 개수가 많아지는 과정을 의미한다. 그래서 심리적, 사회적인 변화과정에서는 사용되지 않는다.

둘째, 성숙(maturation)은 내적 잠재력을 의미한다. 즉, 태어날 때부터 이미 지니고 있는 개체의 기능, 능력 그리고 구조의 자연스러운 전개를 의미한다. 목적론적인 의미가 많이 포함되는데, 태어날 때부터 지니고 있는 각 능력이 환경적인 자극에 대하여 가장 효과적인 방법으로 반응하는 것을 말한다. 타고난 능력을 의미하기 때문에 환경적인 요인은 배제된다.

셋째, 발달(development)은 타고난 능력과 환경적인 자극(stimulus) 간 상호작용의 결과를 의미한다. 즉, 성숙이라는 개념에 자극의 영향이 포함된 것이다. 발달이란 자극에 대한 반응의 결과로 일어난다는 기본 개념이 바탕이 된다. 예를 들어, '성숙'의 과정에서 언어 발달, 인지 발달 등이 일어나는데, 이러한 능력의 발달이 사회적인 환경에 따라서 변화될 수 있다는 것이 발달의 개념에 포함된다.

넷째, 분화(differentiation)는 성장, 성숙과 발달을 통하여 신체적, 심리적 또는 사회적인 측면에서 특수한 자극에 대하여 특수한 반응을 일으키는 과정을 뜻한다. 생의 초기 단계에서는 자극과 반응의 과정에서 이러한 분별이 나타나지 않는다. 사람은 시각적인 자극에 대하여 태어날 때부터 반응할 수 있는 능력을 갖추고 있다. 그런데 초기에는 다른 자극에 대하여도 동일한 반응을 보이다가 시간이 지나면서 자극의 종류에 따라 다른 반응을 보이게 된다. 예를 들면, 생후 약 2개월까지는 다른 사람이 가서 어르면 웃는 반응을 보이는데, 5～6개월이 경과되면 자신이 잘 아는 사람이 가서 자극을 주어야만 웃는 반응을 보이고 낯선 사람의 경우에는 경계하는 반응(낯가림)을 보인다. 말하자면 자극이 달라짐에 따라 다른 반응을 보인다. 이것이 분화과정이다.

다섯째, 통괄(integration)이란 여러 기능이 하나의 목적을 위하여 서로 협조하는 과정을 의미한다. 예를 들어, 유아가 우유를 먹는 행동을 살펴보자. 우유를 먹는다는 목적을 달성하기 위하여는 여러 기능들이 필요하다. 즉, 우유를 볼 수 있어야 하고, 손을 뻗어 우유통을 잡아야 하며, 입으로 가져가야 하고, 빨아야 하며, 삼키고 소화시켜야 한다. 우유를 먹는다는 하나의 목적을 위하여 유아의 이 모든 행동들이 협조하는 과정이 곧 통괄이다.

마지막으로 계층적 재조직화(hierarchycal reorganization)는 발달단계에서 새로운 단계에는 이전 단계의 기능만으로는 설명되지 않는 새로운 차원의 기능이 일어난다는 것을 의미한다.

한편, 결정적 시기(critical period)라는 개념도 중요하다. 특정 단계에서 발달 과제가 정상적으로 성취되기 위하여는 적절한 시기에 적절한 자극이 필요하다는 개념이다. 특히 이러한 개념은 언어의 발달에서 적절하게 적용된다. 정상적인 언어의 발달이 일어나기 위해서는 만 1～3세에 적절한 언어 자극이 필요하다는 것이다.

외국어를 배울 때도 이러한 개념이 적용되는데, 외국어를 모국어처럼 완벽하게 구사하려면 늦어도 8～9세 이전에는 외국어 공부를 시작해야 한다. 그렇지 않고 10세 이후에 외국어를 배우기 시작한다면 외국어를 모국어처럼 자연스럽게 구사할 수 있는 능력을 갖추기가 힘들다. 그 이유는 외국어 습득을 8～9세 이전에 하는 경우에는 외국어와 모국어를 통제하는 센터가 뇌의 한 부위인 데 반해 10세 이후에는 두 개의 뇌 센터에서 언어를 통제하기 때문이다.

이러한 모든 과정들이 효과적으로 생존하는 방향으로 설계되어 있다는 것이 필자의 기본 개념이며, 그에 대해 살펴보고 교훈을 얻는 것이 앞으로 전개할 주요 내용이다.

2) 신생아기의 발달

생후 첫 1개월까지를 신생아기라 이른다. 이는 아주 어려운 시기다. 자궁 내의 쾌적한 환경에서 편안한 삶을 살다가 세상으로 나오게 되니 모든 것이 낯설고 적응하기 어렵다. 따라서 살아남기도 힘들어서 영아 사망률(생후 1세까지의 사망률)의 약 2/3가 신생아기에 일어난다.

출생 시 평균 체중은 남아가 3.40kg, 여아가 3.24kg이며, 평균 신장은 남아가 51.4cm, 여아가 50.5cm 정도 된다. 생후 약 3~4일경에는 체중이 약 5~10% 정도 감소되었다가 8~9일경에 다시 회복된다. 이것은 신생아가 젖을 많이 먹지 않고 또 먹더라도 그 양이 적은 데 비하여 대소변 또는 피부나 폐를 통해 증발하는 수분의 양은 더 많기 때문이다. 8~9일경부터 젖을 충분히 먹게 되면 하루에 30~40g 정도 체중이 증가해, 생후 1개월쯤 되면 약 1kg 이상의 체중 증가가 이루어진다.

머리의 뼈는 처음부터 하나로 되어 있는 것이 아니라 여러 뼈가 모여서 된 것인데, 이 뼈들이 완전히 합쳐져 있지 않기 때문에 뼈 사이의 틈이 벌어져 있다. 머리 앞쪽의 마름모꼴 틈을 대천문이라 하고, 뒤쪽의 틈을 소천문이라 한다. 소천문은 대개 생후 6~8주에, 대천문은 14~18개월에 닫힌다. 맥박은 1분에 120~160회로 성인에 비하여 훨씬 빠르며, 호흡 수는 1분에 40~50회로 불규칙하지만 주기적인 호흡이 가능하다. 체온 조절도 이 시기에는 아직 미숙한 상태다. 신생아기에는 몸의 크기에 비하여 체표면적이 커서 열의 손실이 많아지기 때문이다. 또한 신생아기에는 피하지방 조직이 적어서 절연체의 역할이 아주 미약하기 때문에 외부 온도에 영향을 많이 받는다.

신생아는 소화기 계통의 발달로 출생 직후에 처음 대변을 보게 되는데, 흑록색의 끈적끈적한 변이 나오게 된다. 이를 태변이라고 한다. 생후 24~48시간 이내에 변이 나오지 않으면 일단 장폐색을 의심해야 한다. 신생아는 위의 용적이 아직은 충분하지 않고 식도도 짧기 때문에 쉽게 토하는 특징이 있다. 장의 소화 흡수력도 아직은 미숙한 상태다.

감각 기능 또한 아직은 불완전한 상태다. 시력 기능이 불완전하여 명암이나 색깔의 구별이 힘들고, 빛을 비추면 다소 반응하는 정도다. 눈물도 1개월 정도는 지나야 나온다. 청력의 경우 생후 1주일 정도는 지나야 큰 소리에 반응한다. 시각이나 청각에 비하여 미각이나 촉각의 발달은 비교적 잘되어 있다. 단 것은 잘 빨지만 신 것이나 쓴 것에는 얼굴을 찌푸리고, 젖이 엄마의 젖인지 다른 사람의 젖인지 분명히 구별한다. 촉각도 온도의 차이를 잘 느껴 목욕물의 차고 뜨거움에 대하여 잘 반응하며, 특히 입술 주변의 피부와 혀 주변은 비교적 예민하게 발달되어 있다.

이상으로 보면 신생아기는 자궁 내에서 지낼 때와는 현저하게 다른 환경의 변화로 엄청난 스트레스를 받는 시기라고 할 수 있다. 한 가지 재미있는 사실은 생존과 밀접하게 관계 있는 감각기관일수록 초기에 발달한다는 사실이다. 즉, 시각이나 청각은 자신의 생존에 직접적으로 관계 있는 기능이 아니라고 한다면, 미각, 촉각은 효과적인 생존에 필수적인 기능이기에 일찍부터 발달한다. 효과적으로 생존하기 위하여 인간의 몸이 얼마나 절묘하게 설계되어 있는가를 잘 보여 주는 것이라고 하겠다.

3) 반사 작용

반사 작용은 모두 생존과 밀접한 관계를 갖는다.

빨기반사(sucking reflex)는 입에 무엇이든지 들어오면 빠는 행동을 보이는 것이다. 신생아는 이 능력이 없으면 살아남지 못한다. 이 반사는 생후 3개월 정도 되면 소실된다.

연하반사(swallowing reflex)는 입에 담은 음식물을 삼키는 것이다. 이 역시 삼키지 못하면 살아남을 수 없기 때문에 발달된 반사로 생존과 밀접한 관계가 있다.

파고듦 반사(rooting reflex)는 젖꼭지가 입 근처에 오면 고개를 돌려서 찾아내는 것이다. 젖꼭지를 찾아내지 않으면 먹고 살 수 없기에 발달되어 있는 반사라고 볼 수 있다. 이 반사도 보통 생후 3개월경에 소실된다.

후퇴반사(withdrawal reflex)는 통증을 야기하는 자극이 있을 때에 그것을 피하는 것이다. 예를 들면, 발바닥을 바늘로 찌르거나 뜨거운 자극 등 자신에게 불쾌한 자극이 가해지는 경우에 발을 자기 몸 쪽으로 피하는 경우다. 고통스러운 자극에 대하여 스스로를 보호하는 기능이 있다.

수영반사(swimming reflex)는 신생아를 물 속에 넣으면 수영을 하는 것이다. 물 속에 빠지더라도 살아남을 수 있는 능력이 신생아기에 이미 존재한다는 것을 의미한다.

모로반사(Moro reflex)는 신생아를 위로 들어 올렸다가 아래로 빠르게 내리는 경우에 신생아가 양팔을 펴서 낙하산 모양을 만드는 것이다. 이것은 높은 곳에서 떨어질 때 떨어지는 속도를 감소시켜 자신이 입을 수 있는 손상을 최소화하겠다는 의미가 있다. 즉, 높은 곳에서 떨어지더라도 살아남겠다는 심오한 의미가 있다.

눈 깜빡임 반사(blinking reflex)는 신생아기에 생겨서 일생 동안 지속된다. 항상 일정한 시간 간격을 두고 눈을 깜빡거리는 것이다. 눈을 깜빡거리는 것을 통하여 눈물샘에서 만들어지는 눈물로 안구 전체를 적시는 기능을 하게 된다. 안구는 적절한 눈물로 적셔지지 않으면 말라서 썩게 된다. 그러므로 눈깜박임 반사는 안구가 말라서 썩는 것을 방지해 주는 중요한 기능을 한다.

보행반사는 아기를 바로 세워 잡고 발바닥이 땅에 닿게 하면 걷는 듯이 양발을 움직인다. 이는 장차 땅위를 걸어다니면서 생존하기 위한 연습과정이라 할 수 있다.

이처럼 인간에게 내재되어 있는 모든 반사는 개체를 보호하는 의미가 있고 생존과 밀접한 관계가 있다. 또한 몇몇 반사들은 초기 단계에서 생존에 필요한 시기가 지나면 소실되는 특징도 갖는다.

4) 유아기의 사회성 및 언어 발달

생후 첫 1개월은 거의 사회성 발달이 일어나지 않는 시기여서 이런 의미에서는 자폐적인 상태에 있다고 볼 수 있다. 즉, 눈 맞춤도 없고, 주변 사람의 얼굴을 쳐다보면서도 자기 외에 다른 존재가 있다는 것을 인식하지 못하는 것처럼 보인다. 생후 2개월가량이 되면 사람의 얼굴을 보고는 자연스러운 미소를 띠기 시작한다. 이때 상대방이 반응을 보이면 유아는 즐거운 소리(happy noise)를 내기 시작한다. 이 시기가 되면 이미 사람에 대하여 반응하며, 상대방의 반응에 대하여 다시 반응하는 능력이 생긴다. 즉, 초보적인 상태의 대인관계가 형성되는 시기라고 볼 수 있다. 2~5개월가량이 되면 물체에 대하여도 관심을 갖게 된다. 손을 뻗쳐서 물건을 쥐려는 행동을 보이고, 쥔 물체를 입에다 가져다 넣는 행동을 보이며, 그 물건을 빼앗으려 하면 뺏기지 않으려는 행동도 보인다. 그리고 6개월 정도가 되면 스스로 먹으려는 행동이 나타난다.

7~9개월 정도에는 '까꿍놀이' 등 다른 사람과 관계를 맺는 놀이가 나타난다. 아주 즐거워하는 행동을 보이며, 상대방이 그 놀이를 하다가 중단하는 경우에도 지속적으로 할 것을 요구하는 모습도 나타난다. 이때쯤 되면 자신이 늘 대하여 친숙해진 사람과 낯선 사람을 구별하게 된다. 그래서 부끄러워하거나 불안해하는 모습, 우는 행동이 나타나는데, 이것을 '낯가림(stranger anxiety)' 이라 한다. 1세경이 되면 자신이 원하는 것을 몸짓으로써 표현하는 능력이 나타나며, 자신이 얻고자 하는 것을 얻지 못하였을 때에는 화를 내고 분노발작(temper tantrum)을 일으키기도 한다. 식사시간에 스스로 숟가락질을 하거나 물 또는 우유를 마시려는 행동이 보이며, 음식 중에서도 좋아하고 싫어하는 것에 대한 분명한 의사표현을 하게 된다. 질문에 대한 반응도 나타나는데, '예' 보다는 '아니' 라는 말을 먼저, 더 자주 사용하게 된다.

18개월 정도가 되면 거의 모든 아이들이 걸을 수 있게 된다. 걷기 시작하면서부터는 자신의 호기심을 충족시키려는 행동 범주가 훨씬 다양해진다. 다른 사람의 행동을 모방하는 능력도 다양해지고 스스로 옷을 입고 벗으려는 노력도 이 시기에 관찰된다. 벗는 것은 비교적 쉽게 배우지만 입는 것은 많은 시행착오를 거친 후에야 익숙해진다. 이 시기쯤 되면 이전에 보였던 낯을 가리는 행동은 많이 감소되나, 낯익은 사람과 가깝게 있으려는 행동은 여전히 계속된다.

이상에서 기술된 발달 사항은 개인에 따라 나타나는 시기가 다소 다를 수 있다. 그렇지만 그 기본 과정에서는 차이가 없다고 할 것이다. 이러한 과정도 특별한 교육에 의하여 일어나는 것이 아니며, 태어난 후 일정한 시간이 지나면 저절로 습득되는 것이다. 자신을 돌보아 주는 사람을 정확하게 알아보고 웃는 것, 자신을 돌보아 주는 사람이 곁에서 떨어지면 찾는 것, 낯선 사람을 구별하는 낯가림 등은 유아의 생존에 필수적인 행동이라고 할 수 있다. 유아는 스스로 자신의 어려움을 해결할 수 있는 능력을 아직 갖추지 못하고 있기 때문이다. 따라서 어머니를 곁에 묶어 두어야 자신의 어려움을 해결할 수 있어 어머니가 눈에 보이지 않으면 결사적으로 찾는 행동을 보이는 것이다.

낯을 가리는 행동도 비슷한 의미가 있다. 유아는 아직 스스로 자신을 다른 사람으로부터 보호할 수 있는 능력을 갖추지 못하고 있기에 낯선 사람이 나타나면 그 사람이 자신을 해치지 않을까, 어디로 데리고 가 버리지나 않을까 하는 불안을 느끼게 된다. 그래서 경계하게 되고 어머니에게 더 애착을 보인다거나 우는 행동을 보임으로써 자신을 도와줄 사람에게 알리는 것이다. 이런 점에서 어머니와의 분리불안 또는 낯가림 행동 등은 자신을 보호하는 의미가 있다.

언어의 발달도 동일한 의미가 있다. 인간은 다른 사람들과의 관계를 떠나서는 존재할 수 없다. 다른 사람들과 관계를 맺고 유지하는 데 언어는 필수적이다. 언어도 특별한 교육 없이 일상생활에서 경험하는 언어의 자극에 의하여 자연스럽게, 거의 자동적으로 발달된다. 이 역시 다른 사람과 관계를 맺음으로써 어려움을 해결해 준다는 의미에서는 생존과 밀접한 관계가 있는 중요한 기능이라고 할 수 있다.

5) 공격성

공격성은 흔히 남을 해치거나 해치려는 위협으로 광범위하게 정의된다. 생존과 통제의 주제에서 본다면 공격적인 행동도 그에 아주 적절한 행동 양상이라고 할 수 있다. 동물의 경우와 마찬가지로, 인간의 발달에서도 공격적인 행동은 인간 생존에 결정적인 영향을 미친다. 영장류는 매우 공격적인 집단이다. 공격적일수록 영역을 더 많이 차지하고 먹을 것을 쉽게 얻을 수 있다. 포유류 중에서 수컷은 최고 공격자가 되려 한다. 가장 공격적인 수컷은 암컷을 차지함으로써 번식하고 새끼를 얻어 가장 효과적으로 생존할 수 있다. 공격성이 강한 수컷일수록 다른 동물들을 지배하고 통제하는 위치에 있게 된다.

인간에게도 동물과 유사한 면이 있다. 인간은 공격적인 행동이 강할수록 경쟁에서 살아남을 수 있다. 자신의 목표를 향하여 적극적으로 추구해 나가는 행동은 '공격적' 이라고 표현되기도 한다. 수동적이고 방어적인 사람보다는 적극적이고 공격적인 사람들이 더 효과적으로 살아남을 수 있는 것이다. 이런 점에서 공격적인 행동의 긍정적인 측면이 함께 고려되어야 한다. '공격성' 은 인간 내부에 이미 프로그램되어 있는 본능적인 특성 중의 하나라고 볼 수 있다. 또한 감정적인 측면과도 밀접한 관계를 갖는데, 공격성에 흔히 동반되는 감정은 '분노' 다. 바꿔 말해, 분노에 찬 이들이 흔히 나타내는 행동이 타인에 대한 공격적인 행동이다.

개인적인 차원에서 분노는 발달 단계마다 다른 형태로 나타난다. 유아기에는 자신의 요구가 적절하게 충족되지 못할 때에 분노를 느끼고, 소리를 지르면서 공격성을 드러낸다. 2~3세가 되면 일단 거부하는 행동이 나타난다. 소위 공포의 2세라는 시기다. 당연히 해야 할 행동에 대하여도 '아니' 라는 반응부터 보인다. 3~4세가 되면 대소변 가리기 훈련을 하는 과정에서 부모의 통제에 대한 반응으로 공격적인 행동을 나타내기도 한다. 형제간의 다툼, 샘 부리기, 청소년기의 반항적인 태도 등이 발달 단계에서 나타나는 반항 또는 공격적 행동의 표현이라고 볼 수 있다. 공격적인 행동은 인간 내부에 내재된 성향이기도 하고, 통제와 억압에 대하여 좌절을 느껴서 그 반동으로 나타나기도 한다.

인간의 발달과정이란 이러한 공격성에 대하여 통제하는 과정, 통제력을 키워 나가는 과정이라고 정의할 수 있다. 공격성은 타인을 해칠 수 있어 통제가 필요하다. 공격성은 다듬어지지 않는 상태로 두면 남을 해칠 수 있는 위험한 요소를 포함하기에 인간은 이를 통제하는 과정과 긍정적으로 해결하는 방안을 개발해 왔다. 또한 인간은 환상이나 놀이를 통하여 공격성을 승화시킬 수도 있다. 가장 대표적인 놀이가 운동이다. 운동은 대부분 경쟁적인 상태에서 상대방을 제압하는 구조를 갖고 있다. 한쪽은 공격을 하고 다른 쪽은 수비를 하는 것이 기본이다. 효과적인 공격과 수비가 승패를 결정짓는 요소가 되는 것이다.

공격적인 행동에 대하여 적절한 외적 통제가 가해지고 시간이 지나면서 외부의 통제 없이 스스로 내적 통제가 이루어지는 과정이 인격적으로 성숙하는 과정이다.

6) 대소변 가리기

발달과정에서 대소변 가리기는 내적인 욕구에 대하여 자신을 통제하는 훈련이 가장 구체적으로 표현된 것이라고 하겠다. 영어 표현을 보면 통제 의미가 그대로 나타나고 있다. 즉, bladder control(소변 가리기), bowel control(대변 가리기)이라고 표현된다.

최소 5세에 이른 아동이 일주일에 두 번 이상, 석 달 이상 동안 소변을 싸게 되면 유뇨증으로 진단된다. 그 아형에는 세 가지가 있는데, 야간성 유뇨증(밤에 잠들었을 때에 소변을 싸는 경우), 주간성 유뇨증(깨어 있는 시간에 소변을 싸는 경우) 그리고 야간 · 주간 유뇨증(야간성 유뇨증과 주간성 유뇨증이 함께 나타나는 경우)이다. 이 중 야간성 유뇨증이 가장 흔하다. 또 유뇨증은 일차성 유뇨증과 이차성 유뇨증으로 구분하기도 한다. 일차성 유뇨증은 태어나서 현재까지 지속적으로 소변을 가리지 못하는 경우다. 이차성 유뇨증은 일단 어느 시점에서 소변을 가리다가 사회환경으로부터 받는 스트레스 등으로 다시 소변을 가리지 못하는 경우다. 진단 기준상 이차성 유뇨증은 소변을 정확하게 가렸던 기간이 적어도 1년은 경과되어야 한다. 일차성 유뇨증의 원인은 정확하게 알려져 있지 않으나, 이차성 유뇨증의 원인은 심리적인 것이 많다.

만 4세에 도달한 아동이 대변을 잘 가리지 못하여 옷에 싸거나 적절한 장소에서 대변을 보지 못하는 경우를 유분증이라고 한다.

한 달에 한 번 이상, 적어도 3개월 이상 동안 지속되는 경우를 병적인 것으로 진단한 것으로 유뇨증과 흔히 동반되는데, 유분증의 약 1/3에서 유뇨증이 동반된다. 일반적으로 유분증은 유뇨증보다 심리적 또는 가정 내에서의 문제가 많고, 또 주로 낮 동안에 일어나기 때문에 사회 적응 면에서 유뇨증보다 더 심각한 문제를 야기할 수 있다. 유뇨증과 마찬가지로, 유분증도 일차성과 이차성으로 구분된다. 이차성인 경우에는 정신사회적인 스트레스와 밀접한 관계가 있다. 수치감, 당혹감 또는 자존심의 저하가 흔히 동반되는 심리적인 반응이다.

대소변 가리기가 적절하게 통제되지 않는 경우에는 우울감, 수치감 등의 정서적인 문제가 동반되며, 학교생활, 또래관계 등의 사회생활이 어려워진다는 점에서 심리 · 사회적 생존에 위협이 가해질 수 있다. 이 역시 적절한 통제가 생존과 밀접한 관계가 있음을 보여 주는 좋은 예라고 하겠다.

7) 샘 부리기

혼자서 부모의 사랑을 독차지하다가 동생이 태어나는 경우, 일시적으로 샘을 부리거나 경쟁심을 나타내는 행동이 흔하게 일어난다. 어떤 면에서는 자연스러운 것이기도 하고 또 필요한 것이기도 하다. 성장하여 사회에 나가서 살아남기 위하여는 경쟁이 필수적인데 그 훈련과 연습이 형제자매 간 경쟁에서 가능하기 때문이다.

동기 간의 대항이나 시기는 부모의 관심이나 사랑을 얻기 위해 심하게 경쟁하는 행동으로 나타난다. 심하지 않은 경우에는 동생에 대한 배려가 부족하다거나, 장난감을 못 만지게 한다거나, 강한 거부감을 나타내는 형태로 표현된다. 심한 경우에는 동생에 대해 노골적으로 적대감을 나타내기도 하고, 심지어 '동생이 죽어 버렸으면 좋겠다.' 는 말까지 하기도 한다. 그리고 위험한 물건으로 동생을 신체적으로 해치는 행동을 하기도 한다. 이런 경우 어른들이 곁에서 지키지 않으면 위험하여 아이들만 둘 수 없는 지경까지 이르기도 한다. 또한 퇴행적인 행동이 나타나기도 하는데, 대소변을 잘 가리던 아이가 갑자기 가리지 못하게 된다거나 젖을 다 떼고 밥을 먹던 아이가 엄마 젖을 먹겠다고 떼를 쓴다거나 하는 행동들이 그 예다. 부모에 대하여도 반항적인 행동을 보이거나 떼를 쓰는 행동이 나타날 수 있다. 또 속이 상해서 잠을 못 이룰 수도 있다.

형제간에 이러한 갈등 상황이 일어나는 가장 기본적인 원인은 부모의 사랑과 관심을 독차지하고 싶어서다. 자신이 부모로부터 불공평한 대접을 받고 있다고 느끼는 경우나 부모가 형제의 능력을 서로 비교하는 경우에도 형제간 갈등은 더 심해질 수 있다.

꼭 부모와의 관계가 아니더라도 형제간에는 항상 다툼이 있을 수 있다. 형이라고 무조건 동생에게 복종만 요구하여 자신은 꼼짝도 하지 않으면서 모든 심부름을 시키려고 하는 경우, 장난감이나 컴퓨터 게임, TV 채널을 독점하는 경우, 특별한 이유도 없이 괜히 동생을 건드려서 싫어하는 반응을 보이면 그것이 재미 있어 더 짓궂게 구는 경우 등에서 형제간의 갈등은 더 심화될 수 있다.

그러나 형제간의 경쟁은 대부분 심하지 않아서 시간이 지나면 해결된다. 또 어떤 점에서는 긍정적인 측면도 있다. 그것은 이러한 경쟁을 통하여 통제를 배우고 경쟁력을 높여 나중에 성장하여 사회에 나가 효과적으로 생존하는 방법을 배우게 되기 때문이다.

5. 뇌의 역할

한 개체에게 힘과 통제력은 어디에서 오는 것인가? 이것은 두말할 것도 없이 '뇌' 에서 온다고 할 수 있다. 뇌는 인간 활동의 전 영역을 통괄하는 통제센터로서 인식, 사고, 판단 등의 의식 활동과 다양한 감정, 행동을 통제하는 가장 중요한 기관이다. 뇌는 우리 몸무게의 약 2%(1,300g) 정도를 차지하고, 부피로는 2,300cm^2 정도(신문지 한장 정도)의 작은 표면적을 차지하고 있다. 그러나 뇌는 무궁무진한 창조력과 상상력을 가지고 있다. 뇌는 하등동물에서 고등동물로 올라갈수록 더 커진다. 즉, 진화가 진행될수록 뇌는 더 커진다. 그만큼 기능이 더 복잡하게 되었다는 것이다. 진화과정을 통하여 커진 인간의 뇌는 생존을 위한 운동, 감각의 통제와 조절이라는 원래의 역할 이외에도 사람을 사람답게 하는 정신, 마음, 인식, 판단이라는 고도의 정신 기능을 창출하게 된다.

이처럼 뇌는 중요한 기관이기에 여러 가지 보호장치가 마련되어 있다. 첫째, 뇌의 해부학적 측면이다. 뇌는 단단한 뼈로 둘러싸여 있어 외부로부터 일어날 수 있는 물리적 충격에 대해서 보호를 받고 있다. 생체 내의 어떤 기관도 뇌처럼 철저하게 뼈에 둘러싸여 보호받고 있는 기관은 존재하지 않는다. 심장과 폐가 갈비뼈에 싸여 있기는 하지만 뇌에 비하여는 빈약하기 이를 데 없다. 갈비뼈는 조그마한 충격에도 견디지 못하는 허약한 방어막이다. 둘째, 뇌와 두개골 사이에는 여러 층의 공간이 형성되어 있다. 따라서 외부의 충격이 가해지더라도 완충 작용을 해 준다. 셋째, 뇌는 뇌척수액으로 둘러싸여 있다. 다른 말로 표현하면, 뇌는 물 속에 떠 있는 양상을 띠고 있다. 이 역시 외부에서 충격이 가해지더라도 완충시키는 결정적인 역할을 한다. 넷째, 뇌조직은 생체의 여러 가지 대사적 변화로부터 화학적 영향을 받지 않도록 차단시키는 장치를 갖추고 있다. 생체의 모든 조직은 혈관을 통하여 영양을 공급받고, 사용하고 남은 폐기물은 내보낸다. 따라서 대부분의 생체조직은 대사적 상황에 따라 영양분을 공급받기 때문에 생체의 리듬에 따라 기능도 쉽게 변화되는 특성이 있다. 그러나 뇌조직은 뇌-혈관장벽(blood-brain barrier: BBB), 뇌척수액-혈관장벽(cerebrospinal fluid-blood barrier)이라는 특수한 차단장치를 가지고 있어서 말초에서의 영양분들이 마음대로 뇌조직에 들어갈 수가 없다. 따라서 뇌조직은 말초조직과는 전혀 다른 생화학적인 환경에 놓이게 되어 안정된 상태를 유지한다.

어떻게 보면 오로지 뇌조직이 필요한 영양소만 선택적으로 흡수하고 배출시키는 아주 독선적인 장기인 것처럼 보이기도 한다. 하지만 뇌는 모든 기관을 통과하는 중추적인 기관이기에 외부의 영향에서 독립되어 안정된 상태에서 흔들리지 않고 생체가 가장 효과적으로 생존할 수 있는 방향으로 판단을 내릴 수 있어야 하는 것이다.

1) 뇌의 발달

뇌의 신경원(뉴런)은 임신 후 3개월부터 생성되기 시작하여, 7주가 되면 정점에 이르며, 임신 4개월이 되면 완성된다. 정점에 있을 때의 생성 속도로는 분당 50만 개의 신경원이 만들어진다. 신경원의 수는 출생 후 성인기까지 거의 불변 상태이나, 신경원의 연결망인 시냅스의 형성(synaptogenesis)은 주로 생후에 일어나고 여러 가지의 발달 단계를 밟는다. 시냅스의 양적인 측면에서만 본다면 생의 초기에는 성인기보다 더 많은 양의 시냅스가 형성된다. 생후 2년까지 급속도로 증가되어 성인기에 비해 약 50% 이상의 증가를 보인다. 그 후 나이가 들면서 점차 감소하게 되는데 이런 과정을 가지치기(pruning)라 이른다.

가지치기는 뇌의 부위에 따라 차이가 있다. 예를 들면, 청각과 관련된 대뇌피질은 임신 7개월에 시냅스의 농도가 최대치에 이르며, 가지치기는 출생 직전에 이미 일어나고 출생 직후 해부학적 또는 기능적으로 거의 성인기 수준에 이르게 된다. 그러나 전전두엽(prefrontal lobe)은 생후 4년이 지나서야 시냅스의 농도가 최대치에 이르며, 5세경부터 가지치기가 일어나서 12～3세가 되어야 시냅스의 구조나 기능이 성인기 수준에 이른다. 전체적으로 유아기에서 사춘기에 이르는 동안 매일 약 200억 개의 시냅스가 사라진다. 전전두엽은 판단, 충동 조절, 실행 기억 등 고위 인지 기능을 담당하는 부위여서 성숙해지는 데 오랜 시간이 소요되는 것이다.

이 과정에서도 역시 생존의 의미를 볼 수 있다. 시냅스 중 자극에 대하여 효과적으로 반응하는 시냅스는 살아남고 그렇지 못하는 시냅스는 가지치기를 당하게 된다. 또한 기능이 정상적이지 못한 경우에도 가지치기를 당한다. 미리 충분한 시냅스, 즉 필요한 양보다 훨씬 더 많은 시냅스를 만들어 두어 시냅스를 형성하는 과정에서 있을 수 있는 실수에 미리 대비하는 것이다. 만약 꼭 필요한 만큼만 시냅스가 만들어진다면 어떤 일이 발생할까? 그 시냅스 중 일부에 기능장애가 발생한다면 해결할 방법이 없게 되는 것이다. 실로 인체의 절묘한 설계라 아니 할 수 없다.

2) 뇌의 구조

신경계는 중추신경계와 말초신경계로 구성되어 있다. 인체는 4단계 구조물로 이루어져 있다. 가장 기본적인 단위가 세포이며, 다음 단계가 조직이다. 조직은 같은 종류의 세포끼리 모인 것이며, 인접한 세포 사이에 여러 물질이 끼어들어 있는 구조물로서 세포보다는 더욱 복잡하게 구성되어 있다.

이러한 인체의 모든 세포, 조직, 기관 또는 계들은 중추신경계(central nervous system: CNS)에 의하여 기능이 조절되고 통괄되어 하나의 통일된 개체로 활동할 수 있다. 중추신경계 신경원의 긴 가지들은 신체의 각 부분으로 나가서 말초신경계를 구성하게 된다. 포유동물의 중추신경계는 원래 관상 구조로부터 발달하여 뇌와 척수(spinal cord)가 된 것이다.

뇌는 전뇌(forebrain), 중뇌(midbrain), 후뇌(hindbrain)로 구성되어 있다. 전뇌는 다시 종뇌(telencephalon)와 간뇌(diencephalon)로 나누어진다. 종뇌는 다시 대뇌반구(cerebral hemisphere), 편도핵(amygdala), 해마(hippocampus), 기저핵(basal ganglia) 그리고 간격(septum)으로 나누어지고, 간뇌는 다시 시상(thalamus)과 시상하부(hypothalamus)로 나누어진다. 후뇌는 연수(medulla oblongata)와 뇌교(pons) 그리고 소뇌(cerebellum)로 나누어진다.

전뇌는 대뇌피질(신피질, neocortex)과 변연계(limbic system)로 구성되어 있다([그림 6] 참조). 변연계는 뇌의 중심부 아래에 자리하며 계통 발생상 뇌에서 비교적 일찍 발생된 부분으로서 늦게 발달한 대뇌피질에 의하여 완전히 둘러싸여 있다. 대뇌피질은 외부 환경과의 교신을 통하여 이를 입체적으로 인식하는 능력을 가지며

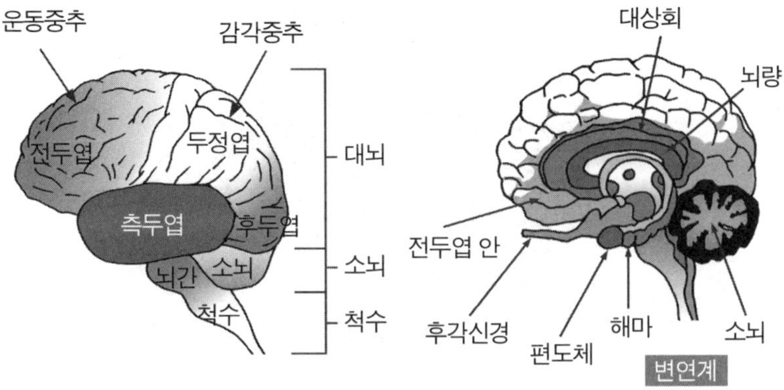

[그림 6] 뇌 부위별 명칭

목적 지향성 이성 행동을 주재한다. 즉, 고도의 사색 기능, 판단 기능, 창조적인 정신 기능 등 고등정신 활동을 하며, 운동과 감각을 주재하는 부위다. 학문적 성취, 문학 · 예술적 성취, 철학적 사고, 도덕 · 윤리적 사고, 종교적 사색 등 인간의 보편타당성과 영원 불변의 가치 추구는 모두 대뇌피질의 기능에 의해 이루어진다. 이에 비하여 변연계는 본능 행동과 정서나 감정을 통제하는 곳으로서 행동의 동기, 학습, 기억의 과정과도 밀접한 관계가 있다.

뇌의 부위들은 브로드만(Brodmann) 영역([그림 7] 참조)이라는 단위로 구분되어 각 영역마다 자신이 담당하는 기능만 수행하고 있다. 브로드만 영역 1, 2, 3은 신체감각을 담당하고, 4, 5, 6은 운동을 담당한다. 그리고 시각은 영역 17, 청각은 영역 41, 42, 미각은 영역 43, 그리고 언어는 영역 44, 45다. 자신이 담당하는 기능을 정확하게 구분함으로써 기능의 혼란을 미리 예방할 수 있다.

또한 뇌는 우뇌와 좌뇌로 되어 있어 한쪽 기능에 문제가 야기되

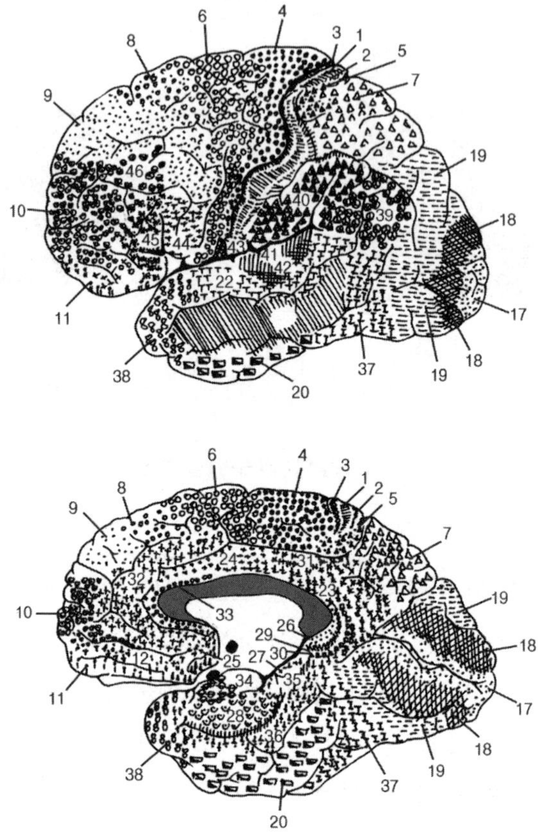

[그림 7] 브로드만 영역(Kaplan & Sadock, 2000: 17)

는 경우 다른 쪽에서 어느 정도 보충할 수 있는 장치가 마련되어 있다. 그러나 특정 부위는 기능을 대체할 수 있는 장치를 갖추고 있지 못하다. 모든 시스템이 완벽한 안전장치를 갖추고 있는데 뇌에서는 왜 이렇게 설계되어 있을까? 조물주의 실수일까? 심오한 의미가 있는 것일까? 혹은 인간이 더 진화한다면 그 안전장치를 갖추게 될 수 있는 것일까?

뇌의 또 하나 불가사의한 특징은 뇌세포는 일단 죽으면 재생되지 않는다는 점이다. 이미 살펴본 바 있듯이 생체 내의 모든 세포는 일정한 수명을 가지고 있으며, 수명을 다한 세포는 싱싱한 세포에게 자리를 내어 주고 조용히 죽는다. 간조직은 70%를 적출하더라도 2～3주면 거의 완벽하게 재생된다. 그런데 왜 뇌세포는 일단 죽어 버리면 그 자리를 메워 줄 다른 세포의 증식이 일어나지 않는 것일까? 이것은 이 책의 주제인 인간의 생존이라는 전제에서 보면 상당히 모순적인 현상이 아닐 수 없다.

실제로 임상적으로 신경계의 이상을 초래하는 질환들이 극히 치료하기 어려운 경우가 많다. 여러 가지 선천성 대사이상은 정신지체를 초래하는 가장 큰 요인이 되는데, 이것은 선천성 대사이상이 성장하는 유아기의 뇌에 가장 심각한 영향을 미치며 이미 영향을 받은 뇌세포는 그 기능을 회복할 기회가 없기 때문이다. 최근 엄청나게 증가하고 있는 치매의 경우도 비슷하다. 치매는 대뇌피질의 뇌세포가 대량으로 죽게 되는 질병으로, 일단 발생하면 치료하기 아주 어렵다. 또한 교통사고 등 외상으로 인하여 뇌조직이 손상받는 경우 그 기능을 회복하는 일이 아주 어렵다. 이런 모든 예들은 생체의 다른 조직이나 기능을 감안하다면 생존과는 정반대 방향으로 나아가는 설계라고 하겠다.

이런 설계는 인간의 삶에 여러 가지 교훈을 준다. 첫 번째는 만일의 경우에 대비한 준비가 전혀 되어 있지 않으니 항상 조심하라는 것이다. 두 번째는 문제가 예측되는 경우 조기에 발견하여 치료를 하라는 것이다. 세 번째는 미리 예방할 수 있는 방법이 있다면 그 방법을 강구하라는 것이다. 예를 들면, 선천성 대사이상 질환인 페닐케톤뇨증(phenylketonuria)은 조기에 발견만 하면 유아에게 모유를 정지시키고 페닐알라닌 아미노산이 제거된 특수 조제 분유를 먹임으로써 간단하게 정신박약의 장애를 예방할 수 있다. 치매의 경우에도 운동을 열심히 한다거나, 음악을 열심히 듣는다거나, 독서를 열심히 하는 등 지속적으로 뇌를 쓰면서 창조적인 활동을 하면 어느 정도 예방이 가능하다. 네 번째는 생명의 비가역성 그리고 일회성이라는 엄숙한 전제를 가르치는 것이다. 한 번 지나간 시간은 다시는 오지 않고, 생명은 오로지 하나뿐이다. 특정한 시간에 특정한 공간에서 사람과 사람이 만나는 기회도 오로지 한 번뿐인 것이다. 그러므로 매 순간 모든 인간과의 만남을 소중하게 여기라는 엄숙한 교훈을 얻을 수 있다.

3) 뇌의 기억 정보량과 컴퓨터

뇌의 대뇌피질부는 뇌의 가장 바깥쪽에 위치해 있으며, 발생학적으로는 가장 최근에 발달된 부위로서 인간의 이성적 행동, 도덕적 행동 또는 창조적 기능을 통괄한다. 본능 또는 욕망의 중추나 감정을 통제하는 중추는 대뇌피질에 둘러싸여 있는데, 발생학적으로는 오래전에 형성된 고피질이다. 인간이 단순히 신체적인 측면에서 생존하는 것은 고피질 부위의 기능만으로도 가능하다.

고피질 부위에는 태어나면서부터 생존에 필요한 여러 기능과 정보가 입력되어 있다. 배가 고프면 젖을 빨고, 아프거나 몸이 불편하면 울고, 어머니를 보고는 웃는 행동을 보이다가 어머니가 보이지 않으면 불안 반응을 보이고, 낯선 사람이 나타나면 경계를 하는 등의 능력은 특별한 교육을 받지 않더라도 이미 프로그램되어 있는 행동이다. 그래서 태어나는 즉시 또는 태어나 일정 시간이 지나면 자동적으로 수행할 수 있다. 그러나 인간 뇌의 85% 이상을 차지하는 뇌의 신피질부는 태어날 때 아무것도 프로그램되어 있지 않다. 말하자면 신피질은 아무런 정보도 입력되어 있지 않은 초대형 컴퓨터라고 할 수 있다.

우리는 사람의 뇌는 무한한 가능성과 능력이 있다고 생각하고 있다. 그렇다면 어느 정도의 능력을 가지고 있는 것일까? 정확하게 계산하기는 거의 불가능하지만 컴퓨터의 용량과 비교해 본다면 어느 정도는 추정이 가능하다. 일반적으로 용량이 아주 큰 컴퓨터의 기억 용량을 10^{10}비트 정도라고 한다면, 인간의 뇌가 지니고 있는 모든 정보기억의 총량은 대개 10^{15}～10^{16}비트 정도로 추정된다. 즉, 뇌는 고성능 컴퓨터의 10～100만 배의 용량을 가지고 있다고 할 수 있다. 바꿔 말해, 인간의 뇌에 해당되는 능력을 컴퓨터가 수행하기 위하여는 고성능 컴퓨터가 10～100만 대가 필요하다. 물론 컴퓨터의 능력에는 순전히 인지적인 기능만 포함되어 있고 인간의 가장 중요한 정신 기능 중 하나인 감정 기능은 포함되어 있지 않다. 여기에서 인간의 정신 기능을 컴퓨터가 수행한다는 것은 불가능하다는 계산이 나오고, 이것은 인간의 존재가 왜 중요한가를 강조할 수 있는 좋은 예다.

인간 존재는 하나하나가 모두 '우주' 라는 비유가 있다. 진정 모든 인간은 그 자체가 '소우주' 가 아닌 '우주' 라고 할 수 있다. 우리가 '자신의 존재의 중요성', 더 나아가 '다른 사람의 존재의 중요성' 까지 깊이 인식하여야 하는 이유가 바로 여기에 있다.

4) 대뇌화와 동물화

고등동물일수록 본능과 감정 기능 등은 오래된 대뇌의 하부 변연계에 남고, 시각, 청각 등 정밀한 감각 기능과 세밀한 운동 기능은 점차 뇌의 아랫부분에서 윗부분인 대뇌피질부로 이관되어 대뇌피질부가 크게 발달하게 된다. 이러한 현상을 '대뇌화(encephalization)'라 이른다.

높은 수준의 대뇌피질부는 변연계나 척수와 같은 낮은 수준의 중추신경계 기능을 촉진 또는 억제하는 조정 및 통제 역할을 담당한다. 따라서 고위 대뇌 부위가 손상되거나 기능이 약화되면 그 결손 증상과 함께 고위 대뇌 부위의 통제하에 있던 하위 대뇌 부위의 기능이 해방되어 본능적인 행동만 수행하는 소위 '동물화' 또는 '식물화' 현상이 나타나게 된다. 그래서 식물인간이란 대뇌피질의 기능이 완전히 마비된 상태라고 정의할 수 있다.

일상생활에서도 일시적인 '해방 현상'을 관찰할 수 있다. 평소에 얌전하고 점잖은 사람이 술에 취하면 행동도 흐트러지고 욕설도 하고 걸음걸이도 비틀거리는 등 평소에 전혀 하지 않던 행동들이 많이 나타난다. 이것이 바로 '해방 현상'이다. 평소에는 잘 다듬어진 이성과 판단력(대뇌피질의 기능)에 의하여 자신의 감정 반응을 잘 다스리던 사람이 술에 의하여 대뇌피질의 기능이 마비되어서 변연계의 기능이 아무런 통제를 받지 않고 그대로 행동화되기 때문에 일어나는 현상이다. 대뇌피질은 운동의 기능도 주재하기에 술에 취하면 운동 기능에도 장애가 와서 비틀거리게 된다.

환각제 등의 약물을 남용하게 되는 경우에도 이와 비슷한 현상이 나타난다. 환각 약물 때문에 대뇌피질의 기능이 마비 내지는 약화되어 하부 뇌의 기능이 활성화되면 여러 행동장애를 일으키게 된다. 그러므로 환각제를 복용하는 것은 스스로를 인간의 차원에서 동물의 차원으로 격하시키는 행동이라고 할 수 있을 것이다.

외부의 자극이 들어와 이성적이면서 창조적인 활동으로 연결되기 위하여는 맨 위에 위치하고 있는 대뇌피질까지 회로가 열려 있어야 한다. 이 경우 모든 정보를 종합적으로 분석함으로써 적절하고도 사려 깊은 행동을 하게 된다. 반면, 즉각적인 감정의 표출 또는 충동적인 폭력은 대뇌까지 올라오지 못하고 동물적인 뇌의 하부(변연계나 척수)까지만 회로가 열려 있는 경우의 결과다.

흥분 전도가 활발히 일어나는 신경회로(시냅스)는 발달되고 강화된다. 즉, 신경 전도가 활성화될수록 회로를 형성하고 있는 신경원의 가지가 많이 돋아나고 회로가 튼튼해지고 넓어진다. 반대로 쓰지 않는 회로는 없어지고 막혀 버린다. 그래서 머리는 쓸수록 발달하고 좋아질 수 있다. 이러한 원칙은 다른 신체기관에도 그대로 적용된다. 수술을 받고 2~3주씩 자리에 누워서 다리 운동을 하지 않고 그냥 지낸다면 다리의 근육이 위축되어 힘이 빠지게 된다. 그래서 누워 있는 동안에도 가능한 한 다리를 많이 움직여서 근육이 위축되지 않도록 하여야 한다. 이러한 현상을 의학적으로는 무용성 위축(disuse atrophy)이라고 부른다. 그러나 평소에도 많이 걷고, 등산도 열심히 하며, 다리 운동을 많이 하면 다리의 근육은 더욱더 튼튼해진다.

뇌도 마찬가지다. 뇌는 많이 쓰면 쓸수록 더욱더 기능이 호전될 수 있다. 스스로 생각을 많이 하는 것, 공부를 열심히 하는 것, 독서를 열심히 하는 것, 음악을 열심히 듣는 것, 그림을 열심히 그리는 것, 운동을 열심히 하는 것도 모두 대뇌의 기능을 좋게 할 수 있는 방법이다.

이상에서 인간의 신체 부위 중 가장 중요한 역할을 수행하는 뇌의 여러 기능을 살펴보았다. 특히 강조할 점은 '인간의 정신(사고, 생각), 감정 또는 행동이 뇌의 통제하에 있다는 것이다. 고위 뇌의 중추는 하위 뇌의 중추에 대하여 통제를 하고 있다. 이러한 통제 기능에 의하여 인간이 인간다울 수 있는 상태가 된다. 이것은 아주 중요한 의미를 갖는다. 이러한 통제 기능에 이상이 생기면 그 사람은 신체적, 심리적 또는 사회적으로 생존이 불가능해진다. 힘과 통제력이 생존에 필수적이라는 사실을 가장 극적으로 보여 주는 기관이 바로 뇌라고 할 수 있다.

개인에게 힘과 통제력이 생존에 필수적인 것과 마찬가지로, 집단에서도 그 집단이 효과적으로 생존하기 위하여는 힘과 통제력이 필수적인 조건이다. 그래서 인간의 역사는 힘을 추구하는 역사다. 또한 그러한 힘으로 자신을 통제하거나 또는 다른 사람과의 관계에서 '누가 누구를 통제하는가?'에 대한 역사라고 할 수 있다. 다시 말하지만, 누구나 모두 같은 것을 추구하기 때문에 개인 간 또는 집단 간의 갈등이 바로 거기서 시작되는 것이다.

6. 교육의 의미

'敎育' 에서 '敎' 는 자식(子)과 숫자를 나타내는 효(爻), 그리고 매로 칠 복(攵)으로 구성되어 있다. 따라서 '敎' 는 자식에게 매를 치면서 숫자를 가르친다는 의미다. 과거부터 계산을 잘해야 집 밖에 나가서도 남에게 속지 않고 잘 살 수 있다고 생각하였던 것으로 추정된다. 예나 지금이나 밖에는 속이려는 사람들이 많기 때문이다. '育'의 경우 윗부분은 아이를 거꾸로 세운 모양으로 갓난 아이를 말하고(云), 아랫부분은 몸(肉)이다. 즉, '育'은 아이가 어머니 뱃속에서 태어나는 모습으로서 '자라다' 또는 '기르다'의 뜻을 갖는다.

이상의 내용으로 보아, 올바른 인간으로 키우기 위하여 매는 필수적이라 할 수 있다. 물론 여기서 묘사된 매는 말 그대로 '회초리' 모양을 띠고 있다. 그렇지만 이 매가 반드시 물리적 또는 신체적 매만을 나타내는 것은 아니다. 어떤 형태건 인간의 생각, 감정 또는 행동에 대하여 긍정적으로 작용하도록 하는 모든 '통제력'으로 정의할 수 있다. 외적 통제를 통하여 내적 통제로 나아가는 과정이 교육인 것이다. 이러한 매가 모든 인간의 내부에서 흘러나올 수 있다면 가장 이상적인 방법이라고 할 수 있는데, 사실 이는 아주 어려운 것이다.

교육에서 빠질 수 없는 체벌에 대해서는 간단하게 단정적으로 답하기는 아주 어려운 일이다. 학자에 따라서도 다양한 의견을 내놓고 있는데, 일부 학자들은 여러 이유를 들어 체벌을 해서는 안 된다는 주장을 펴고 있다. 그 이유는 다음과 같다. 첫째, 체벌은 아이들의 나쁜 행동은 고치지 못하고 부모 자신이 분노를 통제하지 못하여 자녀에게 감정적인 상처만 입히게 된다. 둘째, 체벌은 아이들의 분노, 억울함 그리고 공포심만 키워 교육적인 효과를 기대하기 힘들다. 셋째, 체벌은 아동들의 공격심만 높여 또래관계, 형제자매관계에서 오히려 어려움만 가중시킨다. 넷째, 체벌을 많이 받고 성장한 아동들은 청소년기에 비행청소년이 될 가능성이 더 크다. 마지막으로 나중에 자신이 부모가 되었을 때에 자신의 자녀에게 체벌을 할 위험성이 크다.

그러나 필자는 '매'가 아동의 교육에 필요하며 단지 그 과정이 중요하다는 점을 강조하고 싶다. 아동에 따라 통상적으로 가해지는 통제, 처벌 방법만으로는 도저히 그 문제 행동들이 고쳐지지 않는 경우들이 간혹 있다. 이런 자녀들을 둔 부모는 자녀의 문제 행동을 고치려다 지쳐서 자녀와의 관계가 나날이 악화되고, 자녀들의 일상적인 사회생활뿐만 아니라 부모의 일상적인 사회생활에도 지장을 초래한다. 이런 경우에는 매도 교육의 한 방법이 될 수 있다. 그러나 그 절차는 엄밀하게 지켜져야 한다.

- 문제 행동에 대하여 구체적인 지적을 한다.
- 문제 행동의 부정적인 영향에 대하여 설명한다.
- 문제 행동이 고쳐지지 않고 반복되는 경우 어떠한 처벌이 가해질 것임을 경고하고 이에 대하여 아동과 약속한다.
- 처벌 조항 중에 매도 하나의 처벌방법으로 포함시킨다.
- 그럼에도 문제 행동이 반복되는 경우, 이미 한 약속을 재확인하고 아동의 동의하에 매를 가한다.

이러한 절차를 밟는다면 부모가 자신의 감정을 통제하지 못하고 충동적으로 매를 드는 경우를 피할 수 있으며, 매를 통한 교육적인 효과도 기대할 수 있다.

이러한 체벌은 아동이 올바르게 변화하기를 바라는 마음에서 행해져야 한다.

'變化'에서 '變'의 윗부분은 糸(실 사), 言(말씀 언), 糸(실 사)로 되어 있고, 아랫부분은 攵(칠 복)으로 되어 있다. 즉, 윗부분은 실로 말을 엮듯이 지속적으로 잔소리를 듣는다의 의미가 되며, 아랫부분은 매로 친다는 의미가 된다. 글자 그대로 해석한다면 지속적으로 잔소리를 듣고 매를 맞아야 변할 수 있다는 의미다. 攵은 改, 政, 敵, 敗, 攻, 教, 敬, 數, 整, 救, 散, 敦 등 여러 한자에서 발견되는데, 이들은 모두 매로 쳐야 효과가 기대된다는 의미를 가지고 있다.

'化'는 人(사람 인)과 匕(비수 비)로 만들어진 글자다. 人은 살아 있는 사람을 뜻하고, 匕는 사람이 칼을 맞고 ㄴ자로 죽어 있는 모양을 나타낸다. 그러므로 '化'는 산 사람과 죽은 사람을 그리고 있다. 인간이 경험하는 변화 중에서 가장 궁극적인 변화가 삶과 죽음이라는 것을 생각해 보면 그 의미의 깊이를 느낄 수 있을 것이다. 匕도 死, 屍, 葬, 昆, 北 등 죽음과 관련 있는 여러 글자에서 발견된다.

따라서 '變化'라는 단어에서 '變'과 '化'를 종합해 보면 '사람이 살아서 죽을 때까지 항상 잔소리를 듣고 매를 맞아야 긍정적으로 달라질 수 있다.'는 의미가 된다.

- 성경에서의 변화

초달(楚撻)을 못하는 자는 그 자식을 미워함이라, 자식을 사랑하는 자는 근실히 징계하느니라(잠언 13: 24)

이의 마음에는 미련한 것이 얽혔으나 징계하는 채찍이 이를 멀리 쫓아내리라(잠언 22: 15)

채찍과 꾸지람이 지혜를 주거늘, 임의로 하게 버려 두면 그 자식은 그 어미를 욕되게 하느니라(잠언 29: 15)

발달하는 과정에서는 적절한 통제가 이루어져야 바람직하고 긍정적인 발달이 일어날 수 있으며, 그 통제방법 중의 하나로 매가 사용될 수 있음을 나타낸다. 그러나 그 매는 사랑이 바탕이 된 '사랑의 매' 가 되어야 할 것이다.

제3장

대인관계의 심리학적 이해

1. 대인관계의 구체적 의미
2. 대인관계의 발달학적 특성
3. 대인관계의 심리학적 이해

* 이 장은 권석만 교수의 『젊은이를 위한 인간관계의 심리학』(개정증보판, 학지사, 2004)에서 저자의 허락을 받아 요약한 내용이다. 자세한 내용은 이 책을 참고하라.

1. 대인관계의 구체적 의미

인간이란 말 자체가 대인관계를 뜻하고 있으니 인간에 대한 논의를 할 때에 그 관계적 특성에 대한 논의를 피할 수 없다. 인생이란 살아가는 과정에서 대인관계에서 겪는 모든 경험의 합이라고 정의 내릴 수 있다. 따라서 한 인간이 효과적으로 생존하느냐 하지 못하느냐는 대인관계에서 얼마나 성공적인 성숙한 관계를 맺느냐 맺지 못하느냐와 밀접한 관계를 갖고 있다고 할 수 있다.

그렇다면 구체적으로 '대인관계' 란 무엇이며 어떤 과정을 밟아 일어나는가? 물론 대인관계에는 직접적인 관계도 있고 간접적인 관계도 있다. 어떤 과정이건 대인관계는 '대화(communication)' 를 통하여 일어난다고 할 수 있다.

대화는 언어를 통한 '언어성 대화' 와 얼굴 표정 또는 동작을 통한 '비언어성 대화' 의 두 가지로 나눌 수 있다. 어떠한 형태로 대화가 일어나든지 대화에는 몇 가지의 유형이 있을 수 있다. 우선 A와 B가 서로 대화를 하고 있다고 가정해 보자. 첫 번째는 대화의 내용에서 어떤 정보에 대하여 A는 전혀 모르고 B만 알고 있으며, B가 A에게 통보를 하고 A가 그것을 수용하는 형태의 대화다. 이런 경우에는 B가 A의 행동에 결정적인 영향을 미치는 상태여서 A는 B에 의하여 '완전히 통제되었다(completely controlled).' 고 표현할 수 있다. 두 번째는 첫 번째 상황에서 A가 B의 의견을 거부하는 경우다. 이 경우에는 A는 B에 의하여 '완전히 통제되지 않았다(completely uncontrolled).' 고 표현할 수 있다. 세 번째는 어떤 사안에 대하여 A와 B가 서로 의견이 다른데, A가 B의 의견에 완전히 동의하거나 또는 B가 A의 의견에 완전히 동의하는 경우다. 이 경우에는 A는 B에 의하여 또는 B는 A에 의하여 '완전히 통제되었다.' 고 표현할 수 있다. 네 번째는 A와 B의 의견이 서로 다르지만 서로 충분한 토의를 거쳐서 상호 간의 주장을 완전히 포기하지 않은 상태에서 의견의 일치를 보는 경우다. 이 경우는 '상호 통제되었다(mutually controlled).' 고 표현할 수 있다. 마지막은 A와 B의 의견이 서로 달라 충분한 토의를 했음에도 상호가한치의 양보도 없이 평행선을 달리는 경우다. 이 경우에는 '상호 통제되지 않았다(mutually uncontrolled).' 고 표현할 수 있다.

이상에서 볼 수 있듯이, 대인관계란 결국 대화를 통하여 이루어지며 그 과정에서도 힘과 통제의 원리가 적용된다. 이에 항상 마음을 열고 자기와 관계를 맺는 사람들과 자유롭고 솔직한 대화를 나누는 것이 중요하다. 하지만 이것이 일견 간단해 보이나 실제 일상생활에서는 그리 쉬운 일이 아니다. 곤란한 일이 있으면 아예 대화 자체를 피해 버리려는 행동도 많이 일어난다. 그리고 대화 자체가 애매모호하여 대화가 끝난 후에 무슨 대화가 오갔는지, 상대방의 진의가 무엇인지, 나는 내가 표현하고자 한 바를 정확하게 하였는지, 내 생각과는 전혀 다른 방향으로 말하지는 않았는지, 내가 너무 엉뚱하게 내 고집만 피운 것은 아닌지 등 어려운 문제들이 많이 발생한다.

현재 우리나라의 실정을 보면 가장 심각한 문제가 대화의 문제다. 여당과 야당 간의 대화, 야당과 야당 간의 대화, 노와 사의 대화, 정치가와 언론의 대화, 정치가와 국민의 대화, 교수와 학생 간의 대화, 남과 북의 대화, 진보와 보수 간의 대화 등 그 어느 하나 성숙한 대화가 없다. 대화가 원활하게 되지 않으니 도처에서 갈등만 유발되고 해결책은 강구되지 않은 상태다. 그러므로 서로 상대방을 존중하면서 잘 들어줄 수 있는 풍토를 조성하여 함께 생존할 수 있는 방법을 마련해야 할 것이다.

2. 대인관계의 발달학적 특성

모든 인간은 태어나면서부터 부모, 형제자매 등 가족들과의 관계 속으로 들어가게 된다. 영유아기에는 아주 무력한 상태에 있기 때문에 전적으로 부모의 양육과 보호를 받게 된다. 즉, 부모에게 전적으로 의존하는 상태가 된다. 이때 부모가 아동들의 요구에 어떤 반응을 보이는가 하는 것이 아동들의 인격 내지는 성격 발달에 중요한 영향을 미치게 된다. 형제자매 관계도 성격 형성에 중요한 영향을 미친다. 부모의 사랑을 서로 나누어야 하며, 이러한 과정에서 경쟁심이 유발되기도 한다. 이것은 나중에 사회에 나가서 겪어야 하는 경쟁에 대한 준비과정이 될 수 있다.

걸음마기가 되면 대인관계의 폭은 더 넓어진다. 가족들과의 관계에 국한되어 있던 대인관계가 가족 바깥의 관계로 발전한다. 언어의 발달이 일어나고 또 걷기 시작하면서 또래관계가 활발해지며 또래와 함께 있는 것을 즐기는 시기가 된다. 4~6세는 학령전기라 일컫는다. 이 시기에는 또래 아이들에 대한 관심이 더욱 고조되며 놀이가 다양해진다. 최초의 교우관계를 맺는 시기이기도 하다. 특정한 대상에 대하여 깊은 관계가 형성되어 소꿉친구, 꼬치친구, 골목친구라 불리는 친구관계가 이루어진다.

초등학교 시절은 학령기라 부르는데, 아동의 대인관계에서 급격한 변화가 야기되는 시기다. 우선 대인관계가 양적인 면에서 급격하게 증가하고, 부모 이외의 어른과의 관계, 즉 학교 선생님들과의 관계를 경험하게 된다. 또한 같은 반 아이들, 같은 학교 아이들 등 공간에 따른 친구관계와 상급학년 학생, 하급학년 학생들과의 관계가 상황에 따라 형성된다. 이러한 관계는 형제자매 관계의 연장이기도 하다.

모든 관계는 아동의 인지적 또는 감정적 능력의 발달에 따라 상당히 복잡한 양상을 띨 수도 있다. 친구의 외모, 취미, 학업 성적, 부모의 사회적 지위 등의 특성에 따라 친구군이 형성되는 시기다. 또한 학업 성적에 따라 우월감, 열등감이 생기며, 자의식의 발달에 따라 부끄러움, 수치감을 느끼기도 한다.

청소년기는 조기-중기-후기로 세분할 수 있다. 중학교 시절이 조기에 해당하고, 고등학교 1～2학년이 중기, 고등학교 3학년과 대학 1～2학년이 후기에 해당한다. 이 시기의 중요한 발달 과제는 부모로부터의 독립, 이성관계의 확립, 자아정체감의 발달로 요약된다. 조기 단계에서 청소년의 대인관계 특징은 부모로부터 독립하여 친구관계를 형성하는 것이다. 그러나 아직도 미숙한 상태이기 때문에 독립을 쟁취하는 과정에서 부모에게 이유 없이 반항을 하기도 한다. '부모 팔아 친구를 사는 시기' 가 바로 이 시기다. 신체적인 발달도 급격하게 일어나 2차 성징이 나타나며 이성에 대한 관심이 고조된다. 인지의 발달도 급격히 일어나지만 아직도 미숙한 상태로 실수를 많이 저지른다.

중기가 되어도 이러한 과정은 지속되지만 한층 성숙한 상태가 되어 어느 정도 여유가 생긴다. 따라서 부모와의 관계에서 이유 없는 반항을 하지 않으면서 안정된 친구관계를 수립할 수 있게 된다.

친구와의 관계는 외모, 성적, 사회적 지위 등 단순한 외적 기준에서 벗어나 성격, 인간성, 취미, 종교 등 내적 기준으로 옮겨 가게 되며, 이러한 특성에 따라 동아리가 형성된다. 선후배 간의 위계적 교우관계가 형성되며, 선생님과의 관계도 상당히 깊은 관계로 발전한다.

후기에 이르면 대인관계는 한층 더 복잡해지고 다양해진다. 특히 우리나라의 경우 후기 청소년기는 대학입시라는 큰 과제에서 벗어나 여유가 있으면서도 자유로운 친구관계, 대인관계를 맺는 시기다. 많은 자유가 주어지는 시기이기에 학생 자신의 선택에 따라 동아리 활동, 동창회, 동향 모임 등에도 활발하게 참여하거나 미팅, 소개팅 등을 통하여 다양한 이성관계를 경험함으로써 대인관계의 폭에서 상당한 차이를 보일 수 있다. 다양한 대인관계가 형성되지만 와해되기도 하는 시기다.

조기 성인기는 대학 3～4학년, 군복무 시절을 일컫는다. 자아정체감이 확립되어 직업관이나 정치적인 가치에 대한 신념도 확립되고, 이성과의 관계도 한층 성숙해진다. 일부는 대학을 졸업하여 대학원에 진학하기도 하고, 일부는 입대하여 군복무를 시작하여 또 다른 특수한 대인관계를 경험한다. 군대에서의 대인관계는 학력, 연령, 등 모든 사회적 지위에서 벗어나 오로지 계급만이 관계의 유일한 기준이 되고, 경우에 따라서는 일시적인 퇴행적 행동까지 경험하게 된다.

성인기가 되면 배우자를 적극적으로 찾아 결혼을 함으로써 아주 중요한 변환기를 맞게 된다. 남편-아내의 부부관계가 형성되고 배우자의 가족들과 새로운 대인관계를 맺으며 그에 적응해야 한다. 자녀가 태어나면 부모-자녀라는 새롭고도 아주 중요한 관계가 형성된다. 아빠로서의 역할, 엄마로서의 역할이 요구되는 시기다. 또한 안정된 직장을 갖게 됨으로써 직장생활을 통한 새로운 대인관계가 형성된다. 상관과의 관계, 동료와의 관계, 부하직원과의 관계 등 새롭게 적응해야 할 관계가 형성된다.

장년기는 40~50대를 일컫는다. 이 시기가 되면 새로운 대인관계의 양상이 나타난다. 사회경제적으로는 최고의 수준에 도달하게 되고, 직장 내에서도 상급자의 위치에 있게 된다. 자녀들은 대개 청소년기에 접어들어서 자녀들의 발달 과정에 맞게 적응해야 하는 과제에 부딪히게 된다. 부모 자신들이 청소년기를 적절하게 겪은 경우에는 큰 어려움이 없지만, 부모 자신들이 힘든 청소년기를 보낸 경우에는 자녀들의 청소년기에 적응하는 데에 어려움이 따를 수 있다. 자녀들이 결혼하게 되면 사돈들과의 새로운 대인관계가 형성되어 그에 적응해야 하고, 나아가 손자손녀를 보게 되면 그에도 적응해야 한다.

60대 이상은 노년기라 일컫는다. 사회적으로는 직장에서 은퇴를 하게 된다. 사회경제적인 능력도 감퇴되고, 신체적으로도 노쇠해지는 시기다. 사회적 대인관계의 폭은 점점 더 좁아지나 부부관계는 더 긴밀해지며 서로 의존하는 경향이 커진다. 자녀들에 대한 의존도도 더 높아진다. 점차 가까운 사람들과의 사별을 경험하면서 점점 더 외로워지게 되고 배우자를 상실하면 그 외로움은 극에 달하면서 우울이 깊어진다. 그리고 마침내 자신의 사망으로 생을 마감하게 된다.

이처럼 인생이란 대인관계의 형성과 와해에서 일어나는 모든 경험의 합이라고 정의 내릴 수 있다.

3. 대인관계의 심리학적 이해

이상에서 볼 수 있는 바와 같이 대인관계는 단순하게는 '나와 너'의 만남이나 아주 복잡한 관계라고 할 수 있다. 기본적으로 '내가 누구인가?'에 대한 답을 하기도 아주 어렵다. 어느 누구도 명확하게 자신을 설명하기는 어렵다. 모든 인간은 너무나 복잡한 존재이기 때문이다. 100조 개의 세포로 이루어져 있고, 500~600억 개의 뉴런이 있으며, 각 뉴런이 1만~1만 5,000개의 다른 뉴런과 연결망을 형성하고 있는 것이 인간이다. 그 세포들의 상호작용에 의하여 인간의 사고와 감정 그리고 행동이 결정되는데, 이런 과정을 그 누가 명쾌하게 설명할 수 있을 것인가?

따라서 다른 사람, 즉 너와의 관계를 명확하게 설명하는 일 또한 더욱더 어려울 수밖에 없다. 서로 좋은 감정을 느끼기도 하고, 사랑하기도 하며, 미워하기도 하고, 혐오감을 갖기도 하며, 증오감을 갖기도 한다. 괜히 부담감을 느끼기도 하고, 괜히 호감을 갖기도 한다. 또한 누구에게도 전혀 관심을 보이지 않기도 한다.

대인관계에 미치는 요인은 크게 세 가지로 구분된다. 나의 심리적 요인, 너의 심리적 요인 그리고 나와 너 서로 간에 일어나는 상호작용이다.

나와 너의 심리적 작용은 공통적인 면이 있다. 즉, 대인동기, 대인신념, 대인기술 그리고 대인감정이다.

1) 대인동기란 무엇인가

(1) 동기의 정의

동기란 특정한 목표를 향해 행동하게 하는 내면적인 원동력을 의미한다. 이러한 동기는 개인으로 하여금 특정한 목표를 원하게 하고, 그 목표를 달성하기 위한 행동을 하게 한다. 이러한 과정에는 의식적 또는 무의식적 과정이 모두 포함된다. 일반적으로 모든 인간은 생각을 하고 판단을 한 후에 행동으로 옮기게 된다. 그러나 반드시 의식적인 판단 없이 행동을 하게 되는 경우도 허다하다. 배가 고프면 먹을 것을 찾고, 이성에게 성적인 매력을 느끼며, 위험한 상황에서 반사적으로 피하는 행동 등 사고과정 없이 일어나는 인간의 행동을 설명하기 위한 방법으로 도입된 개념이 동기다. 이러한 동기는 흔히 욕구, 충동 또는 본능이라는 용어로 불리기도 한다. 인간의 사회적 행동에는 동기적 요인에 의해 유발되는 것이 많다. 대인관계를 지향하고 사회적 행동을 유발하는 동기적 요인을 대인동기(interpersonal motivation)라고 한다. 이러한 대인동기는 사회적 행동의 원동력이라고 할 수 있다.

(2) 동기의 기능

동기는 크게 세 가지 기능을 한다. 첫째, 동기는 목표 지향적 행동을 유발한다. 둘째, 목표 지향적 행동을 지속하게 하는 추진력을 제공한다. 셋째, 목표 지향적 행동을 조절하는 기능을 한다. 요컨대, 동기는 목표 지향적 행동을 시작하고 지속하고 조절하는 기능을 한다.

(3) 동기의 구분

동기는 생리적 동기 또는 심리적 동기로 구분되기도 하고, 선천적 동기 또는 후천적 동기로 구분되기도 한다. 생리적 동기는 태어날 때부터 갖추어진 동기로서 모든 인간들이 공유하는 동기다. 개체와 종족의 보존에 기여하고 진화의 과정에서 선택되어 온 생물학적인 유산을 뜻한다. 심리적 동기는 개인에 따라 달라질 수도 있고 학습의 영향이 뚜렷한 동기를 의미한다. 생리적 동기는 선천적 동기에 해당되고, 심리적 동기는 후천적 동기에 해당된다.

(4) 동기의 위계와 발달

동기는 아주 다양한데, 서로 밀접한 관계에 있으며 체계적으로 발달한다. 매슬로(Maslow, 1954, 1970)의 동기의 위계발달이론은 가장 많이 받아들여지고 있는 이론으로 동기를 5개의 위계로 나누고 있다. 첫째는 가장 낮은 위계의 동기로 생리적 동기다. 육체적으로 생존하기 위한 가장 기본적인 신체적 동기로서 음식, 물, 산소 등에 대한 기본적인 동기를 말한다. 둘째는 안전 및 안정의 동기다. 이것은 위험으로부터 보호받을 수 있으며 안전하고 편안한 피난처를 갈구하는 욕구를 뜻한다. 이 역시 생존과 밀접한 관계가 있다. 셋째는 소속감과 사랑의 동기다. 특정한 군에 소속되어 서로 돕고 인정하고 친밀한 관계를 유지하려는 동기다. 넷째는 자기존중감의 동기로서 자신이 가치 있는 존재라는 것을 느끼고 인정받고자 하는 동기다. 자기긍지와 자기만족을 위해 자신을 발전시키고자 하는 동기다. 마지막은 가장 높은 위계에 위치하는 것으로 자기실현의 동기다. 이는 자신이 가지고 있는 잠재적인 능력을 충분히 발현하고 표현하려는 욕구다.

매슬로는 이러한 동기가 낮은 수준에서 높은 수준으로 발달을 이루며, 낮은 수준의 동기가 충족되고 발달되지 않으면 높은 수준의 동기로 나아갈 수 없다고 주장하고 있다. 이러한 특성은 일반적인 발달의 개념과 일치된다.

2) 다양한 대인동기

아가일(Argyle, 1983)은 사회적 행동을 유발하는 인간의 보편적인 대인동기를 주장한 바 있다. 이에 대해 살펴보자.

(1) 생물학적 동기

인간은 기본적인 생존을 위해 영양분을 공급받고 환경의 위험으로부터 안전을 유지하기 위해 여러 가지의 생물학적인 동기(biological motivation)를 가진다. 이러한 생물학적인 동기를 충족시키기 위하여 모든 인간은 타인의 존재를 필요로 한다. 스스로 혼자서 생물학적 동기를 충족시킬 수 없기 때문에 인간은 군집생활을 하면서 서로 협동하는 방법을 배우게 되었다. 현대사회도 마찬가지다. 직업이 극도로 분화되어 있기 때문에 혼자서 의식주를 해결할 수가 없다. 이러한 생물학적 동기는 인간을 사회적 존재로 만드는 데 중요한 요인이다.

(2) 의존동기

의존동기(dependence motivation)는 다른 사람에게 의존하고 보호받으려는 동기다. 물론 영유아기 등 어린 시절에는 스스로 해결할 수 있는 일이 없기 때문에 생존하기 위하여는 의존적이 될 수밖에 없다. 유아기에 관찰되는 눈 맞춤, 미소 반응, 분리불안 등이 의존동기의 결과로 나온 행동들이다. 이는 생존에 필요한 행동들이라고 할 수 있다.

(3) 친애동기

친애동기(affiliative motivation)는 주변 사람들과 어울리고 친해지려는 동기를 말한다. 어렸을 때에는 또래 아이들과 즐겁게 노는 행동을 뜻하며, 나이가 든 경우에는 동등한 위치나 유사한 상황에 처한 사람들과 가깝게 지내면서 친밀한 관계를 맺고자 하는 것이다.

(4) 지배동기

지배동기(dominant motivation)는 다른 사람들에게 영향력을 미치고 싶어 하는 동기를 뜻한다. 이는 곧 권력을 추구하는 욕구를 뜻한다. 집단 구성원 간에 도전과 투쟁을 통하여 쟁취하고자 하는 욕구다. 역사와 정치사를 움직이는 심리적 동기라고 할 수 있다. 사람에 따라서는 자녀와의 관계에서 지배동기를 충족시키려고 하기도 하고, 부하직원 또는 친구나 연인을 대상으로 지배동기를 충족시키려고 하기도 한다.

(5) 성적 동기

이성관계에 영향을 미치는 대인동기는 성적 동기(sexual motivation)다. 이성에 대한 관심과 성적 욕구를 나타내고 이성에게 접근하여 구애 행동을 하게 한다. 이것은 종족 보존을 위해 필수적인 동기라고 할 수 있다.

(6) 공격동기

공격동기(aggressive motivation)는 타인을 해치고 손상시키려는 동기다. 로렌츠(Lorenz, 1968)는 공격성을 크게 분노적 공격성(angry aggression)과 수단적 공격성(instrumental aggression)으로 나누어 설명한 바 있는데, 분노적 공격성은 좌절에 대한 반응으로 나타나는 공격동기를 의미한다. 좌절을 유발한 대상에 대하여 공격 행동을 나타낸다. 이에 반해 수단적 공격성은 상대에 대하여 분노나 좌절을 느끼지는 않으나, 다만 자신이 얻고자 하는 목표를 달성하기 위하여 상대를 공격한다.

이외에도 자신을 가치 있는 존재로 여기고자 하는 욕구를 의미하는 자기존중감의 동기(motivation for self-esteem), 자신을 타인과 구분되는 개성 있는 독특한 존재로 파악하고자 하는 자아정체감의 동기(motivation for self-identity)도 사회적 행동을 하게 하는 중요한 동기로 꼽힌다.

이처럼 다양한 동기가 존재하지만, 동기의 궁극적인 기능은 곧 생존이다. 동기를 통하여 신체적 생존, 정신적 생존 그리고 사회적 생존이 가능하게 된다. 배가 고플 때에 먹을 것을 찾고, 목이 마를 때에 마실 것을 찾는 행동은 신체적인 생존을 가능하게 하며, 대인동기가 유발되어 타인과의 관계를 맺고자 하는 욕구는 사회적 생존을 가능하게 한다. 매력적인 이성에게 성적인 욕구를 느끼게 되는 것은 이성과의 성적 관계를 통하여 자녀를 낳고, 자녀를 통하여 스스로의 생존을 가능하게 하는 의미가 있다. 의식적인 행동이든 무의식적인 행동이든 개체의 생존과 밀접한 관계를 맺는 것이다. 대인동기는 대인관계에 임하는 개인의 내면적인 욕구를 의미한다.

그 욕구는 대인관계에서 충족시키고자 하는 것이다.

3) 대인신념이란 무엇인가

(1) 대인신념의 정의

대인신념(interpersonal beliefs)은 개인이 대인관계에 대하여 가지고 있는 지적인 이해, 지식, 믿음 등을 뜻한다. 부모와의 상호작용 가운데 타인과 세상에 대한 인식에서 형성되는 신념이다.

(2) 대인신념의 특성

대인신념은 다음과 같은 몇 가지의 특성을 지닌다.

- 대인신념은 일시적인 사고 내용이 아니라 지속적으로 지니고 있는 안정된 사고 내용이다. 과거 자신의 직접적인 또는 간접적인 경험에 입각한 사고체계로서 인생관의 일부라고 표현할 수 있다.
- 대인신념은 새로운 대인관계 상황에 대한 기대와 예측의 근거가 된다. 즉, 인간이 과거를 바탕으로 미래를 예측하게 하는 특징이다. 과거에 이성과의 관계에서 실패와 좌절을 여러 번 경험한 사람이 새로운 이성을 만났을 때에 미리 좌절을 예상하고 소극적인 태도를 갖는 경우가 해당된다.
- 대인신념은 새로운 경험의 의미를 해석하고 평가하는 근거가 된다. 상대방의 언행에 대하여 선택적으로 주의를 기울이고 그 의미를 해석하는 특성이 있다.

4) 대인기술

(1) 대인기술의 정의

대인관계를 긍정적으로 이끌어 나갈 수 있는 능력을 대인기술(interpersonal skill)이라 이른다. 이는 사회적 기술(social skill)이라고도 부른다. 필립스(Phillips, 1978)는 대인기술에 대해 좀 더 구체적으로 정의하고 있다. "자신의 권리, 욕구 충족 의무를 효율적으로 수행하면서 동시에 타인의 유사한 권리, 욕구 충족 의무를 손상시킴 없이, 타인과 자유스럽고 개방적인 교환관계 속에서 자신과 타인의 권리 등을 상생적으로 공유하는 방식으로 타인과 의사소통할 수 있는 능력이다."

(2) 대인기술의 특징

대인기술은 다음과 같은 몇 가지의 특성을 갖는다.

- 대인기술은 기본적으로 학습을 통하여 획득된다.
- 대인기술은 언어적 행동과 비언어적 행동으로 구분된다.
- 대인기술의 적절성과 효과는 행위자, 상대방 그리고 상황의 특징에 의해 결정된다.
- 대인기술은 타인으로부터의 사회적 보상을 극대화한다.

(3) 비언어적 대인기술

인간은 다양한 비언어적 대인기술을 가지고 있다.

❶ 얼굴 표정

인간의 감정이 가장 예민하게 표현되는 부위는 얼굴 표정이다. 기쁨, 놀람, 공포, 슬픔, 분노, 혐오, 서운함, 만족함 등 모든 감정이 얼굴 표정에 나타난다. 이런 감정은 적절하게 표현되어야 할 때도 있고 어느 정도는 숨길 수도 있어야 한다. 성격에 따라 또는 인격적인 성숙 정도에 따라 얼굴 표정을 나타내는 방식이 다르다.

❷ 눈 맞춤

눈 맞춤(eye contact) 또한 인간의 감정을 표현하는 중요한 방법 중 하나다. 눈 맞춤은 그 자체가 사랑의 표현일 수도 있고 분노의 표현일 수도 있다. 또한 눈을 마주치는 시간에 따라 감정의 강도가 결정되기도 한다. 사랑의 강도가 깊을수록 또는 혐오나 증오의 강도가 깊을수록 눈을 마주치는 시간이 길어진다. 적절한 눈 맞춤은 좋은 비언어적 기술이 될 수 있는데, 그것이 관심의 정도를 나타내기 때문이다. 대인관계에 자신이 없는 사람은 상대방의 눈을 잘 쳐다보지 못한다. 또한 지나치게 빤히 쳐다보는 사람도 상대방에게 그리 좋은 인상을 주지는 못한다. 그러므로 적절한 시간, 적절한 눈빛으로 상대방을 쳐다보는 것은 아주 중요한 비언어적 기술이라고 할 수 있다.

❸ 몸 동작

이것은 소위 신체언어(body language)라고 불리는 것이다. 몸 동작에 따라 상대방에 대하여 어떤 생각을 가지고 있는가를 알 수도 있다. 겸손한 사람은 항상 자신의 몸을 낮추는 자세를 취한다. 따라서 인사를 자연스럽게 잘한다. 거만한 사람은 고개를 뻗뻗하게 하고 상대방을 내려다보는 자세를 취한다. 상대방의 의견에 동의할 때에는 고개를 끄떡거리고, 동의하지 않을 때에는 고개를 좌우로 흔든다. 강조를 할 때에는 손을 번쩍 들거나 주먹을 불끈 쥐기도 한다. 상대방이 이야기를 할 때 팔짱을 끼거나 다리를 꼬는 행동 등은 좋은 인상을 주지 못할 수 있다. 이처럼 몸 동작은 상대방에게 다양한 메시지를 전달하는 기능이 있다.

❹ 신체적 접촉

인간은 흔히 신체적인 접촉을 통하여 자신의 감정이나 의사를 표현하기도 한다. 이것은 가장 원초적이면서도 가장 직접적인 방법이다. 신체적 접촉을 통하여 친밀감이 표현되기도 하고 강한 애정이 표현되기도 한다.

❺ 공간 활용

대화를 하면서 서로 얼마나 떨어져 있는가는 친밀도를 나타내는 한 척도가 될 수 있다. 즉, 심리적으로 가까운 관계일수록 물리적으로도 가까운 관계를 유지한다. 마치 동물들이 자신의 공간을 확보하고 이를 침범하는 경우 공격적인 행동을 보이듯이, 인간도 자신의 적절한 공간을 확보하려는 경향을 갖는다. 홀(Hall, 1966)은 자신과의 거리에 따라 몇 가지 영역을 구분한 바 있다. 즉, 친밀역(0~60cm), 개인역(60~120cm), 사회역(120~330cm) 그리고 공공역(330cm 이상)이다.

(4) 언어적 대인기술

언어적 대인기술은 가장 강력한 대인기술이라고 할 수 있다. 자신의 생각과 감정을 가장 잘 표현할 수 있기 때문이다.

❶ 경청하기

경청하기(listening)는 의사소통의 기본적인 과정으로 상대방의 말에 귀 기울이며 듣는 자세를 뜻한다. 경청하기는 적극적인 경청과 소극적인 경청으로 나누어진다. 적극적인 경청은 상대방의 말에 주의를 기울이고 있다는 외적 표현을 능동적으로 하는 경우다. 즉, 고개를 끄덕거리면서 듣는다거나, 이해되지 않는 부분에 대하여는 설명을 요구한다거나, 상대방의 발언에 대하여 공감하는 자세를 보이는 것 등이다. 반면에 수동적인 경청은 특별한 외현적 표현 없이 상대방의 발언을 따라가는 자세를 의미한다.

❷ 질문하기

질문도 중요한 언어적 대인기술이다. 이것은 상대방에게 추가적인 정보를 요청하는 과정이기도 하고, 상대방의 의견을 확인하는 과정이기도 하다. 그러나 적절하지 못한 질문, 알고 있으면서도 상대방을 테스트하기 위한 질문, 빈정거리는 태도에서의 질문 등은 오히려 관계를 악화시키는 요인이 되기도 한다.

❸ 반영하기와 공감하기

반영하기(reflecting)는 상대방의 표현 내용에 대한 사실적 또는 정서적 이해를 보여 주는 대인기술이다. 반영하기는 상대방의 표현 내용에 대한 자신의 이해 정도를 전달하며, 자신의 이해 내용이 정확한지를 확인하는 기능을 한다.

상대방의 표현 내용에 대한 사실적인 이해를 넘어서 상대방의 주관적인 기분과 입장에 대해 정서적으로 이해하는 것을 공감하기라고 한다. 공감을 잘하는 사람들은 상대방의 말을 자신의 입장에서 듣기보다 상대방의 관점에서 이해하려는 노력을 하며, 상대방의 말 이면에 있는 정서적 의미를 파악하려는 노력을 한다.

❹ 설명하기

설명하기는 자신의 입장, 생각, 지식을 상대방에게 전달하는 과정을 이른다. 자신이 처한 상황을 상대방에게 납득시키는 경우, 상대방에게 자신의 의견을 이해시키고 설득시키는 경우, 자신이 가지고 있는 정보를 상대방에게 전달하는 경우 등 여러 상황에서 설명이 필요하다. 설명을 잘하기 위해서는 몇 가지 노력이 필요한데, 우선 대상이 누구인가에 대한 철저한 고려가 필요하다. 둘째, 설명할 내용, 순서방식 등에 대하여 미리 계획하고 준비하는 노력이 필요하다. 셋째, 설명할 내용을 간결하고 정확하고 체계적으로 표현하는 것이 필요하다. 마지막으로 적절한 보조도구를 활용하는 것도 상대방이 잘 이해할 수 있도록 하는 좋은 설명 방법이다.

❺ 강화 주기

강화 주기는 타인에 대한 인정, 긍정, 칭찬, 격려, 지지의 의미를 언어적 표현으로 전달하는 것이다. 이것은 상대방의 자신감과 자존감을 높여 주어 대인관계를 긍정적으로 이끌게 한다.

❻ 자기 공개하기

자기 공개하기는 일반적으로 알려져 있지 않은 자신의 개인적인 정보를 의도적으로 노출시키는 행위다. 이것은 상대방으로 하여금 경계심을 완화하고 신뢰감을 증진시키는 효과를 가져올 수 있다.

❼ 자기 주장하기

자기 주장하기는 타인의 권리를 존중하면서 동시에 자신의 사고, 감정, 신념을 직접적이고도 솔직하게 표현하는 행동을 의미한다. 라자루스(Lazarus, 1971)는 자기 주장하기의 주된 내용을 네 가지로 구분하였다. 첫째는 들어주기 어려운 타인의 요청을 거절하는 것, 둘째는 타인에게 부탁하거나 요청하는 것, 셋째는 긍정적인 감정과 부정적인 감정을 표현하는 것, 넷째는 대화를 원하는 때에 시작하고 원하는 때에 종결하는 것 등이다.

❽ 유머: 농담하기

유머는 대인관계 속에 내재하는 긴장을 해소시켜 편안한 관계를 유지하도록 하는 역할을 한다. 그러나 분위기에 맞지 않는 엉뚱한 유머를 하는 경우에는 오히려 대인관계를 어색하게 만들 수 있으니 조심하여야 한다. 지나치게 자주 사용하는 것도 대인관계를 악화시킬 수 있다. 그러므로 유머는 때와 장소 그리고 대상을 고려하여 적절하게 사용하여야 소기의 목적을 달성할 수 있다.

5) 대인지각 및 대인사고

대인지각은 인상 형성과 같이 타인에 대한 초보적 인식과정이다. 반면, 대인사고는 타인의 행동에 대한 의도나 원인을 추론하는 보다 높은 수준의 인식과정이다.

(1) 대인지각과 인상 형성

상대방의 속성에 대한 지각을 대인지각이라 이른다. 대인관계에서 가장 먼저 일어나는 지각은 상대방에 대한 첫인상의 형성으로 대인행동을 결정하는 주요한 심리적 요인이 된다.

❶ 인상 형성의 단서

• 얼굴 생김새

잘생긴 얼굴, 못생긴 얼굴, 웃는 얼굴, 찡그린 얼굴, 부드러운 얼굴, 딱딱한 얼굴 등에 따라 인상이 형성된다.

• 옷차림새

옷차림새는 인상 형성에 중요한 역할을 한다. 단정한가, 지저분한가? 색깔은 어떠한가? 유행을 따르고 있는가? 양복 차림인가, 청바지 차림인가? 이러한 옷차림새는 그 사람의 성격적 특성, 가치관, 흥미 등과 같은 심리적 특성에 대한 인상 형성에 영향을 미친다.

• 행동 단서

몸동작, 제스처, 타인과의 거리, 눈 맞춤 등 다양한 비언어적 단서가 포함된다. 행동이 느린 사람은 빠른 사람에 비하여 감정 표현을 잘 하지 않는 사람이라는 인상을 줄 수 있다.

❷ 인상 형성의 과정

외관적 단서로는 사람의 사회적 신분, 직업뿐만 아니라 그 사람의 성격, 감정 상태, 사상, 취미까지도 짐작할 수 있다. 예를 들면, '이마가 좁은' 외모는 '속이 좁다' '인색하다' '고지식하다' 는 성격적 특성에 대한 인상으로 번지기도 한다. 또 '키가 큰 사람' 하면 '싱거운 사람' '책임감이 없는 사람' 등으로 연상하기도 한다. 이렇게 자신도 모르게 인간의 성격 특성에 대한 이론체계를 구성하여 인상 형성에 사용하고 있는데, 그 이론체계를 암묵적 성격이론(implicit theory)이라 한다. 암묵이론이 개인차를 무시하고 융통성 없이 적용되는 것은 고정관념(stereotype)이라 이른다. 이러한 고정관념은 개인차를 무시한다는 점과 특정 집단의 구성원에 대한 차별의 합리화를 가져온다는 점에서 주의를 요한다.

(2) 대인사고

대인관계에서 일어나는 사건의 의미를 추론하는 과정과 추론된 사고 내용을 통칭하여 대인사고(interpersonal thoughts)라 이른다. 대인사고는 대인지각에 비해 좀 더 복잡하고 상위 수준의 인지 기능이 관여하는 심리적 과정이라고 할 수 있다. 대개 이러한 과정은 신속하고 자동적으로 일어나기 때문에 스스로 자각하지 못하는 경우가 많다. 이러한 사고를 아론 벡(A. Beck)은 자동적 사고(automatic thoughts)라고 불렀다.

대인사고 과정에는 세 가지의 하위 과정이 있다. 첫째는 의미추론 과정이다. 특정한 사건이 발생하게 된 원인에 대하여 추론하거나 특정한 행동을 한 사람의 내면적 의도를 파악하는 과정을 이른다. 이 과정에서 인지적 오류를 범하는 경우에는 여러 가지 오해가 생길 수 있다. 둘째는 의미평가 과정이다. 이것은 의미추론 과정에서 파악된 의미의 긍정성과 부정성을 평가하는 과정이다. 셋째는 대처결정 과정이다. 이것은 대인 상황에서 자신이 어떻게 행동하여 대처할 것인가를 판단하고 결정하는 심리적 과정이다. 그러면 이 세 가지 대안사고 과정에 대해 구체적으로 살펴보자.

❶ 의미추론 과정

• 귀인

자신이나 타인의 행동과 그 결과의 원인을 추론하는 과정을 귀인(attribution)이라고 부른다. 귀인은 크게 내부적 귀인(internal attribution)과 외부적 귀인(external attribution)으로 크게 나뉘는데, 내부적 귀인은 특정 행동의 원인을 행위자의 내부적 요인(성격, 능력, 동기 등)으로 돌리는 경우이며, 외부적 귀인은 외부적 요인(환경, 상황, 타인, 우연 등)으로 돌리는 경우다.

또한 귀인은 안정적 귀인과 불안정적 귀인으로 나눌 수 있다. 안정적 귀인(stable attribution)은 시간이나 상황에 관계없이 비교적 변함없는 원인으로 돌리는 경우다. 예를 들면, 성격이나 지적 능력이 해당된다. 반면에 불안정한 귀인(unstable attribution)은 자주 변화될 수 있는 원인으로 돌리는 경우다. 예를 들면, 노력의 정도나 동기가 해당된다.

귀인의 일반적인 경향에는, 첫째, 일반적으로 행동의 원인을 외부적 요인보다는 내부적 요인에 귀인하는 경향이 강하다. 즉, 행동한 사람들의 성격이나 동기에 귀인하려는 경향이 강하다. 둘째, 자신의 행동에 대한 귀인과 타인의 행동에 대한 귀인 간에 차이를 보일 수가 있다. 타인의 행동에 대하여는 내부적 요인에 귀인하는 경향이 강하지만, 자신의 행동에 대하여는 외부적 요인에 귀인하는 경향이 강하다. 셋째, 특정 행동이 외부 요인에 의하여 일어났다고 판단되는 경우에는 내부 요인이 실제보다 낮게 평가되는 경향이 있다. 이러한 현상을 할인 효과(discounting effect)라고 부른다. 넷째, 행동의 결과가 좋으면 내부 요인으로 귀인하고 나쁘면 외부 요인으로 귀인하는 경향이 있다. '잘되면 내 탓, 잘못되면 조상 탓'이라는 우리 속담은 이를 잘 반영해 준다. 이러한 경향을 방어적 귀인(defensive attribution)이라고도 부른다.

귀인방식은 인간의 감정과 행동에 심각한 영향을 미친다. '우울유발적 귀인(depressogenic attribution)' 이란 부정적인 결과에 대하여는 내부적, 안정적, 전반적 귀인을 하고, 긍정적인 결과에 대하여는 외부적, 불안정적, 특수적 귀인을 하는 경향을 의미한다.

• 의미 추론의 오류

대인관계에서 타인이 보인 행동이나 상황이 의미하는 바를 생각하는 과정을 의미추론 과정이라고 한다. 그 추론 내용은 사실일 수도 있고 왜곡된 것일 수도 있다. 특히 정서장애를 경험한 사람들이 인지적 오류(cognitive distortion)를 범할 위험성이 높다. 인지적 오류는 대인관계에서 상대방의 의도나 사건의 의미를 왜곡하여 오해하게 하는 주된 원인이 된다. 인지적 오류에는 다음과 같은 것들이 있다.

- 흑백 논리적 사고(all or nothing thinking)　이것 아니면 저것이라는 식의 이분법적인 해석을 하는 태도를 일컫는다. 좋으냐 싫으냐, 성공이냐 실패냐, 내 편이냐 네 편이냐 등의 편 가르기 태도가 이에 속한다. 이러한 사람들은 중립적인 태도를 인정하지 않는 특징이 있다.
- 과잉일반화(overgeneralization)　한두 번의 경험에 의하여 결론을 내리고, 그와 무관한 상황에서도 그 결론을 적용시키려는 오류다.
- 정신적 여과(mental filter)　대인 상황이나 사건의 주된 내용은

무시하고 특정한 일부 정보에만 주의를 기울여 그것으로 전체의 의미를 해석하는 오류다. 상대방과의 대화에서 전체적인 내용은 긍정적이었는데도 일부 부정적인 내용에 근거하여 부정적으로 판단한다.

- 의미확대(magnification) 또는 의미축소(minimization) 대인사건의 중요성이나 의미를 지나치게 확대하거나 축소하는 오류다. 이러한 경향성은 이중 기준의 오류로 나타날 수 있는데, 자신의 잘못에 대하여는 지나치게 엄격하게 대하면서 상대방의 오류에 대하여는 매우 관대하게 평가하는 행동 등이다.
- 개인화(personalization) 대인사건에서 자신과 무관한 사건을 자신과 연결 지어 판단하는 오류다.
- 감정적 추리(emotional reasoning) 또는 임의적 추리(arbitrary inference) 충분한 근거 없이 막연히 느껴지는 감정에 근거하여 결론을 내리는 오류다. '내가 이렇게 느껴지는 것을 보니 사실임에 틀림없어.' 라는 식으로 생각하는 오류다.
- 잘못된 명명(mislabelling) 사람의 특성이나 행위를 기술할 때 과장하거나 부적절한 명칭을 사용하여 기술하는 것을 이른다. 자신의 사소한 실패에 대하여 '나는 인생의 실패자다. 나에게는 미래가 없다.' 는 식으로 받아들이는 태도를 이른다.
- 독심술적 사고(mind reading) 마치 자신이 타인의 마음을 다 읽는 것처럼 마음대로 추측하고 단정하는 오류다.
- 예언자적 사고(fortune telling) 충분한 근거도 없이 미래에 일어날 일에 대하여 마치 예언자처럼 단정하고 확신하는 오류다.

이러한 여러 가지 인지적 오류들은 대인관계 상황이나 사건을 다르게 왜곡하거나 과장하여 오해를 발생시키며 갈등을 초래한다. 그러므로 개인은 이러한 가능한 오류에 대하여 항상 스스로를 돌아보는 습관을 길러야 한다.

❷ 의미평가 과정

의미평가 과정은 대인관계에서 일어난 사건에 대하여 그 의미를 평가하는 과정이다. 어떤 사건이 자신에게 좋은지 나쁜지, 긍정적인지 부정적인지, 이로운지 해로운지 등을 평가하는 과정을 이른다. 이것은 대인감정을 결정하는 요인이 되기 때문에 중요하다. 이러한 과정에서 '나는 항상 다른 사람들로부터 좋은 대접을 받아야 한다.' 등 절대적인 명제가 있는 경우에는 갈등의 소지가 많다.

❸ 대처결정 과정

대인관계에서 사건이 발생하면 그에 대하여 평가한 후 어떻게 대처할 것인가에 대하여 생각하게 된다. 이것이 대처결정 과정이다.

• 대처자원의 평가 과정

대처자원에는 신체적, 물질적, 심리적 그리고 사회적 자원이 있는데 이 중 어느 자원을 동원하여 대처할 것인가를 평가하는 과정이다.

• 대처방식의 선택 과정

여기에는 몇 가지 방식이 있다. 첫째는 문제해결(problem solving)로, 갈등이 생겨난 원인을 분석하고 그 원인을 변화시켜 갈등을 해결하고자 하는 현실적인 대처방식이다. 둘째는 정서적 발산(emotional catharsis)으로, 갈등 때문에 생겨난 불쾌한 감정을 적극적으로 표출시켜 불쾌한 감정을 감소시키는 방식이다. 셋째는 사회적 지지 추구(seeking social support)로, 갈등 상황의 해결을 위해 주변 사람들에게 도움을 요청하는 방식이다. 넷째는 인지적 재구성(cognitive restructuring)으로, 갈등 상황의 중요성이나 의미를 재해석함으로써 갈등의 요소를 완화시키는 방식이다. 다섯째는 회피(avoidance)로, 괴로운 상황을 도피하는 방식이다. 여섯째는 소망적 사고(wishful thinking)로, 기도를 통해서 갈등이 해결되기를 바라고 희망함으로써 갈등 상황에 대처하는 방식이다. 마지막은 환상 추구(fantasy seeking)로, 갈등이 잘 해결된 상황을 상상하면서 대리 만족을 느끼는 대처방식이다.

6) 대인감정 및 대인행동

(1) 대인감정

모든 인간은 감정을 느끼는데, 이것은 대부분 대인관계에서 유래되는 것이다. 기쁨, 편안함, 사랑 등과 같은 긍정적인 감정도 경험하며, 슬픔, 불안함, 미움, 증오감 등 부정적인 감정도 경험한다. 느낌, 감정, 기분, 정동 등은 모두 비슷한 의미로 사용되나 약간의 차이가 있다. 느낌(feeling)은 하나의 경험에 대한 긍정적 또는 부정적 반응을 기술할 때 사용되며, 주관적인 감정의 경험뿐만 아니라 신체적 변화를 능동적으로 경험하는 것을 뜻한다. 감정(emotion)은 기분의 생리학적 또는 정신 · 신체적인 부수 현상을 의미할 때 사용된다. 기분(mood)은 좀 더 지속적이고 전반적인 상태나 기질을 의미한다. 정동(affect)은 특정 대상을 향한 분화된 특정한 느낌을 의미한다.

전반적으로 인간의 감정에는 정서적 체험, 신체생리적 반응 그리고 행동 경향성의 세 가지 요소를 포함한다. 또한 감정은 기본 감정과 복합 감정으로 구분되기도 한다. 기본 감정이란 모든 인간에게 공통적으로 나타나는 원형적 감정이고, 복합 감정이란 기본 감정의 조합에 의하여 파생되는 감정이다. 기본 감정에는 공포(fear), 분노(anger), 기쁨(joy), 슬픔(sadness), 수용(acceptance), 혐오(disgust), 기대(expectancy), 놀람(surprise) 등이 있다(Plutchik, 1980). 이러한 기본 감정들이 혼합되면 복합 감정이 나타나는데, 예를 들면 기쁨+수용=사랑, 놀람+슬픔=실망 등이다.

감정은 또한 인지에도 영향을 받으며, 사고의 내용은 감정의 결정에 매우 중요한 역할을 한다. 감정은 생리적 반응이 수반되며 행동을 촉진시키는 역할을 한다. 예를 들어, 사랑하는 감정을 느끼는 대상에 대하여는 보호하는 행동이 촉진된다. 그리고 분노를 느끼는 경우에는 공격적인 행동을 보이게 된다.

(2) 대인행동

대인관계에서 상대방에게 표현되어 직접적으로 영향을 주는 것은 대인행동이다. 특정한 상황에 대한 인지적 판단과 감정에 의하여 대인행동이 결정된다. 대인행동은 네 가지 유형으로 나누어 볼 수 있다. 첫째는 상대방에 대한 호의성 여부에 따라 호의적 행동, 중립적 행동 그리고 적대적 행동으로 구분된다. 둘째는 상대방의 행동에 대한 영향력에 따라 통제적 행동과 비통제적 행동으로 나눌 수 있다. 셋째는 상대방에 대한 감정 표현의 시기에 따라 즉각적 행동과 유보적 행동으로 구분된다. 넷째는 상대방에 대한 특정한 감정과 의도를 표현하는 강도에 따라 적극적 행동과 소극적 행동으로 나누어 볼 수 있다.

(3) 긍정적인 대인감정과 대인행동

❶ 기쁨: 행복감과 환희

대인관계에서 원하는 목표가 달성되었거나 거의 성취된 경우에 느끼는 대표적인 긍정적 감정은 행복감(happiness)과 환희(joy)다. 환희는 보다 구체적인 사건에 대하여 급격하게 느끼는 강한 감정을 이른다. 행복감이란 환희에 비해 좀 더 전반적이고 포괄적인 사건에 대한 지속적인 긍정적 감정이다. 사랑을 이루었을 경우, 주변 사람들로부터 칭찬을 듣는 경우, 윗사람으로부터 칭찬을 듣는 경우 등에서 느낄 수 있는 감정 반응이다.

❷ 자존감

자신이 가치 있는 존재라고 느낄 때에 경험하는 긍정적인 감정은 자존감(pride)이다. 이 감정은 대인관계를 떠나서 자신의 성취에 대한 긍정적인 평가에 의하여도 경험될 수 있다. 자존감을 느끼는 사람은 타인에게 자신 있고 자기주장적이며 당당한 행동을 나타낸다. 그러나 지나치면 자기도취적이고 자기중심적이며 자기과시적인 행동으로 나타나 오만하고 거만한 사람으로 비칠 수도 있다.

❸ 사랑과 애정

자존감이 자신에 대한 긍정적인 감정이라면 사랑(love)이나 애정(affection)은 다른 사람에 대한 긍정적인 감정이다. 초기 단계에는 호감을 느끼게 되고, 좋아하는 마음이나 친밀감의 강도가 더해지면 애정과 사랑을 느끼게 된다.

❹ 안도감

안도감(relief)은 대인관계에서 야기된 갈등과 불안이 해소될 때 느끼는 긍정적인 감정이다. 즉, 부정적인 감정이 사라질 때에 상대적으로 느끼는 긍정적인 감정이 안도감이다. 신체적으로도 부교감 신경계가 활성화되어 안정되고 이완된 상태가 된다.

(4) 부정적인 대인감정과 대인행동

❶ 분노

분노(anger)는 개인의 가치를 떨어뜨리는 공격적인 행동에 대하여 나타나는 감정적인 반응이다. 개인의 신체 또는 소유물을 손상시키는 행동이나 비난, 무시, 비하, 경멸, 푸대접 등 개인의 인격을 무시하는 행동에 대하여 나타난다. 분노를 느끼게 되면 직접적인 공격의 행동과 복수의 행동이 나타나게 된다.

또는 여러 가지 간접적인 방법으로 표출되기도 한다. 첫째는 대치 행동(displacement)으로, 분노를 유발한 사람이 아닌 제3의 대상에게 공격적인 행동을 하는 것이다. '종로에서 뺨 맞고 한강에서 분풀이한다.' 는 속담은 이를 잘 나타내 주고 있다. 둘째는 수동적 공격(passive aggression)으로, 겉으로는 공격적인 행동이 나타나지 않지만 간접적인 방법으로 괴롭히는 공격방법이다. 셋째는 내향화(internalization)로, 자신의 가치가 훼손된 것을 상대방이 아닌 자기 탓으로 돌리는 경우다. 이런 경우에는 우울증에 걸릴 위험성이 더 커진다. 넷째는 승화(sublimation)로, 분노의 감정을 사회적으로 용인된 건설적인 방법으로 해결하거나 창조적인 방법에 매진함으로써 해소시키는 방법이다. 마지막은 용서로, 개인의 철학적 또는 종교적 가치관에 근거하여 상대방에 대한 분노 감정과 공격적인 충동을 스스로 해소하는 것이다. 이러한 용서는 분노 감정을 처리하는 가장 성숙된 방법인 동시에 가장 어려운 방법이기도 하다. 공격 충동을 의식적으로 조절하는 강한 통제력이 있어야 실천할 수 있는 아주 어려운 덕목이다.

❷ 불안과 공포

불안(anxiety)과 공포(fear)는 위험에 대한 반응으로 나타난다. 대인관계에서 가장 흔히 경험하게 되는 부정적인 감정 반응은 불안 반응으로, 첫째, 개인의 가치나 인격이 평가되는 상황에서 경험된다. 즉, 평가를 하는 사람 앞에서는 불안감이 높아진다. 둘째, 상대방의 반응을 예측할 수 없거나 상대방이 적대적인 태도를 지니고 있다고 판단될 때 불안감이 높아진다. 셋째, 대인관계에서 대처 능력에 자신이 없을 때 불안이 증가된다.

불안과 공포에 대하여는 여러 가지 방법으로 대처할 수 있다. 첫째는 회피와 도피다. 위험하고 두려운 상황을 벗어나 안전한 상황으로 도망가는 방법이다. 둘째는 위험 상황을 기다리며 경계하고 대비하는 것이다. 급박한 상황에 대응하기 위하여 자율신경계가 흥분하여 동공이 확대되고, 혈압이 상승하며, 내장이 수축되는 등 신체적인 대응 반응이 나타난다. 셋째는 불안을 감소시키기 위한 행동을 하는 것이다. 담배를 계속 피운다거나, 커피를 마신다거나, 손을 비빈다거나, 가만 있지 못하고 부산하게 움직이는 행동 등이다. 넷째는 분노를 느끼면서 선제 공격을 하는 행동이다. 내면적으로 불안한 사람이 자신의 불안감을 해소시키는 방법으로 화를 내는 행동이 여기에 해당한다.

❸ 죄책감과 수치감

죄책감(guilt)과 수치감(shame)은 자신이 잘못한 행동에 대한 부정적인 감정이다. 죄책감은 도덕적 기준에 비추어 잘못된 행동에 대한 감정인 반면, 수치감은 이상적인 자기 모습에 비추어 잘못된 행동에 대한 감정이다.

죄책감을 느끼게 되면 그 반응이 다양하게 나타난다. 첫째는 자신의 잘못된 행동에 대하여 인정하고 뉘우치는 후회다. 둘째는 자신의 잘못을 인정하고 더 나아가서 피해를 입은 사람에게 사죄하고 용서를 비는 속죄다. 셋째는 상대방에게 입힌 피해를 복원하려는 보상 행동이다. 넷째는 자신에게 스스로 상해를 입히는 자해 행동이다. 다섯째는 피해를 입힌 상대방에 대하여 자신의 책임을 축소시키고 자신의 잘못을 상대방의 잘못으로 전가함으로써 죄책감에서 벗어나려는 방어적 행동이다. 이 경우는 대개 사회적 비난에 직면하게 된다.

수치감은 죄책감과 유사한 점이 있지만 자아 이상(ego ideal)을 지니고 있다는 점에서 구별된다. 어리석은 자신의 행동에 대하여 스스로 비난하는 자기 처벌적인 감정이다. 수치감에 대한 일반적인 반응은 숨는 것이다. '몸둘 바를 모르겠다.' '쥐구멍이라도 찾고 싶은 심정이다.' 라는 표현은 수치감을 느끼는 사람들의 행동 양상을 잘 나타내 준다. 수치감을 느끼게 되면 다른 사람들 앞에 나서는 것을 피하게 되고, 자기비하를 하게 되어 우울증으로 발전하거나 심하면 자해 행동이 나타날 수 있다. 수치감을 극복하는 가장 직접적인 방법은 자신을 용서하는 일이다. 이상적 기준에 이르지 못한 자신을 스스로 인정하는 일이다. 또 하나의 방법은 자신의 긍정적인 면을 두 배로 강화하여 보상하는 것이다.

❹ 슬픔

슬픔(sorrow)은 대인관계에서 상실을 경험할 때 느끼게 되는 고통스러운 감정이다. 대인관계에서 상실이 예상될 때에는 불안감을 느끼게 되지만, 그것이 현실화되었을 때에는 슬픔으로 표현된다. 그러한 상실이 비가역적일 때에는 슬픔이 더욱 커진다. 슬픔은 여러 가지 대인관계 상황에서 경험한다. 첫째는 사랑하는 사람과의 이별이나 죽음이다. 가까운 사람일수록, 예기치 못한 상황에서 일어날수록 슬픔의 강도는 더 커진다. 둘째는 다른 사람으로부터의 긍정적인 관심과 애정을 상실하였을 때다. 셋째는 자신의 중요한 가치나 역할을 상실하였을 때다. 신체 일부를 손상당하거나, 생명을 위협하는 심각한 질환을 앓게 되거나, 사회적 지위를 잃는 경우 등이다.

슬픔에 대한 행동적인 표현은 아주 다양하다. 일차적인 반응은 슬픈 감정을 표출하는 애도 행동이다. 눈물을 흘리고 통곡을 하고 가슴을 치는 등의 행동으로 표현된다. 둘째는 무활동(inactivity)이다. 외부 접촉을 피하려고 하고 즐거운 활동을 삼가는 행동을 보인다. 셋째는 상실한 사람에 대한 과거 기억을 떠올리고 반추하는 행동을 보인다. 넷째는 슬픔을 혼자 감당하기 어려운 경우 다른 사람들의 도움이나 정서적 지지를 추구한다. 다섯째는 슬픔으로 고통이 심할 때 그 고통을 주고 떠난 사람에 대한 분노와 원망이 나타나기도 한다. 마지막은 상실이 개인의 삶에 매우 중요하여 슬픔이 장기간 지속되는 경우 우울증으로 발전되기도 한다. 대개 2개월 이상 애도기간이 지속되는 경우에는 정상적인 애도기간에서 벗어난 것으로 간주된다.

❺ 시기와 질투

시기(envy)와 질투(jealousy)는 대인관계를 손상시키는 부정적인 감정으로 인정되어 왔다. 시기는 자신보다 나은 상황에 있는 다른 사람들과의 비교를 통해 느껴지는 상대적인 결핍감과 실패감에 기인한다. 시기의 감정에는 상대방의 성공이 부럽다는 선망, 자신은 실패한 열등한 존재라는 좌절감, 상대방의 성공은 정당하고 온당한 것이 아니라는 분노감 등이 혼재되어 있다.

질투는 시기와는 달리 삼각관계 속에서 느끼는 감정이다. 두 사람 사이의 애정관계를 위협하는 경쟁 상대에 대해 느끼는 감정이다. 질투는 경쟁 상대 때문에 현재의 애정 상태가 약화되거나 종결될지도 모른다는 위협적인 상황에서 느끼는 감정으로서 불안감이 주요한 일부를 이루고 있다.

시기나 질투는 사회적으로 금기시되기 때문에 솔직하게 표현하기가 어려운 감정이다. 따라서 내면적으로는 성숙하게 해소하기가 어려운 복잡한 감정이다.

❻ 혐오감

혐오감(disgust)은 대인관계에서 싫고 멀리하고 싶은 감정을 이른다. 싫다고 느끼는 거부감이 혐오감이기에 대인관계의 발전을 억제하는 가장 부정적인 감정이라고 할 수 있다. 혐오감을 느끼게 하는 사람은 몇 가지 공통적인 특성을 갖는다. 첫째는 공격적이다. 일반적으로 공격적인 것, 즉 상해를 줄 가능성이 높은 것에 대하여 혐오감을 느끼는 동시에 본능적으로 그것을 제거하거나 회피하고자 하는 충동을 느낀다. 둘째는 지나치게 이질적이다. 셋째는 심리적으로 소화하기 어렵다.

❼ 고독감

고독감(loneliness)은 타인과 단절되어 고립된 상태에 대한 정서적 반응으로 매우 주관적인 불쾌 감정이다. 많은 사람들 속에 파묻혀 있으면서도 고독감을 느낄 수 있으며, 혼자 있으면서도 전혀 고독감을 느끼지 않을 수도 있다. 고독감을 느끼는 사람들은 흔히 '나는 혼자다.' '나를 진정으로 위해 주는 사람은 아무도 없다.' '믿고 신뢰할 사람이 아무도 없다.'는 등의 생각을 가지고 있다. 고독감은 가벼운 수준에서는 가벼운 불안감과 유사하지만, 심하고 장기화되면 우울감으로 발전하고, 더 심하면 자살까지도 시도하게 한다. 타인에 대한 의존적인 욕구나 친애적 욕구가 강한 사람들은 타인과의 관계에 대한 높은 기대로 쉽게 고독감을 느끼는 경향이 있다.

일반적으로 대인관계에서는 긍정적인 감정보다 부정적인 감정에 더 많은 관심을 기울이게 된다. 심리학적인 연구도 부정적인 감정에 더 많은 비중을 두어 왔다. 아마도 부정적인 감정은 적응적인 가치를 지닌 것으로서 개체의 생존을 위하여 우선적으로 고려되어야 할 감정이기 때문일 것으로 판단된다.

제4장

대인관계의 유형

1. 가족관계
2. 가족 외의 관계

* 이 장의 일부는 권석만 교수의 『젊은이를 위한 인간관계의 심리학』(개정증보판, 학지사, 2004)에서 저자의 허락을 받아 요약한 것이다. 자세한 내용은 이 책을 참고하라.

1. 가족관계

1) 부부관계

젊은 남녀가 서로 사랑을 하게 되고 그것이 결실을 맺어 결혼에 이르면 부부가 된다. 우리나라의 촌수제도를 보면 부부관계는 0촌, 부모-자녀 관계는 1촌, 형제자매 관계는 2촌으로, 모든 대인관계 중 가장 가까운 관계가 부부관계다. 이러한 부부관계의 특성에 대하여 알아보자.

(1) 부부관계의 형성

❶ 부부관계 선택방식

배우자 선택방식은 대개 세 가지로 중매혼, 자유혼 그리고 절충형이다. 중매혼은 결정권을 부모나 다른 친족이 갖는 경우가 많으며, 가문이나 사회적인 지위 등을 중요한 선택 기준으로 삼아 개인과 개인 간의 결합이라기보다는 집안과 집안 간의 결합이라는 의미의 결혼이다. 자유혼은 배우자의 선택권이 전적으로 당사자들에게 있으며, 서로 직접적인 교제에 의하여 합의하에 결혼을 하는 경우다. 절충형은 당사자들이 일차적으로 선택을 한 후 어른들에게 동의를 구하거나 또는 어른들이 미리 결정을 한 후 당사자들에게 동의를 구하는 방식이다.

❷ 배우자 선택과정

배우자 선택과정은 개인마다 차이가 있지만 공통적인 심리적 과정이 있다. 루이스(Lewis, 1975)는 결혼에 이르는 여섯 가지 단계를 제시한 바 있다. 1단계는 유사성(similarity)의 단계로, 상대방의 사회적 배경, 가치관, 성격 등이 유사함을 지각하게 된다. 2단계는 라포(rapport) 형성의 단계로, 상대방에 대해 서로 긍정적인 평가를 하고 친밀감을 느끼게 된다. 3단계는 자기공개(self-disclosure)의 단계로, 상대방에 대한 신뢰감이 증진되면서 서로 자유롭고 솔직하게 자신을 표현하게 된다. 4단계는 역할 탐색(role-taking)의 단계로, 밀접한 관계 속에서 자신의 역할을 구축해 가고 상대방의 역할에 대한 기대를 형성하게 된다. 5단계는 역할 조화(role-fit)의 단계로, 서로에 대한 역할 기대와 역할 수행을 조정하여 상호 보완적인 조화를 이루어 나가게 된다. 6단계는 상호 결정(dyadic crystalization)의 단계로, 서로의 역할을 수용하여 확정하고 한 쌍의 동반자로서의 정체감과 일체감을 느끼게 된다. 이 단계에서 결혼을 통해 주위 사람들로부터 공식적인 부부로 인정을 받게 된다.

(2) 부부관계의 적응

결혼하여 부부가 된다는 것은 인생의 대인관계에 있어서 가장 극적인 변화라고 할 수 있다. 남편 또는 아내로서 새로운 역할이 주어지고 그에 적응해야 하는 과제가 있으며, 서로에게 적응해야 한다.

❶ 부부관계 적응의 의미

부부관계의 적응은 다음과 같은 의미를 갖는다. 첫째, 결혼생활에서 드러나는 여러 가지 차이점에 대하여 서로 조화시켜 나가는 과정이다. 서로 자라 온 환경, 성격, 가치관, 취미생활, 스트레스에 대처하는 능력, 감정이나 생각을 표현하는 방법 등에서의 차이와 같이 결혼생활을 하다 보면 많은 차이점들이 드러난다. 이러한 차이점은 대화를 통해서 서로를 이해하고 조화시켜 나가야 한다.

둘째, 결혼 전 연애관계에서 결혼 후 부부관계로의 변화를 인식하고 서로의 관계를 변화시켜 나가는 과제다. 결혼을 하면 상대방에 대한 호칭, 애정표현 방식, 부부의 역할, 서로의 친·인척과의 관계 등에서 많은 변화가 야기된다. 이에 대하여 서로 적응해야 하며, 특히 결혼 초기에 어떻게 적응하느냐에 따라 이후의 결혼생활의 성공 여부가 상당 부분 결정될 수 있다.

셋째, 결혼생활에서 요구되는 일상적 과업을 배우고 익히는 과정이다. 결혼을 통해 새로이 부과된 역할을 잘 수행하는 일이다. 각자에게 주어진 과업들을 성실하게 수행하는 것이 중요하다.

❷ 가족주기와 부부관계의 적응

결혼생활 자체도 발달학적인 과정을 밟는다. 또한 각 단계마다 특정한 발달 과제를 갖는다.

• 신혼기

결혼 후 1년 이내의 기간이 일반적으로 가장 행복한 시기라고 일컫는다. 서로에 대한 친밀감이 최고조에 달하며 애정 교류가 가장 활발한 시기다. 이 시기에서는 새롭게 형성된 시댁식구 또는 처가식구들과 새로운 긍정적인 관계를 형성해야 한다.

• 자녀 잉태기

첫 자녀를 갖게 되는 시기다. 첫 임신이라는 큰 기쁨도 누리지만 시간이 지나면서 아내는 점차 힘들어한다. 입덧, 몸무게의 증가, 불편한 거동, 신체상의 변화, 출산에 대한 두려움과 불안 등으로 신체적, 심리적, 사회적으로 아주 불안한 상태가 된다. 남편은 이러한 아내의 고통을 이해하고 도와주는 자세를 지녀야 한다.

• 자녀 출산 및 양육기

아이의 출생부터 초등학교 입학까지의 시기를 이른다. 부모가 되고 부모로서의 역할을 수행해야 하는 시기다. 성장하는 자녀의 발달 요구에 맞게 부모됨도 변화되어야 하는 과제가 있다. 첫째, 자녀의 문제 행동에 대하여 부모가 서로 동일한 원칙을 갖고 자녀를 대해야 한다. 둘째, 둘째를 갖게 되면 첫 아이에게 동생을 맞이할 마음의 준비를 시켜 주어야 하며, 자녀양육에 많은 시간과 정성을 기울여야 한다.

• 자녀 성장기

자녀의 초등학교 입학부터 결혼까지의 시기를 이른다. 가장 중요한 과제는 자녀 교육이다. 청소년기가 되면 자녀들이 부모로부터 심리적으로 성숙하게 독립할 수 있도록 도와주어야 한다. 또한 자녀들이 결혼을 하여 부모를 떠나게 되며, 이에 대해서 부모는 적응해야 한다.

• 자녀 결혼기

자녀가 결혼을 하게 되면 며느리 또는 사위 그리고 그 친 · 인척들과 새로운 대인관계가 형성되고, 이에 대하여 서로 적응해야 하는 과제를 갖는다. 또한 자녀가 아이를 갖게 되면 할아버지, 할머니가 되어 손자, 손녀들과의 새로운 관계를 맺어 나가야 한다.

• 노년기

직장에서 퇴직하고 인생을 마무리하는 시기다. 신체적으로도 노쇠하고 사회경제적 능력도 감소한다. 점차 가까운 사람들과의 사별을 경험하면서 급기야는 자신의 죽음과 맞닥뜨리게 된다. 마침내 모든 대인관계에서 상실을 맞이한다.

(3) 성공적인 부부관계

❶ 성공적인 부부의 특징

성공적인 부부의 특징에 대하여는 여러 학자들이 자기 나름대로의 정의를 내리고 있다. 먼저 레슬리(Leslie, 1962)는 일곱 가지의 기준을 제시하고 있다. 첫째, 결혼생활의 지속성이다. 흔들리지 않고 오래 지속되는 부부관계를 성공적인 관계의 으뜸 기준으로 삼고 있다. 둘째, 결혼생활을 하면서 갈등, 다툼, 불안 등의 문제가 적은 부부관계다. 셋째, 일체감과 응집성이 높은 부부관계다. 넷째, 개인의 성장과 발달을 촉진하고 지원하는 부부관계다. 다섯째, 주요 문제에 대하여 일치도가 높은 부부관계다. 여섯째, 주관적인 만족도와 행복감이 높은 부부관계다. 일곱째, 사회적 요구나 기대에 부합하는 결혼생활을 하는 부부관계다. 보우먼과 스페니어(Bowman & Spanier, 1978)는 성공적인 부부관계는 여덟 가지의 심리적인 특징을 지닌다고 보고하고 있다. 첫째, 주관적으로 행복감을 느낀다. 둘째, 부부간에 서로의 기본적인 욕구가 잘 충족되고 있다. 셋째, 배우자의 삶이 풍요로워지도록 서로 돕는다. 넷째, 결혼생활을 통해 인격적인 성숙과 잠재 능력의 발휘가 이루어진다. 다섯째, 부부는 서로 정서적으로 지지한다. 여섯째, 배우자를 잘 이해하고 수용한다. 일곱째, 배우자의 행복에 대해 깊은 관심을 가진다. 여덟째, 가족과 배우자에 대해 자발적인 책임감을 느낀다.

성공적인 부부관계를 중심으로 한 화목한 가정은 흔히 건강 가족(healthy family), 기능적 가족(functional family), 성공 가족(successful family) 등으로 불리는데, 이들 가족은 몇 가지 공통된 특징을 지닌다.

- 가족 구성원은 가족의 행복과 복지에 깊은 관심을 가진다.
- 가족 구성원은 긍정적인 감정을 가지며 서로에 대한 정서적 지지를 능동적으로 한다.
- 가족 구성원 간에 대화를 나누는 시간이 많고 효과적인 의사소통이 이루어진다.
- 가족 구성원끼리 함께 보내는 시간이 많으며 많은 활동을 공유한다.
- 효율적인 문제해결 능력을 갖추고 있어 가족이 당면하는 여러 가지 문제나 위기를 잘 해결해 나간다.
- 가족 구성원은 자신의 가족 역할을 잘 수행한다. 역할 분담이 확실하며 상호 협조하에 그것을 효율적으로 수행한다.

❷ 부부관계에 영향을 미치는 요인

부부관계에 영향을 미치는 요인은 크게 결혼 전 요인과 결혼 후 요인으로 나누어 볼 수 있다.

- 결혼 전 요인

첫째, 성공적인 결혼생활을 한 부모를 둔 경우 그 자녀들이 성공적인 부부관계를 맺을 가능성이 높다.

둘째, 결혼을 한 나이가 영향을 미친다. 결혼을 한 나이가 어릴수록 결혼에 실패할 가능성이 높다. 나이가 어린 경우에는 인격적으로 미성숙해 부모됨의 준비가 부족할 수 있고, 자기인식의 결핍, 낮은 수입, 정서적 미숙, 개인적 발달 과제의 성취 부족 등이 함께 어우러져 그 실패 위험성이 커진다.

셋째, 결혼 전의 교제 기간이 길수록 성공적인 부부관계를 맺을 가능성이 높다. 교제 기간이 길수록 상대방을 이해할 확률이 높아져서 성공적인 부부관계를 맺게 된다. 반면에 일시적인 기분이나 충동에 의하여 결혼이 이루어지는 경우는 결혼 초기에 실패할 가능성이 높다.

넷째, 결혼의 동기로 순수한 사랑, 상호 이해, 공통의 목표가 작용하는 경우 성공할 가능성이 높다. 반대로 일종의 도피처나 고독 해소, 부모에 대한 도전 등이 결혼의 동기가 되는 경우 실패할 가능성이 높다.

다섯째, 혼전 임신으로 결혼하게 되는 경우 결혼에 대한 강요나 압박감, 결혼생활 준비의 부족, 교육이나 직업 계획의 차질 등으로 부부관계가 실패할 가능성이 높다.

여섯째, 부모의 승낙을 받고 결혼을 한 부부가 그렇지 못한 부부에 비하여 성공적인 결혼생활을 할 가능성이 높다. 부모의 승낙을 받은 경우 부모가 자녀들에게 더 지지적인 태도를 취하며 문제가 발생하였을 때에도 중요한 지지자가 되어 주기 때문이다.

• 결혼 후 요인

첫째, 부부 간의 태도다. 서로 이해하고 상호 존중하는 태도를 갖는 경우 성공할 가능성이 높고, 지배적이고 경쟁적이며 서로 비하하는 태도를 갖는 경우 실패할 가능성이 높다.

둘째, 가치관, 관심사가 유사한 경우에 부부가 서로 이해하고 공감할 가능성이 높기 때문에 부부관계가 성공할 가능성이 높다.

셋째, 시댁식구, 처가식구 등 인척관계가 좋으면 성공할 가능성이 높고 나쁘면 실패할 가능성이 높아진다.

넷째, 수입이 안정되면 성공할 가능성이 높고, 수입이 안정되지 못하거나 불충분하면 부부간에 갈등이 생길 가능성이 높다.

다섯째, 종교 활동이 깊은 부부관계를 맺게 한다. 종교 지향성이나 참여도가 높을수록 행복하고 성공적인 부부관계를 맺을 가능성이 높다. 그 이유는 종교적인 교훈이 성공적인 부부관계의 가치와 일치되기 때문이다.

(4) 부부관계의 해체: 이혼

통계를 보면 점차 이혼율이 증가하고 있다. 이혼의 주된 사유들은 다음과 같다.

첫째는 성격이나 가치관의 차이다. 성장 배경이 아주 다른 경우에 가정 생활 및 습관, 감정표현 방식, 자녀양육 원칙, 재정 관리 및 소비 양식, 성적 욕구 및 성향 등에서 많은 차이를 보일 수가 있는데, 이를 현명하게 해결하지 못하면 결국 이혼에 이르게 된다.

둘째는 배우자의 부정(不貞)이다. 서로에 대해 정조를 지키는 것은 부부 사이의 약속이며 의무다. 결혼 후에 배우자에 대한 성적인 매력이 감소하고 부부간의 심리적 갈등으로 정서적 유대감마저 저하되는 경우 가정 밖에서 성적 욕구와 정서적 욕구를 충족시키려는 경향이 나타난다. 혼외정사는 부부관계를 해체시킬 수 있는 치명적인 요소다.

셋째는 가족 간의 불화다. 고부간 갈등, 처갓집에 대한 불만, 시댁에 대한 불만 등이 주요 이혼 사유가 된다.

넷째는 경제적인 이유다. 가장의 경제적 무능, 배우자의 지나친 소비 경향, 사업 실패로 인한 경제적 파탄 등이 이혼 사유가 된다.

다섯째는 배우자의 건강문제다. 배우자가 장기간 질병을 앓는 경우 부부관계에 심각한 영향을 미친다. 질병으로 인해 역할 수행의 부실, 경제적 타격, 정서적 고통 등이 상대방에게 심리적 부담을 주기 때문이다.

대부분의 경우 이러한 어려움은 부부간의 애정으로 극복할 수 있지만, 장기화되면 부부간의 애정이 약화되고 경제적 · 심리적 문제가 유발되어 이혼에 이르기도 한다.

2) 부모-자녀 관계

부모의 역할을 부모됨(parenthood)이라 이른다. parent는 라틴어 parere에서 유래된 것으로 to procure, 즉 새끼를 낳는다는 의미를 가진다. 이렇게 본다면 부모의 의미는 생물학적인 의미를 많이 띤다고 하겠다. 父는 손에 매채를 들고 있는 모습으로 일족의 통솔자를 나타내며, 통제의 의미를 갖는다. 즉, 엄부(嚴父)를 그리고 있다. 母는 어머니가 아이를 안고 젖을 먹이는 모습으로 두 점은 어머니의 가슴을 나타낸다. 즉, 신체적인 의미에서 애착 상태를 나타내고 영양 공급(feeding)이 어머니의 주된 기능이었음을 나타낸다.

자녀양육(parenting)의 최종 목표도 역시 생존이라고 할 수 있다. 즉, 자녀들이 가족을 떠나 사회에 나가서 살아남도록 양육하는 것이 궁극적인 목표인 것이다.

부모-자녀 관계는 가족관계에서 중요한 하위 영역이다. 부모-자녀 관계는 몇 가지 독특한 특징을 가진다. 먼저 부모-자녀 관계는 일차적인 대인관계이며 가장 혈연적인 관계다. 본능적인 애착이 가장 강한 관계로서 부모의 입장에서는 자신보다 더 중요한 존재가 자녀들인 것이다. 선택의 여지가 전혀 없는 숙명적인 관계라고 할 수 있다.

둘째, 부모-자녀 관계는 수직적이고도 종속적이다. 자녀는 일방적으로 부모를 따르고 의존하며, 부모는 어리고 미숙한 자녀를 일방적으로 보호하고 양육한다. 사랑의 방향도 역시 수직적이라고 할 수 있다. 즉, 부모가 자녀를 사랑하는 모델이다. 물론 자녀도 부모를 위하고 사랑하지만 부모가 자녀를 사랑하는 만큼 자녀가 부모를 위할 수 없다는 점에서 수직적이라고 할 수 있다. 이 또한 생존 모델이라고 할 수 있다. 왜냐하면 자녀들은 부모의 보살핌이 있어야 생존할 수 있기 때문이다.

셋째, 부모-자녀 관계는 한 인간의 인격 형성에서 가장 중요하다. 자녀들이 태어나서 최초로 맺는 관계가 바로 부모-자녀 관계이며, 부모-자녀 관계의 특성에 따라 한 인간의 인격적인 특성이 결정된다. 부모의 사랑을 받았는가? 부모와 신뢰 있는 관계를 맺었는가? 부모로부터 인정을 받았는가? 부모와의 대화가 원활하였는가? 부모가 아동에 대한 태도에서 일관한 태도를 보여 주었는가? 어렸을 때 부모의 신체적인 접촉은 적절하게 이루어졌는가? 부모가 화에 대한 통제를 적절하게 하였는가? 이러한 것들이 자녀들의 인격적인 특성을 결정짓는 데 중요한 역할을 한다.

마지막으로 부모-자녀 관계는 발달학적인 변화를 겪는다. 자녀가 영유아기-걸음마기-학령전기-학령기-청소년기-조기 성인기-장년기로 발달함에 따라 부모-자녀 관계도 함께 변화를 겪게 된다.

어렸을 때에는 일방적으로 자녀들이 부모와 의존적인 관계를 맺지만, 점점 성장함에 따라 부모로부터 독립을 하게 되고, 부모가 나이가 들면 오히려 자녀들에게 의존하는 양상이 된다. 즉, 부모-자녀 관계는 일정한 관계가 아니라 끊임없이 변화되고, 이러한 변화에 대하여 상호 적응해야 하는 역동적인 관계인 것이다.

이러한 부모-자녀 관계는 갈등적인 관계가 될 수도 있다. 첫째는 지나치게 간섭적이고 통제적인 부모의 태도다. 이러한 경우 자녀들이 부모의 통제를 잘 따르면 원만한 관계가 될 수도 있다. 그러나 이 경우 자아정체감이나 자율성이 미숙한 상태가 되어 건강한 성인으로 성장할 수가 없다. 반면, 자녀들이 이러한 부모의 태도에 대하여 정면으로 반발할 때에는 갈등이 노골적으로 드러나게 된다. 극단적인 경우에는 경제적인 지원의 중단, 부모-자녀 관계의 종식, 자녀의 가출 등으로 이어진다.

둘째는 자녀에 대한 부모의 무관심한 태도, 방임하는 태도다. 적절한 신체적, 정신적 보살핌을 하지 않는 태도다. 부모가 자신의 일에만 너무 매달리고 있거나 심한 부부 갈등으로 이러한 태도를 보일 수 있다. 이러한 경우 자녀들은 심한 우울증에 걸릴 수도 있고, 행동장애, 적응부전 반응 등이 나타날 수도 있다.

셋째는 부모가 자녀에게 의존적인 경우다. 언뜻 보면 자녀들의 자율성을 키워 주는 분위기인 듯하나, 실제는 부모들이 우유부단하여 자녀들에게 의존하고 중요한 결정을 자녀들이 하도록 한다. 그리하여 자녀들의 심리적인 부담이 커지고 성숙한 인격 형성에 장애가 된다. 부모의 의존 욕구가 충분히 충족된 후에야 독립을 할 수 있다.

넷째는 부모가 우울증, 정신분열증 등 주요 정신질환을 앓는 경우다. 이 경우 부모의 역할을 적절히 수행할 수 없다. 또한 부모가 어려서 아동학대의 경험이 있는 경우 자녀들에게 학대나 방임을 하는 경우가 많다.

부모와의 관계는 예로부터 '효(孝)'라는 개념으로 항상 강조되어 왔다. 孝는 자식(子)이 노인(老人)을 업고 있는 모양으로 자식이 부모를 위한다는 의미를 갖는다. 이 또한 생존의 모델이다. 왜냐하면 부모는 나이가 들면서 자녀들의 보살핌을 필요로 하기 때문이다.

고전에서의 효

- 논어에서의 효

子曰, 弟子入則孝 出則弟 謹而信 汎愛衆 而親仁 行有餘力 則以學文.
공자께서 말씀하시기를, "자식은 집에 들어가면 부모에게 효도하고, 밖에 나오면 모든 일을 삼가며, 남에게 믿음을 주며, 모든 사람을 널리 사랑하되 특히 어진 사람을 가까이 하고, 그러고도 남음이 있으면 글을 배워라."

이 가르침은 오늘날에도 그대로 적용할 수 있다. 공부를 한다는 것은 그 기본 목적이 '인간에 대한 사랑의 실천'이라고 할 수 있다. 이러한 사랑에 대한 대상 중에 가장 중요한 대상이 바로 부모다.

- 효경에서의 효

子曰, 不愛其親而愛他人者 謂之悖德 不敬其親而敬他人者 謂之悖禮.
공자께서 말씀하시기를, "그 어버이를 사랑하지 않으면서 다른 사람을 사랑하는 자는 덕에 어긋나는 것이며, 그 어버이를 공경하지 않으면서 다른 사람을 공경하는 것은 예에 어긋나는 것이니라."

부모에게 소홀하게 대하면서 다른 사람에게 진실로 대하는 자체가 잘못된 일이고 또 불가능한 일이다. 설령 겉으로는 이러한 행동이 가능할지 몰라도, 그것은 위선적인 행동이다. 모든 대인관계에는 발달의 단계가 있다. 자신과 가까운 사람들에게 함부로 대하면서 다른 사람들에게 참되게 대할 수 없다는 가르침이다.

• 명심보감에서의 효

太公曰, 孝於親 子亦孝之 身旣不孝 子何孝焉.

태공께서 이르기를, "자신이 부모에게 효도하면 자식이 또한 나에게 효도한다. 자신이 어버이께 효도하지 않는다면 자식이 어찌 나에게 효도할 수 있겠는가?"

자식에 대한 효의 교육에서 스스로 효를 실천하는 것이 가장 좋은 방법이라는 교훈이다. 부모들이 스스로 효를 실천하지 않으면서 '효성'이 있는 자식을 갖기 바라는 것은 마치 나무에서 물고기를 구하는 것과 같다고 할 것이다.

• 성경에서의 효

자녀된 사람들은 부모에게 순종하라. 이것이 주님을 믿는 사람으로서 마땅히 해야 할 일이다. '네 부모를 공경하라.' 하신 계명은 약속이 붙어 있는 첫째 계명이다. 그 약속은 계명을 잘 지키는 사람은 복을 받고 땅에서 오래 살리라는 것이다. 어버이들은 자녀의 마음에 상처를 입히지 말고 주님의 정신으로 교육하고 훈육하며 잘 길러라(에페소 6: 1-4)

이상이 동서양의 고전에 나오는 효에 대한 가르침이다. 물론 그 비유는 오늘날 그대로 적용될 수 없는 것도 있고 또 지나치게 형식적인 면을 강조한 것도 있을 것이다. 하지만 부모에 대하여 공경하고 감사하는 마음을 가져야 한다는 점은 깊이 새겨야 할 것이다. 부모를 위하는 마음, 부모를 공경하는 마음, 부모의 마음을 즐겁게 해 드리는 마음 등이 모두 효의 개념과 일치된다.

부모들이 가장 즐거워하는 일은 '신체적 또는 정신적으로 건강한 자식을 보는 일' 이다. 모든 인간들이 공통적으로 추구하는 가치, 예컨대 돈이나 명예 또는 권력을 얻어 사회적으로 큰 출세를 하는 것도 효의 한 방법이 된다. 그러나 이러한 사회적인 성취만이 꼭 효를 실천하는 방법은 아니다. 단지 건강한 모습을 부모님께 보여 드리는 자체만으로도 큰 효를 행하는 한 방법이 될 수 있다.

그런데 건강을 유지하는 것도 그리 쉬운 일은 아니다. WHO의 건강에 대한 정의에서 볼 수 있듯이 인간의 건강이란 신체적, 정신적, 사회적 그리고 영혼의 건강이 모두 유지되어야 엄밀한 의미에서 건강이 유지될 수 있기 때문이다. 이러한 의미에서 완벽한 건강이란 존재할 수 없다. 항상 노력하여야 겨우 유지될 수 있는 것이 바로 인간의 건강이다. 공자는 '孝卽色' 이라고 정의하였다. '효는 곧 색이다.' 라는 뜻인데, 여기서 '色' 은 얼굴색, 즉 건강한 얼굴색을 뜻한다. 기회가 있을 때마다 자주 부모님 얼굴을 뵙는 것이 바로 효인 것이다. 설령 신체적으로 다소 불편한 일이 있거나 다소 기분 나쁜 일이 있더라도 부모님 앞에서는 이런 내색을 하지 않고 밝은 표정을 짓는 것이 효의 중요한 실천이다.

논어에도 부모님이 생존해 계시면 멀리 놀러가지 않는 것이 효라는 가르침이 있다. 이 가르침을 꼭 그대로 실천하기는 어려우나 그 정신은 따를 수 있을 것이다. 청소년들의 경우에는 일찍 귀가를 하는 것이 가장 좋다. 혹시 늦어지면 반드시 전화를 하여 자신이 안전하게 잘 있다는 것을 알리는 것이 효를 실천하는 길이다. 자녀들이 바깥에서 아무런 연락도 없이 늦게 귀가할 때에 자녀를 기다리는 부모의 심정은 자신이 결혼을 하고 또 자녀를 가져 보기 전에는 헤아릴 수 없을 것이다.

'親' 이라는 글자는 설 립(立)에 나무 목(木) 그리고 볼 견(見)이 서로 어우러져 있다. 그 의미는 글자 그대로 '나무 위에 올라가서 본다.' 는 것으로 부모를 나타낸다. 이 글자에는 유래가 있다. 옛날에 한 나무꾼이 홀어머니를 모시고 살았다. 낮에 나무를 하여 그것을 장에 가지고 나가 팔아서 어머니를 봉양하는 효자였다. 그런데 아들이 집에 돌아올 시간이 되었는데도 돌아오지 않아 그 어머니가 나무 위에 올라가 자식이 오는 것을 보고 있었다는 이야기다. 늦게 돌아오는 자녀, 아무 소식 없이 돌아오지 않는 자녀를 기다리는 부모의 심정이 애달프게 그려져 있다. 이처럼 효란 우리와 그리 먼 곳에 있는 것이 아니며, 아주 가깝고 쉽게 실천할 수 있는 것이다. 부모에 대해 참되고 진지한 자세를 갖추지 못하고서 타인과의 관계에서 긍정적인 관계를 맺는다는 것은 불가능하다. 효의 중요성은 이러한 점에서 강조될 수 있다.

3) 형제자매 관계

모든 인간에게 부모와의 관계 다음으로 가까운 대인관계는 형제자매 관계다. 따라서 형제자매들끼리 우애 있게 지내는 것은 많은 대인관계에서 아주 중요한 것이다. 그리고 형제자매 간에 서로 위하고 사랑하는 과정은 다른 대인관계에서 좋은 관계를 유지할 수 있는 근본이 된다.

이러한 형제자매 관계도 여러 가지의 특성을 가진다. 첫째, 형제자매 관계는 선택의 여지가 없는 일차적인 관계로서 혈연적 동료 관계다. 따라서 가장 오랫동안 유지되는 관계라고 할 수 있다.

둘째, 형제자매 관계는 수평적 또는 수직적 관계가 혼재되어 있는 특수성을 갖는다. 태어난 순서에 따라 형, 오빠, 언니, 동생의 관계가 결정되기 때문에 그 관계는 수직적이다. 그러나 나이 차이가 그리 많지 않아 함께 비슷하게 늙어 가는 경우도 많고, 부모에 대하여는 모두가 동등한 권리를 갖는 수평관계이기도 하다.

셋째, 형제자매 관계는 경쟁적인 관계이기도 하다. 부모에 대하여 물질이나 사랑의 면에서 경쟁적인 관계가 될 수 있다. 따라서 가장 가까운 관계이면서도 가장 먼 관계가 될 수 있는 특징이 있다. 특히 자녀에 대한 부모의 사랑에서 차별이 있는 경우 심각한 상태의 경쟁 상태에 빠질 수 있다. 경제적인 이해관계, 성격 및 능력의 차이도 갈등적인 요소가 된다.

그러면 고전에서 형제자매 관계에 대한 교훈을 살펴보자.

고전에서의 우애

• 논어에서의 우애

詩云, 宜兄宜弟 宜兄宜弟而後 可以敎國人.

시경에 이르기를, "형과 잘 지내고 아우와도 잘 지내라고 하였으니 형제간에 우애 있게 지낸 다음에야 온 나라 사람들을 가르칠 수 있다."

형제간의 우애가 가정의 화평을 가져오고, 가정의 화평이 나라의 화평의 근본임을 형제간의 우애로 표현하고 있다. 가까운 사람들과의 성실한 관계를 통하여 다른 사람들을 가르칠 수 있다는 교훈이다.

• 효경에서의 우애

子曰, 敎民親愛 莫善於孝 敎民禮順 莫善於弟.

공자께서 말씀하시기를, "백성에게 친애를 가르침에 있어서 효보다 더 좋은 것이 없고, 백성에게 예순을 가르침에 있어서 우애보다 더 좋은 것이 없다."

가정 내에서 효, 우애가 도의 근본임을 강조하고 있다.

• 성서에서의 우애

이다지도 좋을까, 이렇게 즐거울까!
형제들 모두 모여 한데 사는 일!
아론의 머리에서 수염 타고 흐르는
옷깃으로 흘러내리는 향긋한 기름 같구나(시편 133: 1-2)

어떤 형제가 너에게 잘못한 일이 있거든 단 둘이 만나서 그의 잘못을 타일러 주어라. 그가 말을 들으면 너는 형제 하나를 얻는 셈이다(마태복음 18: 15-16)

이상과 같이 형제자매 간 우애(友愛)의 중요성이 여러 방식으로 표현되고 있다. 동양 고전에서의 형제와 성경에서의 형제는 그 개념이 다소 다르다. 성경에서는 하나님의 아들은 모두 형제가 된다. 그러나 공통적으로 자신과 가까운 사람들과의 좋은 대인관계 형성이 모든 관계의 기본이 된다는 점을 강조하고 있다.

효의 이야기가 나오면 거의 자동적으로 제, 즉 우애의 중요성이 함께 강조된다. 효나 제의 개념은 주로 자녀가 부모에게 또는 동생이 형에게 공경하는 측면을 강조하고 있다. 아마도 부모가 자녀에게 갖는 자애로운 마음, 사랑과 봉사와 희생의 마음 또는 형이 동생에게 가지고 있는 사랑, 봉사 또는 희생의 마음은 이미 모든 인간의 마음속에 내재되어 있다는 것을 전제로 하기 때문일 것이다.

그러나 이렇게 일방적으로 강조만 할 수도 없는 문제다. 모든 관계란 항상 상호관계이기 때문이다. 부모가 자녀에게 애틋한 사랑이 없다면 자녀들은 진정한 효를 실천하기 어렵다. 물론 옛날 이야기 중에 부모가 자녀에게 아주 몹쓸 짓을 많이 하여도 자녀가 효를 다한 내용들이 있지만, 그것은 그런 상황에서는 그만큼 효를 실천하기가 어렵다는 것을 시사해 주는 것이라고 하겠다. 형과 아우의 관계도 비슷하다. 일차적으로 동생에 대한 형의 사랑이 깊이 실천되지 않으면 동생에게서 형에 대한 공경심이 자동적으로 우러나오기를 기대하는 것은 어렵다. 이것은 마치 물의 흐름과도 같다고 할 수 있다. 물이 높은 곳에서 낮은 곳으로 흐르듯, 사랑과 봉사와 희생의 마음도 먼저 위에서 아래로 흘러야 할 것이다. 옛말에도 '아랫사람 노릇하기보다 어른 노릇하기가 훨씬 더 어렵다.' 는 말이 있다. 모든 것이 상호관계이지 일방적인 관계는 아니다.

이러한 논리는 일반적인 사회생활, 학교생활 또는 직장생활에도 그대로 적용될 수 있다. 국가나 회사의 모든 집단에서 윗사람이 아랫사람을 위해 주는 모델이 그 집단이 살아남을 수 있는 가장 이상적인 모델이다. 이러한 기본 정신을 우리가 형제자매 관계에서 연습하고 배우는 것이다. 함께 크면서 서로 경쟁하고 싸우면서도 서로 위해 주는 과정을 통해서 바로 인생을 배우는 것이다.

2. 가족 외의 관계

1) 스승과의 관계

발달과정에서의 대인관계 가운데 학교 선생님들과의 관계도 중요한 관계 중 하나다.

고전에서의 스승과 제자 관계

• 논어에서의 스승과 제자 관계

子曰, 自行束脩以上 吾未嘗無誨焉.

공자께서 말씀하시기를, "나는 누구든지 육포 한 묶음 이상을 예물로 가져와 배우기를 청하면 가르쳐 주지 않은 적이 없었다."

여기서 육포 한 묶음이란 최소한의 성의를 나타내는 표현이다. 당시에 누구와 만날 때에는 반드시 자신의 사정에 맞게 예물을 지참하는 것이 기본 예의였다. 공자는 누구든지 사람을 가리지 않고 기본적인 최소한의 예의만 갖춘다면 가르침을 베풀었던 스승으로서의 태도를 가지고 있었다. 여기에서 중요한 것은 자신의 제자될 사람을 특별히 가리지 않았다는 점이다. 이와 비슷한 가르침은 『순자』에서도 발견된다. '당신의 문하에는 어찌 그리 잡된 사람들이 많은가?' 라는 질문에 대하여, '군자는 자신을 바르게 하여 기다릴 뿐, 오고자 하는 사람 막지 않고 가고자 하는 사람 잡지 않으니, 훌륭한 의사에게 병든 사람이 많고 훌륭한 목수 곁에 굽은 나무가 많이 있는 법이다. 그러므로 내 곁에 잡된 사람이 많은 것이다.' 고 답변한 것이다.

> 子畏於匡 顏淵後 子曰 吾以女爲死矣. 曰 子在 回何敢死.
> 공자께서 광지방에서 위험에 처하셨을 때에 안연이 뒤에 처져 있다가 이윽고 따라잡아 오자 공자께서 말씀하시기를 "내가 너를 죽게 하는구나." 안연이 말하기를, 선생님께서 살아 계신데, 제가 어찌 감히 죽겠습니까?"

공자께서 위나라를 떠나 진나라로 가는 도중에 광지방에서 봉변을 당할 뻔한 사건이 있었다. 이때 안연은 일행과 뒤처져 있었는데 나중에 따라오자 공자가 한 말이다. 스승과 제자 간에는 생사고락을 같이한다는 아름다운 관계를 보여 주고 있다.

이상은『논어』에 기술되어 있는 스승-제자 관계에 관한 내용으로, 주로 스승이 제자를 대하는 태도에 관한 것이다. 스승과 제자의 관계는 힘과 통제의 관계라고 할 수 있다. 따라서 이러한 사제 관계가 원만하게 이루어지기 위하여는 가정 내에서 학생 자신들이 힘과 통제에 대하여 부모에게 어떠한 교육을 받고 어떠한 훈련을 쌓느냐가 중요하다. 부모가 아동의 행동에 대하여 적절하게 통제해 오고 부모로서 지켜야 할 권위를 유지해 온 분위기에서 성장한 아동이라면 학교에 입학하여 선생님과의 관계에서도 큰 어려움이 없다. 그러나 아동의 행동에 대하여 전혀 통제를 가하지 않고 부모가 자신의 권위를 적절하게 유지하지 못한 환경에서 자라난 아동의 경우에는 학교 선생님의 권위나 통제를 저항 없이 받아들이는 데에 어려움이 있을 수 있다.

선생님에 대하여 존경하는 마음을 지니는 태도는 아주 중요하다. 이상적인 스승-제자 관계가 이러한 것이지만 그것이 저절로 이루어지는 것은 아니다. 스승이 스승으로서의 역할을 제대로 하지 못하는 경우에는 제자들이 스승을 존경하고 싶은 마음이 생길 수 없다. 최소한의 덕조차 갖추지 못한 스승, 편파적인 사고를 가지고 있는 스승이 어떻게 학생들로부터 존경을 받을 수 있겠는가? 왜 공자가 '나는 제자들의 부류를 나누지 않는다.' 고 강조하였는가? 곰곰히 생각해 보라.

2) 친구와의 관계

친구의 사전적인 의미는 '오래 두고 정답게 사귀어 온 벗' '뜻을 같이하는 사람' '마음이 서로 통하는 사람' 등이다. 친구와의 정은 우정(友情)으로 표현된다.

친구관계는 여러 특성을 갖는다. 친구관계는 수평적인 관계로서 서로에게 자유로운 관계다. 서로 심각한 책임감이 따르지 않기에 아주 편안한 관계로서 자신의 마음을 솔직하게 표현할 수 있다. 부모나 형제자매에게도 하지 못하는 말을 친구에게는 털어놓을 수 있다. 실리적인 목적보다는 개인적인 특성이 친구관계를 결정짓는 중요한 요인이 된다. 그리고 취미, 가치관이 아주 유사하기 때문에 만나면 아주 즐거운 시간을 가질 수 있다.

친구는 개인에게 아주 중요한 기능을 갖는다. 우선 친구에게는 자신의 고통, 갈등, 고민 등을 밝힐 수 있다. 이러한 과정을 통하여 친구로부터 이해받고 위로받을 수 있다. 이런 의미에서 친구는 정서적 공감자이자 지지자가 된다. 다음으로 친구는 즐거운 체험을 공유하는 대상이다. 만나면 즐겁고 재미있게 놀 수 있어야 한다.

이것은 친구관계를 유지하는 중요한 원천이 된다. 마지막으로 친구는 보통 집단을 이룸으로써 안정된 소속감을 제공한다. 인간의 발달과정 중 친구와의 관계의 중요성은 아무리 강조해도 지나치지 않다.

고전에서의 친구관계

• 논어에서의 친구관계

子曰, 晏平仲 善與人交 久而敬之.

공자께서 말씀하시기를, "안평중은 다른 사람과 사귀기를 잘하는구나. 오래되어도 그를 공경하니."

안평중은 다른 사람과 사귀기를 아주 좋아하였는데, 아주 오래 사람을 사귀고도 모두 그를 공경하는 것을 보고 공자가 한 말이다. 안평중이 진심으로 친구를 사귀면서도 서로 존경심을 잃지 않음으로써 지속적인 친구관계를 유지하는 것을 칭찬하고 있다.

子曰, 主忠信 無友不如己者 過則勿憚改.

공자께서 말씀하시기를, "정성과 믿음을 주된 자세로 하고, 나만 못한 사람을 벗으로 하지 말 것이며, 잘못이 있으면 고침을 꺼려하지 마라."

친구를 사귈 때에는 항상 자신보다 나은 친구들을 사귀도록 노력하여 자기발전에 힘쓰라는 가르침이다.

• 명심보감에서의 친구관계

子曰, 與善人居 如入芝蘭之室 久而不聞其香 卽與之化矣 與不善人居 如入鮑魚之肆 久而不聞其臭 亦與之化矣 丹之所藏者 赤 漆之所

藏者 黑 是以 必愼其所與處者焉.

공자께서 말씀하시기를, "착한 사람과 함께 있으면 마치 지란의 방에 든 것과 같아서 오래되어 그 향기를 맡지 못하더라도 곧 더불어 화하며, 착하지 못한 사람과 함께 있으면 마치 절인 생선가게에 든 듯하여 오래되어 그 냄새를 맡지 못하더라도 또한 더불어 화하게 된다. 단이 지닌 것은 붉은 빛이고, 칠이 지닌 것은 검은 빛이다. 그러므로 군자는 반드시 그 함께 있을 자를 삼간다."

선한 친구와 함께 있게 되면 자신도 모르게 선하게 되고, 악한 친구와 함께 있게 되면 자신도 모르게 악하게 될 수 있으니, 친구를 사귈 때에는 항상 그 사람의 됨됨이를 잘 살펴서 사귀라는 가르침이다.

君子之交 淡如水 小人之交 甘若醴.

군자의 사람 사귐은 맑기가 물 같고, 소인의 친구 사귐은 달콤하기가 단술 같으니라.

물은 한결같다. 맛은 담백하지만 변하지 않는다. 물은 자연스럽다. 단술은 맛은 달지만 쉽게 변하는 특징이 있다. 군자의 사귐은 물의 사귐이며, 따라서 원칙의 사귐이다. 친구 간이라도 친구의 잘못이나 허물이 발견될 때에는 지적해 주고 고쳐 주는 관계가 바람직한 친구관계라는 가르침이다.

우리는 친구와의 선의의 경쟁을 통해 서로 발전할 수 있는 기회를 얻을 수 있다. 더불어 친구와의 건강한 경쟁을 통하여 생존하는 기본적인 기술을 획득할 수 있다.

3) 선배 또는 후배와의 관계

대인관계 가운데 선후배 관계 또한 아주 중요한 대인관계 중의 하나다.

고전에서의 선후배 관계

- 논어에서의 선후배 관계

  子貢問曰, 孔文字 何以謂之文也 子曰 敏以好學 不恥下問 是以謂之文也.

  자공이 묻기를, "공문자를 어찌하여 문이라 시호하셨습니까?" 공자께서 말씀하시기를, "명민하면서도 배우기를 좋아하였으며, 아랫사람에게 묻기를 부끄럽게 여기지 않았다. 이것이 문이라 이르게 된 까닭이다."

공문자는 여러 덕행을 가지고 있었는데, 그중 자신이 모르는 것이 있으면 아랫사람이라도 마다하지 않고 물어본 것을 공자가 높이 평가하고 있다. 후배가 옳은 소리를 해도 괜히 선배임을 내세워 후배의 옳은 소리를 묵살하는 경우가 많다. 선배로서 쓸데없는 자존심이나 권위주의 같은 것을 벗어야 진정한 의미에서의 선후배 관계가 형성될 수 있다는 가르침이다. 이것은 실제로 실천하기에 그리 쉬운 일은 아니다. 그렇기에 항상 노력해야 할 덕목이다.

> 子曰, 後生可畏 焉知來者之不如今也 四十五十而無聞焉 斯亦不足畏也已.
>
> 공자께서 말씀하시기를, "후생은 두려워할 만하다. 어찌 우리 뒤를 이을 자들이 우리보다 못하리라고만 알고 있겠는가? 다만 나이 사오십이 되어도 들리는 것이 없다면 이 또한 두려워할 것이 없을 뿐이로다."

후배에 대한 두려움을 가지고 자기발전을 게을리해서는 안 된다는 교훈이다. 선후배가 서로 도우면서 선의의 경쟁을 통하여 서로 발전할 수 있는 계기로 삼아야 한다.

- 대학에서의 선후배 관계

  所謂平天下在治其國者 上老老 而民興孝 上長長 而民興弟 上恤孤 而民不倍.

  소위 온 천하를 평화롭게 하는 것이 나라를 잘 다스리는 것에 달려 있다는 말은 윗자리에 있는 사람이 늙은이를 늙은이로 잘 대접하면 백성들 사이에는 효도의 기풍이 일어나고, 윗자리에 있는 사람이 연장자를 연장자로 잘 대접하면 백성들 사이에는 우애의 기풍이 일어나며, 윗자리에 있는 사람이 병들거나 가족을 잃어 외로운 처지에 있는 사람들을 잘 보살피면 백성들은 배반하지 않는다.

상하관계에서 윗사람이 행동의 모범을 보여야 함을 강조하고 있다. 우리 속담에도 '윗물이 맑아야 아랫물도 맑다.' 는 가르침이 있다. 아랫사람 노릇하기보다 윗사람 노릇하기가 어려운 법이다. 선배의 입장에 있을 때에 후배에게 어떤 태도를 보이는가가 원만한 선후배 관계 형성에 아주 중요하다. 선배로서 물리적인 힘을 사용하면 일시적으로는 후배를 다스리거나 자기가 얻고자 하는 것을 얻을 수 있지만, 길게 보면 그 관계는 좋아질 리가 없다. 따라서 선배로서 후배에게 항상 모범이 되는 행동을 보이도록 노력을 게을리해서는 안 될 것이다.

- 명심보감에서의 선후배 관계

  老少長幼 天分秩序 不可悖理而傷道也.

노소와 장유는 하늘이 나눈 질서이니, 바른 도리를 어겨서 도덕을 손상해서는 안 된다.

『명심보감』에서는 후배가 항상 선배를 존경하고 공경할 것을 가르치고 있다. 나이가 어린 사람이 나이 든 사람을 공경하는 것은 하늘이 정해 준 질서라고까지 강조하고 있다. 항상 선배를 공경하고 예의를 정중하게 갖추는 것이 중요하다는 가르침이다.

이상이 고전에 있는 상하 또는 선후배 관계에 관한 기술이다. 그 내용은 뻔한 것 같아도 실천하기가 아주 힘들다. 선후배 간에도 서로 경쟁적인 관계에 있을 수 있기 때문이다. 이 역시 가족 내에서는 형제자매 관계의 연장으로 볼 수 있다. 형제자매 관계에서 그것이 원만하였다면 선후배 관계에서도 어려움이 없을 것이다. 형이 동생을 사랑하고 동생이 형을 공경하고 어렵게 여기듯이, 학교생활 또는 직장생활에서 선배를 어렵게 알고 후배를 사랑하고 도움을 준다면 큰 문제가 없을 것이다. 물론 그렇게 되기 위하여는 자신의 내부로부터 오는 안정감이 아주 중요하다. 스스로 자신이 없고 불안해지면 건강한 관계를 맺기가 어렵다. 선배로서 성숙한 태도를 갖고 진심으로 후배를 도와준다면 후배는 저절로 선배를 존경하게 될 것이다. 즉, 모든 사랑이나 관심 또는 봉사의 자세는 '위에서 아래로 내려온다.' 는 기본적인 모델이 선후배 관계에도 그대로 적용될 수 있다. 따라서 선배로서 후배를 정성껏 진심으로 도와주는 마음은 겉으로는 후배를 도와주는 모양새를 취하고 있어도 궁극적으로는 가장 효과적으로 자기 자신을 위하는 결과를 얻게 된다. 바로 공생(co-survival)의 모델인 것이다.

4) 이성과의 관계

사랑이란 단어는 아주 광범위한 의미를 담고 있다. 이 장에서는 주로 이성 간의 사랑만 다루기로 하고, 나머지는 7장 '긍정적 힘의 실천' 에서 다루기로 한다.

(1) 사랑의 다섯 가지 유형

❶ 이타적 사랑

이타적 사랑(altruistic love)은 무조건적이고 헌신적으로 타인을 보살피는 사랑이다. 자기희생이 주요 요소가 된다. 신의 사랑, 부모의 사랑이 이에 속한다.

❷ 동료적 사랑

동료적 사랑(companionate love)은 친한 친구에게서 느끼는 우정 같은 사랑이다. 깊은 신뢰, 의리 그리고 친근감에 바탕을 둔 사랑이다.

❸ 낭만적 사랑

낭만적 사랑(romantic love)은 뜨거운 열정이 주요 요소가 되는 사랑이다. 사랑하는 사람과 하나가 되고 싶은 강렬한 감정이 수반되는 사랑이다. 로미오와 줄리엣의 사랑 등 많은 문학작품에 등장하는 사랑이 낭만적 사랑이라고 할 수 있다.

❹ 실용적 사랑

실용적 사랑(pragmatic love)은 이성에 입각한 현실적이고도 합리주의적인 사랑을 이른다. 상대방의 성격, 가정 배경, 교육 수준, 종교, 직업, 취미 등을 고려하여 사랑의 대상으로 삼는 사랑을 이른다.

❺ 유희적 사랑

유희적 사랑(playful love)은 재미와 쾌락을 중요시하고 즐기는 사랑이다. 상대방과의 강력한 집착이나 장기적인 계획은 없고, 쾌락과 즐거움이 사라지면 다른 대상을 찾아 떠난다. 소위 플레이보이의 사랑이 이에 속한다고 할 수 있다.

(2) 사랑의 삼각형 이론

사랑은 매우 다양하고 미묘한 체험이라서 그 실체를 파악하기가 어렵다. 그러나 사랑의 기본적인 구성요소와 다양한 형태를 설명하는 이론이 스턴버그(Sternberg, 1984)가 주장한 사랑의 삼각형 이론(triangular theory of love)이다.

❶ 사랑의 세 가지 구성요소

스턴버그는 사랑이 친밀감(intimacy), 열정(passion) 그리고 투신(commitment)의 세 요소로 구성된다고 주장한다. 친밀감은 사랑의 따뜻한 측면으로 가깝고 편한 느낌, 공유함, 서로를 잘 이해함, 원활한 이해, 의사소통, 긍정적인 지지 등의 특성을 가진다. 열정은 사랑의 동기적 측면을 말하며 뜨거운 측면이다. 투신은 서로 상대방만을 사랑하겠다는 결정적인 행동적 표현이다. 사랑하는 사람과의 사랑을 지키겠다는 약속이며 사랑의 인지적 측면을 나타낸다. 약혼과 결혼이 가장 전형적인 투신 행위다.

❷ 사랑의 여덟 가지 유형

• 비사랑(nonlove)　　사랑의 세 요소 중 하나도 갖추어지지 않은 관계다. 일상적인 대인관계로서 사랑의 요소는 포함되어 있지 않다.

• 좋아함 또는 우정(liking)　　사랑의 세 요소 중 친밀감만 있는 경우로서 친구관계에서 느끼는 우정과 같다. 가까움과 따뜻함을 느끼는 관계다.

• 짝사랑(infatuation)　　우연히 어떤 사람을 보고 첫눈에 반해 버리는 경우다. 말 한 번 걸어 본 적이 없는 상태이기 때문에 친밀감이나 투신 행위는 없고 단지 열정만이 있을 뿐이다.

• 공허한 사랑(empty love)　　열정이나 친밀감은 없이 단지 투신행위만 있는 사랑이다. 사랑없이 부부생활을 하는 부부가 이에 속한다.

• 낭만적 사랑(romantic love)　　열정과 친밀감은 있으나 투신 행위는 없는 사랑이다. 미래에 대한 확신이나 약속은 하지 못하는 사랑을 이른다.

• 허구적 사랑(fatuous love)　　열정을 느껴 투신 행위는 하지만 친밀감이 형성되지 못한 사랑이다. 소위 헐리우드식 사랑이라고 일컬어지는 사랑이 이에 속한다. 만난 지 며칠 만에 열정을 느껴 약혼하고 보름 만에 결혼하는 식의 사랑을 이른다.

• 동료적 사랑(companionate love)　　친밀감과 투신 행위는 있으나 열정이 없거나 식어 버린 사랑이다. 오랜 기간 동안 결혼생활을 한 부부관계가 이에 속한다.

• 완전한 사랑(consummate love)　친밀감, 열정 그리고 투신의 세 요소를 모두 갖춘 이상적인 사랑을 이른다. 그러나 이는 실천하기가 쉽지 않다.

사랑에도 발달 단계와 변화의 과정이 있다. 처음에는 완전한 사랑으로 시작되나 시간이 지나면서 동료적 사랑 또는 공허한 사랑으로 될 수 있다.

(3) 낭만적 사랑의 특성

이성 간의 낭만적인 사랑은 매우 독특한 대인관계의 체험으로 다른 대인관계에서는 경험할 수 없는 몇 가지의 특성을 지닌다. 첫 번째는 두 남녀 간의 독점적이고도 배타적인 관계라는 점이다. 두 번째는 그 발전 속도가 아주 빠르다는 점이다. 세 번째는 매우 강렬한 집착과 애착관계가 형성된다는 점이다.

또한 낭만적 사랑을 하는 이들은 서로 아주 유사한 심리 상태를 나타내는데, 그 특성들은 다음과 같다.

- 사랑하는 사람에 대하여 강렬하게 집착하고 몰두한다.
- 사랑하는 사람과 늘 함께 있고 싶은 강렬한 욕망을 느낀다.
- 함께 있든 아니든 사랑하는 사람에 대하여 늘 생각한다.
- 사랑하는 사람을 보거나 생각하면 강렬한 애정과 더불어 신체적 흥분을 느낀다.
- 사랑하는 사람에게는 모든 것을 다 주어도 아깝지 않을 것 같은 느낌을 갖는다.
- 사랑하는 사람으로부터 독립적인 관심과 애정을 받고자 한다.

- 사랑하는 사람의 관심이 다른 사람에게 쏠리면 강렬한 질투를 느낀다.
- 사랑하는 사람 없이는 자신의 존재가 불완전해지는 느낌을 갖는다.
- 사랑하는 사람이 자신을 거부할 것에 대한 강한 두려움이 생긴다.
- 사랑하는 사람과 이별하게 되면 깊은 슬픔과 절망감을 느낀다.

이런 낭만적인 사랑에 대하여는 정상적이냐 비정상적이냐 등의 여러 가지 관점이 있다. 우선 낭만적인 사랑은 정상적이며 아름다운 심리적 체험이라는 관점이다. 낭만적 사랑은 인간의 마음속 깊은 곳에 있는 본성적인 애정 욕구의 발현으로, 이러한 욕구가 활발하게 발현되고 충족되는 상태라고 보는 것이다.

두 번째는 낭만적인 사랑은 비정상적이며 신경증적인 상태라고 보는 관점이다. 이러한 주장은 낭만적인 사랑에 빠지는 사람들이 대개 의심, 질투, 거부에 대한 두려움 등 불안정한 심리 상태가 되고 현실생활에서 기능의 장애가 초래되기 때문에 정상적인 상태라고 볼 수 없다는 것이다. 타인에 대한 강렬한 집착이라는 점에서 낭만적 사랑은 의존성, 성 충동, 자기조절 능력의 부족과 같은 인격적 미숙함을 반영하는 상태라고 본다.

마지막으로 낭만적 사랑을 사회적 학습의 소산으로 보는 관점이다. 일상생활에서 낭만적 사랑을 미화시키며, 이성 간의 사랑 가운데 낭만적인 사랑이 가장 이상적이라는 자극을 지속적으로 받으면 학습이 되어서 낭만적 사랑으로 이끌리게 된다는 것이다.

(4) 사랑의 종결: 실연과 그 극복방법

이성과의 사랑이 모두 좋은 결실을 맺는 것은 아니다. 여러 가지 이유로 실패로 끝나서 고통과 괴로움을 겪는 경우도 많다. 이에 대하여 살펴보기로 하자.

❶ 실연의 유형

실연은 사랑의 해체이며 종결을 의미한다. 즉, 사랑의 관계를 종식시키는 불행한 경우다. 실연의 몇 가지 유형은 다음과 같다.

첫 번째 유형은 '일방적 실연' 이다. 서로 사랑하다가 일방적으로 그 관계가 파기되는 경우다. 이런 경우 실연을 당하는 사람은 많은 심리적인 충격과 고통과 좌절감을 느끼게 된다. 동시에 상대방에 대하여 분노, 적개심, 배신감, 복수심 등을 품게 된다.

두 번째 유형은 '합의된 실연' 이다. 서로 사랑하던 사람들이 갈등을 겪다가 적절하게 해결하지 못하고 합의하에 관계를 청산하는 경우다. 이 경우 일방적인 실연에 비하여는 상처를 덜 받지만 미련, 아쉬움, 후회 등의 정서를 경험할 수 있다.

세 번째 유형은 '강요된 실연' 이다. 당사자들의 의사와는 관계없이 외적인 요인에 의하여 사랑이 종결되는 경우다. 부모의 반대, 한 사람의 지리적 이동, 사망 등이 흔한 외적 요인이다. 이 경우 이루지 못한 사랑에 대한 안타까움, 그리움, 아쉬움 등의 감정 상태를 경험하게 된다. 강요된 실연인 경우 사랑의 관계가 지속되지는 못하지만 상대방에 대한 사랑의 감정은 지속되거나 오히려 더 강해지는 경향을 띠는데, 이를 '로미오와 줄리엣 효과' 라고 한다.

❷ 실연의 심리적 반응

사랑의 상실이 곧 실연이다. 실연을 하면 여러 가지의 심리적인 반응이 나타날 수 있다. 첫째는 우울 반응이다. 또한 상대방에 대하여 분노, 미련, 후회, 슬픔 등 실연의 상황에 따라 다양한 반응을 보일 수 있다. 두 번째는 인지적인 기능의 변화다. 일반적으로 주의가 산만해지고 판단력이나 기억력이 일시적으로 저하된다. 세 번째는 행동상 여러 가지 변화가 일어난다. 활동성이 저하되고 대인관계가 위축되기도 한다. 괴로움을 달래기 위하여 술이나 담배에 의존하는 행동이 나타날 수도 있다. 극단적인 경우에는 자해나 타해 행위가 나타나기도 한다.

❸ 실연의 극복

실연에 대한 일반적인 극복방법은 다음과 같다.

- 자신이 실연으로 아파하고 있다는 사실을 받아들인다. 또한 이러한 아픔과 슬픔이 정상적인 반응임을 자각한다.
- 실연의 고통을 느끼고 표현한다. 충분히 아파하고 괴로워한다. 아픔의 체험이 곧 치유 과정이다.
- 가능하면 1～2주 정도 일상생활에서 벗어나 기분전환을 한다. 여행 등이 좋은 방법이 될 수 있다.
- 실연 자체에 대하여 충분히 반성해 본다. 원인과 과정을 통하여 많은 것을 배울 수 있다.
- 일상생활로 되돌아온다. 다시 원래의 일상적인 대인관계를 복원하고 사회생활을 재개한다.

모든 인간의 마음속에는 스스로 치유할 수 있는 능력이 있다. 아프고 괴로우나 그로부터 스스로 탈출할 수 있는 능력이 모든 인간에게 내재되어 있다. 그것을 스스로 발견하고 스스로 치유하여 보다 성숙한 인간으로 다시 태어나는 능력도 함께 지니고 있는 것이다.

제5장
성숙한 대인관계, 미성숙한 대인관계

* 이 장은 권석만 교수의 『젊은이를 위한 인간관계의 심리학』(개정증보판, 학지사, 2004)에서 요약한 내용이다. 자세한 내용은 이 책을 참고하라.

성숙한 대인관계는 성숙한 인격에서 나온다. 따라서 성숙한 인격이란 어떻게 정의 내릴 수 있는가를 학자들의 이론을 통해 살펴본 후 성숙한 대인관계 및 부적응적 대인관계에 관하여 논의해 보기로 한다.

성숙한 인격을 묘사하는 용어로는 성숙한 인간(mature person), 건강한 인간(healthy person), 생산적 인간(productive person), 자기실현적 인간(self-actualizing person), 충분히 기능하는 인간(fully functioning person) 등이 있다.

1. 성숙인격론

1) 알포트의 성숙인격론

알포트(Allport, G.)는 다음의 일곱 가지 측면에서 인격의 성숙을 논하고 있다.

첫째, 성숙한 사람은 확장된 자아감을 지닌다. 발달의 초기 단계에는 인간의 자아가 개인 자신에게 초점이 맞추어지지만, 자아가 발달함에 따라 다양한 관심과 경험을 통해 그 영역이 확대된다. 따라서 자신 밖의 대상과 활동에도 진지하게 참여하는 특성을 갖는다. 이러한 참여의식은 직업생활, 가족 또는 친구 관계, 취미생활, 정치 활동, 종교 활동 등 다양한 분야에 적용된다.

둘째, 성숙한 사람은 다양한 사람과 우호적인 관계를 맺는다. 타인과의 우호적 관계는 친밀감과 연민 두 요소로 구성된다. 부모,

자식, 배우자, 친구에게 친밀감과 사랑을 성숙하게 표현한다. 또한 다른 사람의 고통, 기쁨, 실패 등을 이해하고 공감하는 능력을 갖는다.

셋째, 성숙한 사람은 정서적으로 안정되어 있다. 이러한 정서적 안정감은 자기수용에 기인하는 것으로 자신의 약점을 포함한 모든 점을 수용하는 자세로부터 나온다. 따라서 좌절에 대한 인내심이 강하다.

넷째, 성숙한 사람은 현실적인 지각을 하는 사람으로서 객관적으로 세계를 바라보는 눈을 가진다. 따라서 현실을 정확하게 파악하고 미래를 정확하게 예측하는 능력을 갖는다.

다섯째, 성숙한 사람은 완수할 과업을 가지며 그것을 위해 헌신한다.

여섯째, 성숙한 사람은 자신을 객관화하는 능력을 갖추고 있다. 즉, 자신이 어떤 사람이며 어떤 생각과 감정을 지니고 있는가에 대하여 정확하게 파악하고 있다. 더불어 개방적인 태도를 지녀 다른 사람들이 자신에 대하여 어떤 생각을 가지고 있는가에 대하여도 깊이 이해하고 있다.

일곱째, 성숙한 사람은 일관성 있는 삶의 철학을 지닌다. 따라서 미래지향적이며 일생 동안 실천하여야 할 목표와 계획을 가지고 살아간다.

2) 프롬의 성숙인격론

프롬(Fromm, E.)은 성숙의 개념으로 생산적 인간(productive person)을 제안한 바 있다. 생산적이라는 말은 인간의 능력과 잠재력을 충분히 발휘하는 것을 의미한다. 충분한 기능, 자기실현, 개방성, 풍부한 경험 등의 내용들이 프롬의 성숙의 개념에 포함된다. 프롬은 인간에게 다섯 종류의 특징적인 심리적 욕구가 있다고 보고, 성숙한 사람들은 그 심리적 욕구들을 건강하게 추구하는 사람이라고 규정하였다.

(1) 다섯 가지 심리적 욕구

프롬이 제시한 다섯 종류의 특징적인 심리적 욕구는 다음과 같다.

첫째, 관계성(relatedness)의 욕구다. 모든 인간이 본질적으로 개별적이며 고독한 존재이기 때문에 다른 사람 또는 자연과 의미 있는 관계를 맺으려고 하는 욕구를 말한다.

둘째, 초월(transcendence)의 욕구다. 인간이 능동적으로 자신의 삶을 이루어 나가려는 욕구를 이른다. 초월의 욕구를 성취하는 가장 성숙한 방법은 창조적인 활동이다.

셋째, 정착성(rootedness)의 욕구다. 인간이 어디엔가 뿌리를 내리려는 욕구를 이른다. 정착성의 욕구가 충족되기 위한 건강한 방법은 다른 사람들과의 형제애, 사랑, 관심, 일체감 그리고 참여의식을 갖는 것이다.

넷째, 정체감(sense of identity)의 욕구다. 인간이 '나란 누구인가?' 에 대한 자기 나름대로의 확고한 생각을 가지려는 욕구를 말한다. 정체감의 욕구를 만족시키는 건강한 방법은 자기 삶에 대한 통제감을 지니고 자신의 삶을 능동적으로 이끌어 나가는 것이다.

다섯째, 정향체계(sense of orientation)의 욕구다. 인간이 세상의 모든 현상을 이해할 수 있는 틀을 찾고 세상에 대해 체계적이고 일관성 있는 하나의 심상을 형성함으로써 삶의 방향을 확립하려는 욕구를 말한다. 정향체계의 욕구를 충족시키기 위한 건강한 방법은 이성과 합리성에 근거하여 현실에 대한 객관적인 인식을 형성하는 것이다.

이러한 삶을 살아가는 성숙하고 생산적인 사람은 다음의 네 가지 특징을 갖는다. 첫째는 생산적 사랑으로 서로가 개성을 유지할 수 있는 자유롭고 동등한 대인관계에서 나누는 애정 행위를 이른다. 둘째는 생산적 사고로 지성, 이성 그리고 객관적으로 사고하는 태도를 이른다. 생산적 사고자는 사고 대상에 대하여 강한 흥미를 느끼고, 객관성과 존경심을 지니며, 그것을 진지하게 탐구하는 자세를 갖는다. 셋째는 성숙하고 생산적인 삶으로 행복감을 갖게 된다. 여기서 행복이라 함은 단순히 즐거운 감정상태가 아니라 개인의 잠재력이 실현되어 생명력과 생동감이 흘러 넘치고 개인 전체가 고양되어 있는 상태를 의미한다. 프롬은 행복이 개인의 가장 위대한 업적이라고 말하고 있다. 마지막은 성숙한 사람으로 내면적이고 개인적인 양심에 의해 행동한다. 양심은 외부 소리를 대변하는 것이 아니라 자아의 소리다. 따라서 성숙하고 생산적인 사람은 자기지시적(self-directed)이고 자기규율적(self-regulated)이다.

3) 매슬로의 성숙인격론

매슬로(Maslow, A. H.)는 자기실현(self-actualizing)을 성숙의 가장 중요한 요소로 보고 자기실현을 이룬 성숙한 사람의 특징을 기술하고 있다.

- 성숙한 사람은 현실에 대한 객관적인 지각 능력과 판단 능력을 가지고 있다. 가능한 한 자신의 편견, 소망, 욕구를 배제한 상태에서 있는 그대로의 현실을 본다.
- 성숙한 사람은 인간의 본성 그리고 자기 자신과 타인의 속성에 대하여 수용적인 태도를 갖고 있다. 인간의 본성과 자신의 장점과 약점 그리고 타인의 장점과 약점 모두를 있는 그대로 받아들이는 자세를 갖는다. 따라서 자신에 대하여 교만해하거나 열등감을 갖지 않으며 타인에 대하여도 원망하거나 비난하지 않는다.
- 성숙한 사람은 자신을 가식 없이 솔직하고 자발적으로 자연스럽게 나타낸다. 불필요한 열등감과 수치심으로 자신을 다른 모습으로 위장하지도 않고 자기 표현을 지나치게 억제하지도 않는다. 그러나 타인에 대하여는 신중하고 사려 깊다.
- 성숙한 사람은 민주적인 성격 구조를 갖는다. 사회계층이나 교육 수준, 정치적 의견, 학연과 지연, 인종과 피부색에 관계없이 모든 사람을 차별 없이 대하고 수용적이다.
- 성숙한 사람은 타인들과 확고한 인간적 유대를 가질 수 있는 능력을 가지고 있다. 타인과의 깊은 우정과 사랑, 동포애, 가족애에 대한 진지한 관심과 열정을 지닌다. 타인에 대한 사랑과 열정은 성장 동기에 뿌리를 두고 있으며, 서로 재미와 기쁨, 즐거움과 웃음, 위로와 지지를 함께 나누는 대인관계로 발전되는 특징이 있다.
- 성숙한 사람은 모든 인간이 처한 상황에서 공감과 애정을 느끼며 모든 인간에 대해 형제애와 인류애를 느낀다. 자신에게 피해를 입힌 사람들에게조차 적개심과 증오심을 보이기보다

는 이해와 용서를 할 수 있는 넓은 마음을 갖고 있다.

- 성숙한 사람은 자기가 하는 일에 애정을 갖고 몰두하면서 동시에 책임감을 갖는다. 단순히 생계를 잇기 위한 자세가 아니라 사명감을 갖고 깊은 의미를 부여하면서 일에 몰두한다.
- 성숙한 사람은 독립성과 자율성에 대한 강한 욕구를 지닌다. 스스로 결정을 내리고 자율적으로 행동한다.
- 성숙한 사람은 매우 창의적이다. 그들이 종사하는 분야에서 독창적이며, 새로운 것에 대한 강렬한 추구가 있어 혁신적인 창작적 노력을 기울인다.
- 성숙한 사람은 생활 속의 여러 가지 체험을 즐거움과 경이로움으로 신선하게 받아들인다. 그리고 새로운 체험에 대하여 열린 자세를 갖는다. 자연, 사람, 예술과 문학, 학문과 진리에 대하여 즐거움과 아름다움을 느낀다. 삶 속에서 소유하고 경험하는 것에 대해 감사하는 마음을 갖는다. 자기실현을 한 성숙한 사람들은 인생의 여러 과정에서 때로 종교적 체험과 비슷한 강렬하고 저항할 수 없는 황홀경과 경외감을 경험하게 된다. 매슬로는 이러한 경험을 절정 경험(peak experience)이라고 불렀다.

2. 성숙한 대인관계

성숙한 사람들의 대인관계에는 몇 가지 특징이 있다. 우선 성숙한 사람은 대인관계에 대한 현실적인 욕구와 동기를 지닌다. 현실적인 동기란 현실 상황에 맞추어 조절된 동기를 의미하는데, 이를 위해서는 동기에 대한 조절 능력이 필요하다. 동기는 환경에 대한 고려 없이 충족하고자 하는 내면적인 힘이다. 성숙한 사람은 대인 동기와 현실적 상황을 잘 조화시킨다. 또한 자신의 내면적 욕구를 유심히 관찰하고 그것을 적절하게 자제하는 노력을 기울인다.

둘째, 성숙한 사람은 대인관계에 대해 현실적이고 유연한 신념을 지닌다. 인간과 대인관계에 대한 깊은 관심을 지니는 동시에 인간의 본성에 대한 깊은 이해를 지니고 있다. 인간은 무한히 착하고 헌신적인 면이 있음에 반하여 무한히 사악하고 이기적인 면도 동시에 지닌 존재라는 사실을 깊이 인식하고 있다.

셋째, 성숙한 사람은 효과적이고 원활한 대인기술을 지니고 있다. 그들은 다른 사람의 마음을 잘 이해하고 자신의 마음을 잘 전할 수 있다. 상대방의 말을 진지하게 경청하고 또 자신의 감정과 의사를 적절하게 표현할 수 있다.

넷째, 성숙한 사람은 대인관계에서 객관적이고 정확한 지각 능력과 판단 능력을 지닌다. 즉, 대인지각과 대인사고 과정에서 왜곡이나 편견이 작용하지 않는다. 타인을 신중하게 관찰하기 때문에 타인의 의도나 감정을 정확하고 객관적으로 파악하는 능력을 가진다.

마지막으로 성숙한 사람은 대인관계 속에서 안정된 감정 상태를 유지한다. 타인과의 관계를 조화롭게 유지하기 때문에 불필요한 부정적인 감정을 그다지 경험하지 않는다. 또 설령 대인관계에서 부정적인 감정을 경험하더라도 커다란 감정적인 반응을 나타내지는 않는다. 요컨대, 성숙한 사람은 타인과 조화로운 관계 속에서 함께 존재하고 함께 발전하는 대인관계의 지혜를 지닌 사람이라고 할 수 있다.

3. 미성숙한 대인관계

대인관계에서 고통을 받고 어려움을 겪는 사람들이 많다. 그리고 그 문제는 아주 다양하게 표현된다. 권석만(1997)은 자신의 상담 경험에 근거하여 부적응적이고 미성숙한 대인관계를 크게 대인관계 회피형, 대인관계 피상형, 대인관계 미숙형, 대인관계 탐닉형의 네 가지 유형으로 나누었다. 더 나아가서 대인관계 회피형은 대인관계 경시형과 대인관계 불안형으로, 대인관계 피상형은 대인관계 실리형과 대인관계 유희형으로, 대인관계 미숙형은 대인관계 소외형과 대인관계 반목형으로, 그리고 대인관계 탐닉형은 대인관계 의존형과 대인관계 지배형으로 세분하였다. 이들 각각의 특징은 다음과 같다.

1) 대인관계 회피형

대인관계에서 아주 소극적이고 제한되어 있으며 친구가 거의 없는 유형이다. 대인관계 고립형이라고도 부른다. 대인관계 회피형은 심리적 이유에 따라 다시 대인관계 경시형과 대인관계 불안형으로 나뉜다.

(1) 대인관계 경시형

대인관계 경시형은 대인관계가 삶에서 별로 중요하지 않으며 실상 무의미하다고 보는 유형이다. 평소에 별로 외로움을 느끼지도 않으며, 자폐적인 사고에 머무르는 경우도 흔하다. 이 유형의 사람들은 '인간은 어차피 고독한 존재다. 따라서 타인에게 의존하지 말고 혼자 사는 것에 익숙해야 한다.' '인간의 가치는 대인관계보다 일, 공부, 업적에 의해 결정된다.' '주변에는 신뢰할 만한 사람이 없다.' 는 식의 생각을 갖는 경우가 많다. 이들 중에는 간혹 독창적이고도 창조적인 업적과 작품을 내놓는 경우가 있다.

⑵ 대인관계 불안형

대인관계 불안형은 사람을 사귀고 싶은 욕구는 가지고 있으나 사람을 만나는 것이 두렵고 불안하여 피하는 유형이다. 특별한 이유 없이 사람을 만나면 긴장되고 불편해하며 힘들어한다. 이 유형은 가족, 친구 등 아주 극소수의 사람들과만 대인관계를 유지한다. 이들은 '나는 무능하며 다른 사람들과 함께 살기에 부적절한 사람이다.' '나는 다른 사람들을 불편하게 만들고 또 불쾌하게 만든다.' 는 식의 사고방식을 갖는 경우가 많다. 혼자 있으면 외로우나 안전하다고 느낀다.

2) 대인관계 피상형

대인관계 피상형은 깊이 있고 의미 있는 대인관계를 맺지 못하며 피상적인 대인관계만을 맺는 유형이다. 이 유형의 사람들은 아는 사람은 많으나 진정한 친구는 별로 없다. 겉으로 보기에는 원만한 대인관계를 맺고 있는 것 같으나 내면적으로는 고독하다. 이들은 다른 사람과 깊이 있고 밀접한 관계를 맺는 것에 대한 불편함과 두려움을 갖는 경우가 많고, 친밀한 관계를 맺게 되면 상대방에게 구속됨으로써 자율성이나 자아정체감을 잃지 않을까 두려움을 갖는다. 대인관계 피상형은 피상적인 대인관계를 맺는 이유에 따라 대인관계 실리형과 대인관계 유희형으로 구분된다.

(1) 대인관계 실리형

대인관계 실리형은 대인관계의 주된 의미를 실리적 목적에 두는 유형이다. 이 유형의 사람들은 자신의 업무나 추구하는 목적에 도움이 될 수 있는 사람들에게 의도적으로 접근하여 폭넓은 대인관계를 형성하는 경향이 있다. 그러나 이들은 상대방으로부터 얻을 것이 없다고 판단하면 더 이상 관심을 보이지 않는다. 대인관계 실리형은 현대사회에 효율적으로 적응할 수도 있으나 실은 내면적으로는 외로움을 느끼는 경우가 많다.

(2) 대인관계 유희형

대인관계 유희형은 대인관계에서 쾌락과 즐거움을 최고의 가치로 생각하는 유형이다. 이 유형의 사람들은 항상 분위기를 명랑하게 만들고 가벼운 농담이나 재미있는 놀이를 좋아한다. 그러나 피상적으로 즐겁게 노는 수준 이상으로 관계가 깊어지면 불편해하고 부담스러워하는 경향이 있다. 대인관계 유희형은 쾌락 지향적인 신념과 사고를 지니고 있다. '인생에서 가장 중요한 것은 즐거움과 쾌락이다.' '대인관계는 재미있어야 한다.' '대인관계에서는 재미와 즐거움을 얻는 것이 최선이다.' 는 식의 신념을 갖는 경우가 많다.

3) 대인관계 미숙형

대인관계 미숙형은 다른 사람들과 친밀한 대인관계를 맺고 싶은 욕구는 지니고 있으나 대인관계 또는 사교적 기술이 부족하여 원만한 대인관계를 맺지 못하는 유형이다. 대인관계 미숙형은 대인관계 기술의 미숙으로 나타나는 부적응 문제의 양상에 따라 대인관계 소외형과 대인관계 반목형으로 나눌 수 있다.

(1) 대인관계 소외형

대인관계 소외형은 미숙한 대인관계로 다른 사람들로부터 따돌림을 당하고 소외당하는 유형이다. 이 유형의 사람은 흔히 대인관계에서 적극적이고도 능동적인 태도를 보이지만 다른 사람들에게 호감을 주지 못하고 불편감을 주는 특징이 있다.

대인관계 소외형이 다른 사람들로부터 호감을 얻지 못하는 이유는 여러 가지다.

우선 자신의 외모나 옷차림에 무신경하거나 부적절하여 다른 사람들에게 혐오감을 주는 경우다. 둘째, 자신이 속한 사회에서 지켜야 할 예의나 규범에 대하여 무지하고 그와 어긋난 행동을 자주 한다. 셋째, 대개 자기중심적이고 상대방을 배려하는 마음이 부족하다. 그래서 다른 사람의 입장에서 생각하고 행동하는 능력이 부족한 경우가 많다. 넷째, 상황에 부적절한 언동을 하는 경우가 많다. 중요한 토의를 하는 자리에서 주제와는 관계없는 엉뚱한 말을 장황하게 늘어놓는다거나 엉뚱한 농담을 하여 분위기를 흐려 놓는 행동을 한다. 마지막으로 대인관계 소외형의 중요한 특징은 이들이 위의 행동들을 의도적으로 하는 것은 아니라는 점이다. 자신들의 언동이 타인에게 어떤 느낌을 주고 전체 분위기를 얼마나 어색하게 만드는가에 대한 이해가 없는 것이다.

(2) 대인관계 반목형

대인관계 반목형은 주변 사람들과 많은 대립 및 다툼을 반복적으로 경험하는 유형이다. 그러나 이 유형은 대인관계 소외형과는 달리 타인에게 호감을 주기도 하고 때로는 친밀한 관계를 형성하기도 한다. 타인과의 관계에서 일시적인 다툼 또는 대립은 흔히 일어나는 일이기는 하지만 일반적으로는 상호 대화를 통하여 적절하게 해결한다. 그러나 대인관계 반목형은 이러한 기술이 부족하여 갈등 상황을 해결하는 능력이 부족하다. 지나치게 직선적이거나 자신의 생각과 감정을 적절하게 조절하여 표현하는 능력이 결여되어 있다. 게다가 표현이 지나치게 강력하게 나타나기 때문에 상대방의 감정을 상하게 하는 경우가 많다.

4) 대인관계 탐닉형

대인관계 탐닉형은 다른 사람들과의 친밀한 관계를 강박적으로 추구하는 유형이다. 이 유형의 사람들은 마치 사람에 중독된 것처럼 혼자 있으면 허전해하고 참을 수가 없다. 사람들과 가까워지면 자신에게 늘 관심과 사랑을 베풀어 주기를 원하고 상대방을 자기 곁에만 묶어 두려고 한다. 소수의 사람들과 배타적이고도 제한적인 관계를 맺으려고 하기 때문에 폭넓은 대인관계를 형성하지 못한다. 대인관계 탐닉형은 대인관계에서 충족시키고자 하는 심리적 목적에 따라 대인관계 의존형과 대인관계 지배형으로 나눌 수 있다.

(1) 대인관계 의존형

대인관계 의존형은 자신이 매우 외롭고 나약한 존재라는 생각이 내면에 깔려 있다. 따라서 혼자 살아가기에는 너무 괴롭고 힘들기 때문에 타인에게 자신을 맡기고 의지하려 한다. 크고 작은 일 모두 스스로 결정하지 못하고 다른 사람들에게 의지하고 조언을 구한다. 그리고 다른 사람들이 항상 자신을 버리고 떠나지 않을까 하는 두려움에 사로잡혀 있다.

(2) 대인관계 지배형

대인관계 지배형 역시 혼자서는 허전함과 불안함을 느끼는 유형이다. 그러나 대인관계 의존형과는 달리 자신의 주변에 늘 누군가를 추종 세력으로 거느리고 있어야 만족해한다. 자기주장 또는 경쟁적인 경향이 강하여 특히 동등한 입장에서 협동적으로 일해야 하는 상황에서 많은 갈등이 유발된다.

제6장

긍정적인 힘

1. 신 뢰
2. 부드러움
3. 겸 손
4. 착 함
5. 욕심과 무욕
6. 인 내
7. 용 서
8. 사 랑
9. 반성과 성찰

앞 장에서 살펴보았듯이, 대인관계에는 다양한 유형이 있을 수 있다. 그러나 어떤 유형에서든 공통적으로 작용하는 힘이 있다. 그 힘은 긍정적인 힘과 부정적인 힘으로 나뉜다. 긍정적인 힘이란 그것이 추구되는 경우에 효과적으로 생존하는 덕목이며, 부정적인 힘이란 그것이 추구되는 경우 자기파멸로 이끄는 태도다. 이 장에서는 대인관계에서의 긍정적인 힘에 관하여 다룬다.

긍정적인 힘	부정적인 힘
신뢰	불신
부드러움	강직함
겸손	오만
착함	악함
욕심(무욕)	과욕
인내	불인
용서	불용
사랑	미움

1. 신 뢰

대인관계에서 신뢰(信賴)를 받을 경우 긍정적인 힘을 지닐 수 있다.

信은 사람 인(人)에 말씀 언(言)으로 되어 있으며, '사람의 말' 이라는 의미를 가진다. 대인관계에서 신뢰를 구축하기 위해서는 말이 가장 중요하다는 의미다. 말에 대한 교훈을 고전을 통해서 살펴보자.

고전에서의 말

- 논어에서의 말

  子貢問君子 子曰 先行其言 而後從之.

  자공이 군자에 대하여 묻자 공자께서 말씀하시기를, "먼저 그가 말한 바를 실천에 옮기고 그 뒤에 행한 바를 좇아서 말하라."

말을 앞세우지 말라는 가르침이다. 말만 앞세우는 사람은 남에게 신뢰감을 줄 수가 없다.

孔子曰, 侍於君子 有三愆 言未及之而言 謂之躁 言及之而不言 謂之隱 未見顔色而言 謂之瞽.

공자께서 말씀하시기를, "군자를 접하는 데 있어서 세 가지 잘못이 있다. 말할 여건이 되지 않았는데 말하는 것을 조급하다 하고, 말할 여건이 되었는데 말하지 않는 것을 숨긴다고 하고, 안색을 보지 않고 말하는 것을 눈이 멀었다고 한다."

항상 말을 해야 할 때와 하지 않을 때를 잘 가려야 한다는 가르침이다. 말을 할 때에는 반드시 상대방의 안색을 잘 살펴서 상대방의 기분을 잘 보고 말을 해야 한다. 아무리 좋은 말이라도 상대방이 받아들일 자세가 되어 있지 않으면 그 말의 의미는 없어지게 된다는 것이다.

子曰, 予欲無言 子貢曰, 子如不言 則小子何述言.

子曰, 天何言哉 四時行言 百物生焉 天何焉哉.

공자께서 "나는 말이 없고 싶다." 고 말씀하시니, 자공이 "선생님께서 말씀하시지 않으시면 저희들은 무엇을 말합니까?" 라고 하였다.

이에 공자께서 말씀하시기를, "하늘이 무슨 말을 하는가? 사철이 운행되게 하고 만물이 성장하게 하되 하늘이 무슨 말을 하는가?"

자공은 공자의 제자들 중에서도 웅변으로 유명하였다. 이 제자와의 문답에서 공자는 하늘의 도에 비유하며 하늘은 아무런 말을 하지 않지만 사철을 운행하고 만물이 소생하도록 한다고 하였다. 말로서 하는 것이 아니라 모든 것이 저절로 이루어지는 것이니, 말을 아끼고 그 이치를 깨달아야 한다는 가르침이다.

• 대학에서의 말

是故 言悖而出者 亦悖而入 貨悖而入者 亦悖而出.

그러므로 말이 어긋나게 나가면 역시 어긋나게 들어오고, 재물이 어긋나게 들어오면 역시 어긋나게 나간다.

말을 조심하라는 가르침이다. 말이란 항상 그 상대가 있기 마련인데, 어긋나게 말이 나가면 상대방도 그렇게 말을 할 수밖에 없는 법이다. '가는 말이 고와야 오는 말이 곱다.' 는 우리나라 속담과 정확하게 일치한다. 항상 말조심을 하도록 노력하여야 하며, 어떤 말을 할 때는 상대방이 어떻게 받아들일까를 심사숙고한 후에 하는 것이 가장 좋다.

• 명심보감에서의 말

一言不中 千語無用.

한마디 말이 맞지 않으면 천 마디 말이 쓸모 없어진다.

한마디 말을 하더라도 신중하고 조심스럽게 하라는 가르침이다. 말이 많아지다 보면 실언을 하게 되고, 실언을 하게 되면 그 사람의 다른 말도 믿을 수가 없게 되는 법이다.

> 君平曰, 口舌者 禍患之門 滅身之斧也.
> 군평께서 이르기를, "입과 혀는 재앙과 근심의 문이며 몸을 죽게 하는 도끼와 같은 것이다."

말을 조심하라는 가르침이다. 말 한마디 잘못하여 온갖 근심과 재앙이 초래될 수도 있으며 심지어는 죽을 수도 있다는 것이다.

• 성경에서의 말

> 진리를 말하는 자는 의를 나타내어도 거짓 증언은 궤휼(詭譎)을 말하느니라. 혹은 칼로 찌름같이 함부로 말하거니와 지혜로운 자의 혀는 양약 같으니라. 진실한 입술은 영원히 보존되거니와 거짓 혀는 눈 깜짝할 동안만 있을 뿐이니라(잠언 12: 17-19).

이상이 고전에 기술되어 있는 말에 대한 교훈이다. 특별히 이해하기 어려운 내용은 없으나 실천하기는 아주 어렵다. 사람과 사람의 관계란 곧 말을 통하여 이루어진다. 사람과 사람의 관계에서 서로 믿을 수 있다는 것은 서로 간에 엄청난 힘을 가져다준다. 그리고 힘이 생기면 그만큼 효과적인 생존이 가능해진다. '말 한마디로 천량 빚을 갚는다.' '발 없는 말이 천리를 간다.' '가는 말이 고와야 오는 말이 곱다.' '남아 일언은 중천금이다.' '말이 많은 집의 장맛은 쓰다.' 등의 우리나라 속담들을 보더라도 말은 항상 조심하는 것임을 알 수 있다. 또한 말은 너무 많아도 문제가 되고 또 너무 적어도 문제가 된다. 그래서 아주 어려운 일이다. 교언영색(巧言令色), 망언(妄言), 유언비어(流言蜚語), 허언(虛言), 실언(失言) 등 일상생활에서 사용하고 있는 많은 말에 부정적인 뜻이 함께하는 것은 말을 항상 주의하라는 의미가 내포되어 있다고 할 수 있다.

대화에서는 타인의 말을 잘 경청하는 자세가 중요하다. 다른 사람들의 말을 잘 경청하려면 몇 가지 기본적인 자세를 갖추어야 한다. 첫째, 상대방에 대한 관심과 상대방의 인격에 대한 존중심을 가진다. 둘째, 상대방의 말에 집중하는 자세를 보인다. 상대방의 눈을 쳐다보거나 고개를 끄덕거리는 행동을 보이는 것은 상대방에 대한 관심이 깊다는 것을 나타내 주어 상대방의 말을 더 촉진시키는 작용을 한다. 셋째, 적극적인 태도를 보인다. 상대방의 말 중에 이해되지 않는다거나 분명하지 않은 부분이 있으면 질문을 하는 것이다. 또한 자신이 이해한 바를 확인하는 태도도 상대방의 말을 촉진시킬 수 있다. 넷째, 대화의 주도권을 상대방에게 맡긴다. 자신은 가능한 한 말을 줄이고 상대방이 발언할 기회를 충분히 준다. 비록 의견이 다르다고 하더라도 즉각적으로 반박하지 않고 기다렸다가 다른 의견을 표명한다.

비단 개인과 개인의 관계에서뿐만 아니라 집단과 집단의 관계에서도 대화는 아주 중요한 역할을 한다. 집단 간의 대화가 원만하지 못할 때에는 전쟁으로까지 발전되어 많은 사람들이 죽는 일도 발생한다. 한 집단 내에서도 그 집단이 잘 운영되기 위하여는 상하 간의 대화가 원만하게 이루어져야 한다. 소위 언로(言路)라고 하는 것이다. 집단을 책임지고 있는 사람이 그 집단의 전체적인 의견을 알려고 하는 노력이 부족하면 독선적으로 흐르게 되고 그 집단을 효과적으로 이끌어 나갈 수가 없게 된다.

역사적으로 언로는 매우 중요한 역할을 해 왔다. 조선조의 삼사(사헌부, 사간원, 홍문관) 중 사간원에서는 임금의 잘못에 대하여 직언을 하였으며, 사간의 간언에 대하여는 임금도 그 책임을 묻지 못하도록 되어 있었다. 또한 상소제도가 있어서 임금의 결정에 대하여 그 부당함을 지적하여도 그에 대해 책임을 묻지 못하도록 되어 있었다. 과거시험도 인재를 등용하는 제도이지만 그 내용을 살펴보면 언로를 확보한다는 의미가 컸다. 과거시험의 답안지에 무슨 내용을 쓰더라도 그에 대하여는 처벌하지 못하도록 되어 있었기 때문이다. 왕과 국민 간의 언로를 제도적으로 확보하고 있는 것이다. 또한 홍수나 가뭄 등 천재지변이나 일식, 월식 등 일상적으로 일어나지 않는 자연 현상이 일어나는 기간에는 신하나 국민들이 왕에 대하여 어떠한 비판을 가하더라도 왕이 모두 경청하도록 하는 제도도 있었다. 이 또한 언로를 확보하여 임금의 독선을 견제하기 위한 장치라고 할 수 있다.

이러한 원칙은 현대에도 그대로 적용된다. 대통령이라고 하여 모든 언로를 차단하고 주변 사람들의 올바른 의견을 경청하려는 태도가 없다면 독선적으로 흐를 수밖에 없으며, 이러한 정치가 국민들로부터 외면당하는 것은 명약관화한 일이다. 또한 독선적인 지도자는 그 앞에서 아랫사람들이 입을 다물기 쉬워서 더욱더 독선적이 되어 버린다. '바른 말은 귀에 거슬리는 법' 이다. 따라서 바른 말을 겸손하게 경청하는 일은 그리 쉬운 일이 아닐 것이다.

중국 명나라의 관리였던 여곤(呂坤)은 『신음어(呻吟語)』라는 그의 저서에서 관직이 높아질수록 이목(耳目)이 가려진다고 갈파한 바 있다. "細口巨耳", 즉 "말은 적게 하고 귀는 넓게 한다." 이 또한 기가 막힌 명언이다. 귀는 두 개이고 입은 하나다. 뇌도 듣는 중추는 좌우 측에 있고 언어 표현 중추는 하나다. 적게 말하고 많이 들으라는 것을 시사한다. 남의 말을 잘 경청하는 사람보다 다른 사람을 잘 이해할 수 있는 사람은 없을 것이다. 공자가 왜 하늘의 이치에 비추어 "予欲無言(나는 말이 없고 싶다)" 이라고 하였는가를 곰곰히 생각해 보아야 한다. 노자도 "知者不言 言者不知", 즉 "아는 사람은 말을 하지 않고, 말을 많이 하는 사람은 따지고 보면 모르는 사람이다." 라고 한 의미를 깊이 생각해 보아야 할 것이다. '언어도단(言語道斷)' 이란 말도 안 되는 소리라는 뜻으로 흔히 사용되나, 그 어원은 '말(言語)은 도(道)를 끊는다(斷).' 라는 표현으로 말이 많으면 도를 통할 수 없다는 의미다.

이상에서 볼 수 있는 바와 같이 대인관계에서 신뢰 있는 관계를 형성하기 위해서는 우리는 항상 말을 조심해야 하고 가려서 해야 한다. 말의 무거움을 지녀야 한다. 일상생활에서 경험하는 모든 대인관계나 치료자와 환자의 관계에서도 같은 원칙이 적용된다. 치료자는 항상 말을 조심스럽게 하여야 하고, 가능한 한 환자의 말을 경청하는 태도를 지녀야 한다. 또한 환자들이 편안하게 말할 수 있는 분위기를 만들어야 하며, 공감하는 자세로 환자의 말을 들어야 한다. 좋은 치료자란 잘 듣는 사람이다(A good therapist is a good listener).

2. 부드러움

대인관계에서 힘을 갖기 위한 한 방법은 부드러운 태도를 취하는 것이다. 부드러운 사람을 싫어하는 사람은 거의 없다. 그래서 부드러운 사람 주변에는 사람들이 모여들기 마련이다. 그러므로 항상 부드러운 표정, 자세를 지니는 일이 중요하다. '웃는 얼굴에

침 못 뱉는다.' 는 우리 속담도 있지 않은가?

모든 인간들은 태어날 때부터 이미 잘 웃을 수 있는 능력을 갖고 있다. 대개 세상에 태어난 지 2개월 정도만 지나도 웃기 시작하는데, 이것은 누가 가르친 것이 아니다. 이 시기에는 웃음의 대상이 특정하게 있는 것이 아니며, 누구나 어르면 벙긋벙긋 웃는 반응을 보인다. 그러다 5~6개월 정도가 되면 특정한 사람, 특히 어머니처럼 항상 옆에서 돌보아 주던 사람, 낯익은 사람이 어르는 경우에만 웃는 반응을 보인다. 즉, 선택성이 생긴다. 발달과정에서 분화가 일어나기 시작하는 것이다.

이러한 발달과정에서의 분화는 아주 심오한 의미가 있다. 즉, 사람과의 애착관계가 형성되었음을 나타낸다. 그리고 특정한 사람에게만 반응을 보이는 것은 그 사람의 마음을 즐겁게 하여 자기를 더욱 잘 보살펴 달라는 의미가 있다. 항상 찡그리고 우는 아이들은 어머니를 기진맥진하게 만들어 적절하게 보살필 수 없게 만든다. 잘 웃는다는 것은 이러한 중요한 의미가 있고, 자신의 생존에 효과적으로 작용한다. 이것은 청소년기 또는 성인기에도 마찬가지다. 잘 웃고 부드러운 사람은 누구에게나 환영받고 힘을 가질 수 있다.

고전에서의 부드러움

• 논어에서의 부드러움

子溫而厲 威而不猛 恭而安.

공자께서는 온화하시면서도 엄숙하셨고, 위엄이 있으시면서도 사납지 않으셨으며, 공손하시면서도 자연스러우셨다.

온화하고 공손하고 부드러운 태도를 취하면서도 엄숙함과 위엄을 함께 유지할 수 있음을 보여 준다.

• 도덕경에서의 부드러움

柔之勝剛 弱之勝强 魚不可脫於淵 國之利器 不可以示人(제36장).

부드러운 것은 굳센 것을 이기고, 약한 것은 강한 것을 이기거니와 물고기는 연못을 벗어나서는 안 되고, 나라의 이로운 그릇은 남에게 보여서는 안 된다.

부드러움의 중요성이 아주 잘 표현되어 있다. 부드러운 것은 딱딱한 것을 이기고, 약한 것은 강한 것을 이긴다는 표현은 부드러움의 힘에 대한 것이다. 물고기가 반드시 물 속에서만 살 수 있듯이 항상 자신의 밝은 지혜를 겉으로 드러내지 않고 부드러움과 약한 태도를 갖는 것이 중요함을 강조하고 있다. 물은 아주 부드럽지만 결국에는 바위를 깎아서 모래로 만드는 강함을 가지고 있다.

人之生也 柔弱 其死也 堅强 萬物草木之生也 柔脆 其死也 枯槁. 故 堅强者 死之徒 柔弱者 生之徒. 是以 兵强則不勝 木强則共 强大處下 柔弱 處上(제76장).

사람이 태어날 때에는 부드럽고 약하나 죽을 때에는 굳고 강해진다. 만물인 풀과 나무도 태어날 때에는 부드럽고 연하지만 죽을 때는 말라서 딱딱해진다. 그러므로 굳고 강한 것은 죽음의 무리이고, 부드럽고 약한 것은 삶의 무리다. 이런 까닭에 병력이 강하면 적을 이기지 못하며, 나무는 강하면 꺾인다. 강하고 큰 것은 밑에 있고, 부드럽고 약한 것은 위에 처한다.

사람의 죽음과 삶, 나무의 죽음과 삶에 비유하여 부드럽고 약한 것은 생(生)이요 딱딱하고 굳은 것은 사(死)임을 나타내고 있다. 병력도 물리적인 힘으로 다스리는 것보다 부드러운 덕으로 다스리는 것이 훨씬 더 강력하다고 할 수 있을 것이다.

이상의 고전에서의 교훈을 통하여 일상생활에서 부드러운 표정과 태도를 갖는 것이 얼마나 중요한가를 알 수 있다.

인간이나 동물의 발달과정에서 부드러움의 중요성에 대하여는 동물학자 할로우 부부(Harry & Margaret Harlow)의 원숭이 연구가 유명하다. 갓 태어난 아기 원숭이를 엄마 원숭이로부터 떼어 놓고 인공 원숭이와 함께 우리 속에서 키우면 어떤 반응을 보일까에 관한 연구다. 그들은 두 마리의 인공 원숭이를 만들었다. 한 마리는 머리는 나무로, 몸은 철사로 만들어 철사로 만든 것에서 우유가 나오도록 하였다. 다른 한 마리는 우유는 나오지 않으나 수건으로 싸서 부드럽게 만들었다. 이후 새끼 원숭이들이 보이는 행동에 대하여 관찰한 결과, 새끼 원숭이들은 배가 고플 때만 철사 원숭이에게 가서 우유를 먹고 나머지 시간에는 모두 수건으로 싼 허수아비 원숭이에게만 매달렸다. 또한 시끄러운 소리가 나는 장난감을 우리 속에 넣어 불안감을 조성하였더니, 새끼 원숭이들은 모두 부드러운 허수아비 원숭이에게로만 달려가는 애착 행동을 보였다. 잘 알려진 이 실험은 발달과정에서의 애착 형성에 있어 부드러움이 얼마나 중요한 역할을 하는지를 단적으로 보여 주는 예라고 하겠다.

앞 장에서 살펴본 바처럼 애착 행동이 인간의 생존과 얼마나 밀접한 관계가 있는가를 상기해 본다면, 부드러움이 인간의 생존과 갖는 밀접한 관계에 대하여는 아무리 강조해도 지나치지 않을 것이다. 어머니의 따뜻한 눈 맞춤, 미소, 부드럽게 안고 쓰다듬어 주는 행동, 부드러운 속삭임, 부드러운 음악 들려주기 등은 유아의 애착 행동을 촉진시킨다. 반면, 신체적인 접촉을 꺼리고, 딱딱하고, 무뚝뚝하며, 늘 인상을 구기는 어머니는 유아의 애착 행동을 저해할 것이다. 대인관계에서 부드러움의 중요성은 비단 애착 행동이 일어나는 유아기에만 국한되는 것이 아니다. 그것은 일생을 통하여 모든 대인관계에서 공통적으로 적용되는 덕목이다.

부드러움은 친절함과도 상통하는 개념이다. 부드러움을 추구하는 사람은 친절한 행동을 보인다. 친절함은 대인관계에서 얼마나 큰 힘을 발휘하는가? 친절성은 다른 사람의 행복을 위해서 배려하고 호의를 베풀며 선한 행동을 함으로써 보살펴 주려는 개인의 성향을 뜻한다(권석만, 2009). 친절성은 이타적 사랑(altruistic love), 관대성(generosity), 보살핌(care) 등과 밀접한 관계를 가지며, 개인적인 이익이나 명예를 얻기 위하여 하는 행동이 아니다. 앞의 예에서 볼 수 있는 것처럼 옛 현자들에 의하여도 지속적으로 강조되어 온 덕목이다. 이것은 누구나 부드러움의 중요성에 대하여는 알고 있으나 실제로 실천하기는 아주 어려운 일이라는 것을 반증하는 것이라고 볼 수 있다.

부드러움의 실천은 어느 날 갑자기 이루어질 수 없다. 평소에 늘 부드러운 태도를 갖도록 노력해야 할 것이다. 특히 자신이 내부적으로 불안한 상태에 있을 때에는 겉으로 부드러운 태도를 취하기가 아주 어렵다. 내부적인 자신감이나 안정이 부드러운 태도에서 아주 중요하다고 할 것이다. 바로 외유내강(外柔內剛)이 아주 중요하다. 운동을 할 때에도 부드러움은 필수적인 조건이다. 딱딱하게 굳은 몸으로는 절대로 힘을 발휘할 수가 없다. 몸 전체가 부드럽게 일체가 되어야 비로소 유연한 통제력과 힘이 나오게 되는 법이다. 부드러움은 모든 운동의 기본이다.

치료자와 환자 간의 관계도 마찬가지다. 치료자가 부드러운 태도를 취하면 환자가 편안한 마음을 가지고 치료자를 대할 수 있으며 관계도 좋아진다. 최신의 의학적인 지식을 습득하는 것도 중요하지만 환자를 부드럽고 친절한 태도로 대해 주는 것이 좋은 관계를 형성하는 데 있어서 무엇보다 중요하다.

3. 겸 손

겸손함은 대인관계에서 아주 중요한 덕목이다. 겸손한 사람은 힘을 갖는다.

고전에서의 겸손

• 성경에서의 겸손

너희 중에 큰 자는 너희를 섬기는 자가 되리라. 누구든지 자기를 높이는 사람은 낮아지고, 누구든지 자기를 낮추는 사람은 높아진다(마태복음 23: 11-12)

저희 발을 씻기신 후에 옷을 입으시고 다시 앉아 저희에게 이르시되, “내가 너희에게 행한 것을 너희가 아느냐? 너희가 나를 선생이라 또는 주라 하니 너희 말이 옳도다. 내가 그러하다. 내가 주 또는 선생이 되어 너희 발을 씻겼으니 너희도 서로 발을 씻기는 것이 옳으니라. 내가 너희에게 행한 것같이 너희도 행하게 하려 본을 보였노라. 내가 진실로 너희에게 이르노니 종이 상전보다 크지 못하고 보냄을 받은 자가 보낸 자보다 크지 못하다”(요한복음 13: 12-16)

예수가 스스로 낮추는 자세를 직접 실천함으로써 제자들을 가르치는 모습을 보여 주고 있다.

• 논어에서의 겸손

子曰, 如有周公之才之美 使驕且吝 其餘不足觀也已.

공자께서 말씀하시기를, "주공과 같이 훌륭한 재능을 갖추었다 하여도 교만하고 인색하면 그 나머지는 볼 것이 없다."

인간성에 있어서 교만하고 인색하면 그 나머지는 아무것도 볼 것이 없다는 가르침이다. 여기서 '그 나머지는 볼 것이 없다.' 는 표현은 아주 강력한 것으로, 그만큼 교만함 또는 인색함은 반드시 피해야 할 심성 중의 하나임을 강조하는 것이다.

• 도덕경에서의 겸손

上善若水 水善利萬物而不爭 處衆人所惡. 故 畿於道. 居善地 心善淵 與善仁 言善信 政善治 事善能 動善時. 夫惟不爭 故 無尤(제8장).

최고의 선은 물과 같다. 물은 능히 만물을 이롭게 하되 다투지 아니하고, 모든 사람들이 싫어하는 낮은 곳에 처한다. 그래서 도에 가깝다. 거처함에는 땅이 좋고, 마음은 깊은 것이 좋으며, 주는 데는 어짊이 좋고, 말은 신의가 좋으며, 정치는 다스려지는 것이 좋고, 일은 잘하는 것이 좋으며, 행동은 시기에 맞는 것이 좋다. 대저 물은 다투지 않는지라. 그러므로 허물이 없는 것이다.

물의 특성에 비유하여 자신을 낮추라는 가르침이다. 물은 만물을 이롭게 하지만 자신을 내세우는 일 없이 항상 겸손한 태도를 지닌다. 물은 개인적인 욕심 없이 항상 베풀기만 하면서도 항상 자신을 낮은 곳에 두는 덕이 있다.

江海所以能爲百谷王者 以其善下之 能爲百谷王. 是以 聖人 欲上民 必以言下之 欲先民 必以身後之. 是以 聖人 處上而民不重 處前而 民不害. 是以 天下樂推而不厭 以其不爭 故 天下莫能之爭(제66장). 강과 바다가 능히 모든 골짜기의 왕이 될 수 있는 까닭은 강과 바다가 아래에 위치하는 것을 좋아하기 때문이다. 이런 까닭에 성인은 백성들의 위에 서고자 하면 반드시 말로써 그들 아래에 서며, 백성들의 앞에 서고자 하면 반드시 몸으로써 그들 뒤에 둔다. 이런 까닭에 성인이 백성들의 위에 처하되 백성들은 무거워하지 않고, 앞에 처하되 백성들은 해롭게 여기지 않는다. 그러므로 천하가 즐거이 그를 추대하여 싫어하지 않으니, 그가 다투려 하지 않기 때문에 천하 사람들이 그와 더불어 다툴 수가 없는 것이다.

모든 물 중에서 강과 바다는 가장 막강한 힘을 가지고 있으며 아름다움도 지니고 있다. 그것은 강과 바다가 아래에 위치해서 모든 골짜기의 물이 강과 바다로 흘러들게 하기 때문이다. 대인관계에서도 동일한 원칙이 적용된다. 항상 겸손하여 자신을 낮추는 사람은 누구와 다툴 필요가 없다. 다투는 사람이 없기 때문에 모든 사람들이 그 주변으로 모이게 된다. 과거에 왕이 고(孤), 과인(寡人) 또는 불곡(不穀) 등의 호칭으로 자신을 낮추어 부른 것은 바로 이러한 교훈을 따른 것이라 할 수 있다. 항상 자신을 내세우지 않고 낮추려는 자세를 갖는 것은 대인관계에서 가장 강력한 힘을 가져다준다.

이상이 고전에서 볼 수 있는 겸손, 즉 자기 자신을 낮추는 일이 얼마나 중요한가에 대한 교훈이다. 낮춘다는 의미의 한자 '低'는 사람 인(人)에 낮을 저(低)를 짝 지은 것으로, 사람이 자신을 낮추는 모양을 하고 있다. 이것은 사람이 자신을 낮춘다는 일이 아주 중요함을 시사한다고 할 수 있다. 자기 자신을 낮추고 겸손한 태도를 갖는다는 일은 실제로 일상생활에서 실천하는 일이 그리 쉽지 않다. 왜 이렇게 많은 고전에서 성인들이 지속적이고 반복적으로 겸손을 강조하였겠는가? 그것은 말은 쉬워도 실천하기가 아주 어렵기 때문이다. 사람들은 항상 다른 사람들과의 관계 속에서만 생존이 가능하기 때문에 거의 모든 관계에서 항상 다른 사람과 자신을 비교하게 된다. 이러한 비교에서 자신을 스스로 낮춘다는 일은 그리 쉽지 않다. 마음속 깊이 자신을 낮추는 일이 자신의 효과적인 생존에 가장 중요한 역할을 한다는 사실을 항상 염두에 두어야 한다.

마음속으로 이러한 자세를 깊이 간직하고 일상생활에서 대인관계를 맺는 것과 더불어, 실제의 태도에서 겸손을 능동적으로 표현하는 태도도 중요하다. 일상생활에서는 인사가 이를 가장 잘 표현하는 행동이다. '사람의 일' 이라는 뜻을 가진 인사(人事)는 머리와 허리를 숙여서 자신을 낮추는 태도로 사람의 일이 무한히 많을 터인데 인사가 그것을 뜻하는 것을 보면 사람의 일 가운데 가장 중요한 일이 바로 인사를 하는 일이라는 의미인 듯하다.

대인관계에서 자신을 낮추는 것이 가장 큰 힘을 가져다준다는 가르침은 비단 동양적인 사고에서만 비롯된 것이 아니다. 서양에서도 마찬가지다. 영어 'understand' 는 '이해하다' 는 뜻으로 'under+stand' 로 되어 있다. 즉, 원뜻은 '아래에 선다.' 는 것인데 '이해하다' 는 의미로 사용하고 있는 것이다. 이것은 다른 사람을 이해하기 위하여는 그 사람보다 자신을 낮추어 아래에 두어야 함을 나타내고 있다. 말로는 이해한다고 하면서 높은 곳에 위치하여 상대방을 내려다보는 오만한 태도로는 절대 상대방을 이해할 수 없다.

대인관계에서 상대방을 충분히 이해할 수가 있다면 상대방에 대하여 엄청난 힘을 가질 수 있다. 상대방의 마음을 꿰뚫어 보고 있으면 상대방을 자신이 뜻하는 대로 이끌어 나갈 수 있다. '역지사지(易之事之)' 라는 말이 있다. 그 뜻은 '상대방의 입장에서 생각해 보라.' '입장을 바꾸어 놓고 생각해 보라.' 는 것으로 자신과 다른 사람을 동등한 위치에 놓고 생각해 보라는 말이다. 적어도 자신을 상대방과 동등한 위치에만 두어도 상대방을 이해할 수 있다는 의미다. 하물며 자신을 상대방보다 낮게 두면 얼마나 효과적으로 상대방을 이해할 수 있겠는가. 대인관계에서 자신을 낮춤으로써 힘을 갖는다는 것은 시공을 초월한 보편타당한 가치다.

최근에는 심리학자에 의하여도 겸손에 대한 과학적인 연구가 이루어지고 있다. 대표적인 학자는 탕니(Tangney, 2000, 2002; 권석만, 2008에서 재인용)다. 그는 겸손의 핵심적 특성을 ① 자신의 능력과 성취에 대한 정확한 이해, ② 자신의 실수, 불완전한 한계를 인정할 수 있는 능력, ③ 새로운 생각, 상반되는 정보, 충고에 대한 개방적 자세, ④ 자신의 능력과 성취를 균형 있게 바라보는 자세, ⑤ 자기 자신에 대한 초점을 약화시키거나 '자신을 잊을 수 있는 능력', ⑥ 사람이나 사물이 세상에 기여할 수 있는 다양한 방법뿐만 아니라 세상 모든 것의 소중함을 인식하는 능력 등으로 제시하고 있다.

겸손한 태도를 촉진 또는 억제시키는 요인에 대한 연구도 있다. 자아정체감의 발달은 겸손의 필수적 조건으로 여겨지고 있다. 따라서 정체감 형성을 촉진시키는 요인들, 즉 애착의 형성, 자아감의 발달, 새로운 경험에 대한 개방성, 의사결정 경험, 삶을 돌아보고 통합하는 것 등은 겸손한 태도를 촉진시킨다(Santrock, 1996; 권석만, 2008에서 재인용).

반면, 겸손한 태도의 발달을 저해하는 요인에 대한 연구도 있다. 피터슨과 셀리그먼(Peterson & Seligman, 2004)은 양육과 교육의 방식에 따라, ① 수행, 외모, 인기와 같은 자기평가의 외적 요소에 대한 지나친 강조, ② 부정확하면서 지나친 칭찬이나 비난, ③ 아동을 그 형제나 또래와 지나치게 비교하는 태도, ④ 아동이 다른 사람보다 우수하다거나 열등하다고 이야기하는 태도 등이 겸손의 발달에 부정적인 영향을 미친다고 보고하였다. 기본적으로 고전의 가르침과 크게 벗어나는 내용은 없다고 하겠다.

치료자와 환자의 관계도 마찬가지다. 치료자가 환자를 잘 이해하기 위하여는 환자의 수준으로 자신을 낮추어야 한다. 그래야 환자의 마음속으로 들어갈 수가 있다. 치료자가 환자를 내려다보는 자세로는 절대 환자의 마음을 이해할 수 없다. 겸손한 자세가 환자를 이해하는 첩경인 것이다.

4. 착 함

착한 인간! 이 얼마나 간단하면서도 중요한 말인가? 그러나 과연 얼마나 많은 인간들이 이 '착함(善)'을 참되게 실천하고 있는가? 이 역시 심성에서 가장 중요한 덕목 중의 하나이기에 옛 성인들은 반복하여 강조한 바 있다.

고전에서의 착함

• 명심보감에서의 착함

子曰, 爲善者 天 報之以福 爲不善者 天 報之以禍.

공자께서 말씀하시기를, "착한 일을 하는 자에게는 하늘이 복으로써 보답하고, 악한 일을 하는 자에게는 하늘이 재앙으로써 보답한다."

이것은『명심보감』제1장에 나오는 내용이다.『명심보감』이 '계선편(繼善篇)'으로 시작하는 것을 보면 인간에게 '착한 심성'이 무엇보다 중요한 덕목임을 강조하고 있는 듯하다.

> 莊子曰, 一日不念善 諸惡皆自起.
> 장자께서 말씀하시기를, "하루라도 선을 생각하지 않으면 모든 악이 절로 일어난다."

우리 모두의 마음속에는 선한 부분과 악한 부분이 모두 존재한다. 선한 부분과 악한 부분을 모두 합하면 항상 일정하다. 따라서 선한 부분이 줄어들면 악한 부분이 많아질 수밖에 없으니, 항상 선한 부분을 강화시키도록 노력하여야 한다.

• 맹자에서의 착함

> 孟子曰, 水信無分於東西 無分於上下乎. 人性之善也 猶水之就下也. 人無有不善 水無有不下.
> 맹자께서 말씀하시기를, "물이야 진실로 동서로 흐르는 방향의 구분이 정해지지 않은 것이지만, 그렇다고 하여 위에서 아래로 흐르거나, 아래에서 위로 흐르는 구분도 없다고 하겠는가? 사람의 본성이 원래 선하다는 것은 물이 위에서 아래로 흐르는 것처럼 자연스러운 것이다. 사람 중에 그의 천성이 본래부터 선하지 않은 사람이 없으며, 물이 본래부터 위에서 아래로 내려가는 성질을 지니지 않은 것이 없는 것이다."

물이 위에서 아래로 흐르듯, 사람의 성품도 원래 선하게 타고났음을 나타낸다. 맹자의 '성선설'을 기본으로 하고 있다. 성선설에 따르면 우리 모두의 마음속에는 착한 부분이 내재되어 있는데, 단지 그런 부분이 있음을 깨닫지 못하여 실천에 옮기지 못한다는 것이다.

- 성경에서의 착함

  너희는 살기 위하여 선을 구하고 악을 구하지 말지어다. 만군의 하나님 여호와께서 너희의 말과 같이 너희와 함께하시니라. 너희는 악을 미워하고 선을 사랑하며 성문에서 공의를 세울지어다. 만군의 하나님 여호와께서 혹시 요셉의 남은 자를 긍휼이 여기시니라(아모스 5: 14-15)

모든 인간의 마음속에는 무한한 가능성이 존재한다. 진선미가 이미 인간의 마음속에 내재되어 있는 것이다. 자기성찰을 통하여, 고전 등 마음을 들여다볼 수 있는 방법들을 사용하여 우리 내면에 존재하고 있는 긍정적인 부분을 활성화시키고 키워 나가도록 노력하여야 한다. 이러한 과정을 통하여 환자가 스스로를 볼 수 있도록 도와주는 것이 곧 치료다.

5. 욕심과 무욕

사람들은 누구나 욕심이 있다. 욕심이 있어야 무엇이든 성취할 수 있다. 그러나 지나친 욕심은 자신을 파멸로 이끌며, 집단생활에서의 적응도 어렵게 만든다. 누구나 어느 정도의 욕심이 있기 때문에 자신의 이익, 자신의 가족의 이익, 자신이 속해 있는 사회의 이익, 더 나아가서는 자신의 국가의 이익을 추구한다. 이렇게 함으로써 살아남을 수 있다.

그러나 자신의 이익을 추구하기 위해 다른 사람 또는 집단의 기본적인 권리를 침해해서는 안 된다. 자신의 이익만을 추구하는 극단적인 이기주의는 일시적으로는 자신이 얻고자 하는 바를 얻을 수 있을지 모르지만 결국에는 파멸로 이끌기 때문에 반드시 피해야 할 것이다. 자신의 생존이 중요하면 다른 사람의 생존도 중요하다는 인식을 가져야 한다. 그리하여 나만의 삶뿐만이 아니라 다른 사람의 삶도 중요하다는 인식이 확고하여야 '더불어 사는 자세(共生)' 가 마음속에 자리 잡을 수 있다.

고전에서의 욕심

- 명심보감에서의 욕심

子曰, 君子有三戒 少之時 血氣未定 戒之在色 及其壯也 血氣方剛 戒之在鬪 及其老也 血氣旣衰 戒之在得.

공자께서 말씀하시기를, "군자는 세 가지 경계할 것이 있으니, 연소할 때에는 혈기가 정하여지지 않았는지라 경계할 것이 여색에 있고, 몸이 장성함에 미쳐서는 혈기가 바야흐로 강성한지라 경계할 것이 쟁투하는 데 있으며, 몸이 늙음에 미쳐서는 혈기가 이미 쇠한지라 경계할 것이 탐하여 얻으려는 데 있다."

나이에 따라서 지나친 욕심을 부리지 말아야 할 것을 가르치고 있다. 젊어서는 지나친 성적 활동을 삼가야 한다. 장년기가 되면 한창 혈기가 왕성해져서 남에게 절대로 지지 않으려 하기 때문에 항상 다투려는 행동에 주의를 기울여야 한다. 그리고 노년기가 되면 혈기가 이미 쇠퇴해져서 육체적 또는 정신적으로 어려운 일을 감당하기가 어려워지므로, 특히 나이 들어서 욕심을 부리는 것을 경계하여야 한다. 나이 들어서 돈, 명예, 권력에 대한 욕심을 부리다가 패가망신하는 경우들이 얼마나 많은가? 소위 '노추(老醜)' 라고 하는 것이다.

말로는 늘 마음을 비운다고 하면서 행동은 그에 뒤따르지 못하는 경우가 얼마나 많은가? '心虛卽靜', 즉 '마음을 비우면 고요해진다.'는 교훈을 항상 잊지 말아야 한다. 마음을 비우기 위해서는 먼저 자기 마음속에 무엇이 들어 있는지를 알아야 하는데, 그것도 모르면서 계속 '마음을 비운다.'고 하니 그 실천이 매우 어려울 수밖에 없다.

> 人無百歲人 枉作千年計.
> 백 살까지 사는 사람이 없건만 부질없이 천 년의 계획을 세운다.

이것도 지나친 욕심을 삼가라는 교훈이다. 인간은 길게 살아야 백 년이고 이조차 아주 희귀한 일인데, 마치 천 년을 살 것처럼 부질없는 계획을 세운다는 것이다. 항상 자신의 분수를 잘 알고 그에 적절한 계획을 세워야 한다. 그러기 위하여는 지나친 욕심으로부터 해방되는 일이 무엇보다 중요하다.

• 도덕경에서의 욕심

道可道 非常道 名可名 非常名. 無名 天地之始 有名 萬物之母. 故常無欲 以觀其妙 常有欲 以觀其徼. 此兩者 同出而異名 同謂之玄去之又玄 衆妙之門(제1장).

이것이 '도(道)'라고 할 때에는 이미 참다운 도가 될 수 없으며, 이름을 붙여 버리면 그것은 이미 그 이름의 참다운 의미에서 멀어진다. 이름조차 없음은 하늘과 땅의 시작이고, 이름이 있음은 만물의 어머니다. 그러므로 항상 욕심이 없으면 그 오묘함을 볼 수 있으며, 항상 욕심이 있으면 물질의 세계를 볼 수 있다. 이 두 가지는 한 가지 도에서 나와 이름이 달라졌으니

다같이 현묘하다 이를 것이다. 현묘하고도 현묘한 것이여, 만물이 쏟아져 나온 문이로다.

그 유명한 노자의 『도덕경』 제1장이다. 노자 철학의 근본 사상을 이루고 있는 것은 '도' 로서, 어떠한 방법으로도 설명할 수 없는 만물의 근원이다. 노자의 도는 유교에서 말하는 도와는 근본적으로 다르다. 유교의 도가 인위적이며 상대적인 의미가 있다면, 노자의 도는 자연적이며 절대적인 의미가 있다. 즉, 노자의 도는 '아득한 태고부터 자연적으로 존재하면서 우주와 만물을 다스리는 절대적이면서도 현묘 불가사의한 영원불멸의 허무' 다. 이처럼 도는 허무이기에 형태도 없고 이름 붙일 수도 없는 것인데, 단지 설명의 필요상 도라고 명명해 놓은 것이다. 여기에서는 무엇인지 알 수 없는 도의 오묘함을 보기 위하여는 욕심이 없어야 함을 강조하고 있다. 노자의 '무욕론(無慾論)' 이 제1장에서부터 강조되고 있으니, '마음을 비운다.' 는 철학이 노자 사상에서 가장 핵심적임을 알 수 있다.

이상이 고전에서의 욕심에 대한 가르침들이다. 어느 고전에나 모두 한결같이 강조되어 있다. 그것은 욕심의 통제가 그만큼 어렵다는 것을 반증하는 것이다.

'평화(平和)' 의 사전적인 뜻은 '평온하고 화목함' 또는 '국가와 국가 간에 전쟁이나 분쟁이 없는 평온한 상태' 다. 그렇다면 어떻게 이러한 상태를 유지할 수 있는가? 어떻게 우리 내부에서 평온하고 화목한 상태를 유지하고, 개인 간 또는 국가 간에 평온한 상태를 유지할 수 있는가? 평화라는 단어의 어원을 살펴보면 그 답을 얻을 수 있다. '平和' 란 '平' 과 '和' 가 함께 어우러져 만들어진 것으로,

'平'은 '고르고 평평함'을 의미하는 것이고 '和'는 '벼 화(禾)'와 '입 구(口)'가 합쳐진 것이다. 따라서 '平和'란 글자 그대로 '벼를 공평하게 나누어 먹는다.'는 의미를 갖는다. 먹을 것이 있으면 공평하게 나누어 먹는 것만이 진정한 평화를 유지할 수 있다는 것이다.

반대로 '私'는 '벼 화(禾)'와 '사사 사(厶)'가 합쳐진 글자다. '厶'란 팔을 구부려서 자신의 입으로 가져가는 모양을 본떠 만든 글자로 '벼를 혼자서만 먹는다.'는 뜻을 갖는다. 이렇게 되면 평화로운 상태를 유지할 수 없게 된다. 결국 평화란 나눔의 정신을 뜻한다고 할 수 있다.

치료자와 환자의 관계에도 비슷한 원리가 적용된다. 평화로운 관계를 유지한다는 것은 '나눔의 마음'을 뜻한다. 즉, 환자와 고통을 나누는 자세가 평화로운 관계를 유지하게 하는 것이다.

6. 인 내

서두르지 않고 차분히 기다릴 수 있는 인내(忍耐) 또한 대인관계에서 아주 중요한 덕목이다. 그러나 대인관계에서 화를 적절하게 통제하는 능력을 갖춘다는 것은 아주 어려운 일이다. 고전의 가르침을 보자.

고전에서의 인내

• 논어에서의 인내

子曰, 巧言亂德 小不忍則亂大謀.

공자께서 말씀하시기를, "교묘한 말은 덕을 어지럽히고, 작은 것을 참지 못하면 큰 계획을 어지럽힌다."

말을 가장되게 하지 말고 잘 참으라는 가르침이다. 작은 것을 참지 못하면 큰일을 그르칠 수 있다는 아주 평범한 가르침이다. 그러나 그 실천은 그리 쉽지 않다.

• 명심보감에서의 인내

子張 欲行 辭於夫子 願賜一言爲修身之美, 子曰, 百行之本 忍之爲上. 子張曰, 何爲忍之, 子曰, 天子忍之 國無害 諸侯忍之 成其大 官吏忍之 進其爲 兄弟忍之 家富貴 夫妻忍之 終其世 朋友忍之 名不廢 自身忍之 無禍害.

자장이 떠나고자 할 때에 공자께 하직을 고하면서 "몸을 수양하는 가장 아름다운 길에 대해서 한 말씀을 해 주시기 바랍니다."라고 하자, 공자께서 "모든 행동의 근본은 참는 것이 그 으뜸이 되느니라." 하셨다. 이에 자장이 '무엇 때문에 참아야 합니까?' 라고 묻자 공자께서 말씀하시기를, "천자가 참으면 나라에 해가 없고, 제후가 참으면 큰 나라를 이루고, 벼슬아치가 참으면 그 지위가 올라가고, 형제가 참으면 집안이 부귀하고, 부부가 참으면 일생 동안 해로하고, 친구끼리 참으면 이름이 깎이지 않고, 자신이 참으면 재앙이 없을 것이다."

자신의 화에 대하여 완벽하게 통제할 수 있는 능력을 가진 사람은 없다. 아마도 성인만이 자신의 화에 대하여 완벽하게 통제할 수 있는 능력을 갖추고 있을 것이다. 일반인들이 성인의 경지에 도달하기는 어려운 일이겠으나 이러한 가르침을 항상 염두에 두고 생활하면 시간이 지나면서 점차 달라지는 자신의 모습을 스스로 느낄 수 있을 것이다. 적어도 화를 내는 횟수나 그 강도에서 변화가 올 것이다. 화를 참는 것은 참으로 어려운 일이나 항상 노력을 기울여야 할 것이다. 그것은 모든 인간이 인간적으로 성숙하는 과정 중의 하나다.

이상이 참을성, 신중함, 기다리는 마음 등 인내에 대한 고전에서의 교훈이다. 화를 완벽하게 참거나 완벽하게 스스로 통제하는 것은 아주 힘든 일이다. 그러나 실제로 꼭 화를 내야만 하였는지를 곰곰히 생각해 보면 그러지 않아도 될 상황도 많다. 자신이 한 엉뚱한 일에 대해 남이 지적하면 우선 화부터 내는 것이 일반인들의 행동방식이다. 자신의 약점이 노출되었을 때에도 화를 내고, 자신이 하고 싶은 대로 하지 못하였을 때에도 화를 내고, 자존심이 상했을 때에도 화를 낸다. 괜히 자신이 실수를 저지르고도 남에게 화를 내는 경우도 많다. 이러한 경우 '왜 내가 화를 낼까?' 하고 한번 생각해 볼 수 있는 여유를 가져야 한다. 이 화가 나의 문제 때문인가, 상대방의 태도 때문인가? 혹은 나와 상대방의 상호작용 때문인가?에 대하여 생각해 보는 습관을 가진다면 그 자리에서 충동적으로 화를 내는 일이 점차 줄어들 것이다. '기다리는 마음' 을 키워야 한다.

인내의 또 다른 측면은 끈기(persistence)다. 끈기는 여러 난관과 좌절에도 목적 지향적인 행동을 자발적으로 지속하는 능력을 이른다(권석만, 2009). 일련의 계획된 행동을 노력하여 완성하고 그로부터 만족감을 느끼는 태도를 이른다. 근면성과도 유사한 개념이라고 할 수 있다. 끈기는 여러 가지 긍정적인 결과를 낳는다. 첫째, 성취하기 어려운 목포를 달성할 가능성을 높여 준다. 둘째, 인내를 통해 얻게 되는 성공의 결과를 즐길 수 있게 해 준다. 셋째, 기술과 역량을 향상시킨다. 넷째, 자기효능감과 자신감을 키워 준다.

이러한 끈기는 다양한 요인에 의하여 촉진될 수 있다. 첫째, 노력에 대한 보상 경험이 끈기를 촉진시킨다. 둘째, 긍정적인 피드백은 끈기와 인내를 촉진시키며 자기 결정감을 증가시킨다. 셋째, 긍정적 피드백은 그 강도나 방식이 끈기에 더 중요한 영향을 미칠 수 있다. 즉, 중간 수준의 강화는 인내를 증가시키지만 과도하거나 부족한 수준의 강화는 오히려 인내를 감소시킨다(Drucker et al., 1998). 또한 부분적인 강화가 지속적인 강화보다 끈기를 더 증가시킨다는 보고도 있다(Nation et al., 1979; 권석만, 2009에서 재인용). 넷째, 사회적인 지지도 끈기와 인내를 촉진시키는 요인으로 알려져 있다. 사회적 지지는 개인의 자기결정감을 증가시켜 끈기를 촉진시키는 것으로 알려져 있다(권석만, 2009).

이와 반대로 끈기를 억제하는 요인들도 있다. 첫째, 주의력결핍과잉행동장애, 정신지체, 학습장애, 우울증 등의 정신병리가 있는 경우 끈기 또는 인내력이 떨어진다. 둘째, 자기조절 능력이 부족한 경우 끈기력이 떨어진다. 예를 들어, 흡연자나 약물중독자들은 실험실 상황의 과제 수행에서 인내력이 떨어졌다(Quinn, Brandon, & Copeland, 1966; 권석만, 2009에서 재인용). 셋째, 과제가 자기와의 관련성이 낮다고 인식되면 인내력이 떨어진다.

인내 또는 끈기는 자기성취감을 높이고 대인관계에서 긍정적인 결과를 낳음으로써 심리적 또는 사회적 생존을 촉진시켜 주는 기능을 한다. 대표적인 위인으로는 에디슨이 있다. 그는 인내와 노력 그리고 끈기를 바탕으로 발명왕이라는 명성을 얻었으며 "천재란 1%의 영감과 99%의 노력으로 이루어진다."라는 명언을 남겼다.

7. 용 서

용서(容恕)란 공격이나 상처를 받은 피해자가 가해자에게 나타내는 긍정적인 심리 또는 행동의 변화를 의미한다. 부당하거나 억울한 일을 당한 사람은 가해자에 대하여 분노의 감정을 갖게 되고, 이에 따라 복수를 하고 싶은 마음을 품게 된다. 용서란 상대방에 대한 분노 감정을 자발적으로 내려놓는 심리적 노력이다. 이러한 용서는 상대방에 대한 부정적인 감정을 해소시킬 뿐만 아니라 사회 구성원 간의 갈등과 폭력을 감소시킨다는 점에서 긍정적인 힘의 덕목이다. 삶의 과정이 다른 사람들과 관계를 이루면서 살아가는 것이기에 대인관계에서는 항상 문제가 야기된다. 쓸데없이 다투는 일도 생기고, 남을 비난하는 일도 생긴다. 그런데 아마도 가장 큰 힘은 다른 사람의 잘못에 대하여 용서하는 일일 것이다.

우리는 큰일로도 다투고 사소한 일로도 다툰다. 이렇듯 항상 다툼이 일어나는데, 그것을 승화시키기 위한 방법 중의 하나로 운동이 생겼을 것이다. 꼭 운동이 아니더라도 취미생활에서 남들과의 경쟁을 통하여 즐기는 모든 놀이가 인간의 속성 중의 하나인 '다툼' 을 사회적으로 받아들일 수 있는 형태로 바꾸어 놓은 것이라고 할 수 있다. 지내다 보면 자신도 실수를 할 수 있고 다른 사람도 실수를 할 수 있다. 다른 사람이 실수하는 경우 가능한 한 수용하고 용서하며, 또 자신이 실수하는 경우 가혹하게 평가하는 자세는 대인관계에서 큰 힘을 가져다줄 것이다.

고전에서의 용서

• 명심보감에서의 용서

景行錄云, 大丈夫 當容人 無爲人所容.

『경행록』에 이르기를, "대장부는 마땅히 남의 잘못을 용서할지언정 남의 용서를 받는 사람이 되지는 않는다."

耳不聞人之非 目不視人之短 口不言人之過 庶幾君子.

귀로는 남의 그릇됨을 듣지 아니하고, 눈으로는 남의 결점을 보지 아니하며, 입으로는 남의 허물을 말하지 않아야만 거의 군자에 가깝다고 할 수 있다.

• 성서에서의 용서

그때에 베드로가 나아가 "주여 형제가 내게 죄를 범하면 몇 번이나 용서해 주어야 합니까? 일곱 번이면 되겠습니까?" 하고 묻자 예수께서 대답하시기를, "일곱 번뿐만 아니라 일곱 번씩 일흔 번이라도 용서할지니라"(마태복음 18: 21-22)

• 달라이 라마의 용서

만일 나를 고통스럽게 만들고 상처를 준 사람에게
미움이나 나쁜 감정을 키워 나간다면
나 자신의 마음의 평화만 깨어질 뿐이다.
하지만 내가 그를 용서한다면
내 마음은 그 즉시 평화를 되찾을 것이다.
용서해야만 진정으로 행복할 수 있다.
용서는 단지 우리에게 상처를 준 사람들을 받아들이는 것만을 의미하지 않는다. 그것은 그들을 향한 미움과 원망의 마음에서 스스로를 놓아 주는 일이다. 그러므로 용서는 자기 자신에게 베푸는 가장 큰 자비이자 사랑이다.

자신만 생각하고 타인을 잊어버리면 우리의 마음은 매우 좁은 공간만 차지하게 된다. 그 작은 공간 안에서는 작은 문제조차 크게 보인다. 하지만 타인을 염려하는 마음을 갖는 순간에 우리의 마음은 자동적으로 넓어진다. 이때는 자신의 문제가 아무리 큰 것이라고 해도 별로 크게 느껴지지 않는다.

• 류시화의 용서

왜 지금 용서를 말하는가?

달라이라마가 늘 강조하듯이, 모든 생명을 가진 존재는 행복을 최대의 목표로 삼는다. 세속적인 행복뿐만 아니라 궁극의 행복에 이르는 것이 우리 모두의 이상이다. 문제는 우리 안에 있는 미움과 질투와 원한의 감정이다. 이 부정적인 감정들은 행복에 이르는 길을 가로막는 가장 큰 장애물이며, 그 장애물을 뛰어넘는 유일한 길이 용서라고 달라이라마는 말한다.

하지만 용서는 결코 쉬운 일이 아니다. 개인의 차원에서나 큰 공동체 차원에서나 상처는 깊고 오래 간다. 종교를 통해 늘 용서의 의미와 가치를 설득당하지만, 현실에서 우리에게 부당하게 상처를 안겨 준 이들에 대한 감정의 골은 좀처럼 지워지지 않는다.

(중략)

용서는 자기 안에 갇힌 에너지를 밖으로 내보내 세상에서 선한 일을 하는 데 쓸 수 있게 한다. 용서의 실천은 우리 자신과 이 세상을 치료하는 데 가장 중요한 기여를 한다. 상처의 진정한 치유는 용서에서 온다는 것을 우리가 깨닫지 못할 이유가 없다.

이상이 현자들이 기술하고 있는 용서와 화해에 대한 교훈들이다. 비슷한 내용의 교훈들이 표현을 달리하여 고전 곳곳에서 강조되고 있다. '다른 사람의 잘못이나 실수에 대하여 항상 받아들이고 너그러운 태도를 갖고, 자신의 행동에 대하여는 항상 신중하여 다른 사람들의 용서를 받는 일이 없도록 행동하는 것', 이것만 모든 사람들이 실천할 수 있다면 이 세상은 갈등이 전혀 없는 평화로운 세상이 될 것이다.

'容恕'는 '容'과 '恕'가 어우러져 만들어진 단어다. '容'은 글자 그대로 '집(宀) 안에 있는 계곡(谷)'이라는 의미를 갖는다. 집안에 있는 계곡처럼 많은 물을 받아들인다는 뜻에서 출발한다. '恕'는 글자 그대로 '같은(如) 마음(心)'이라는 뜻을 갖는다. 따라서 용서란 '상대방과 같은 마음을 가짐으로써 상대방을 받아들인다.'는 의미다. 실수를 하였을 때 인정하고 사과하는 태도는 용서를 촉진시킬 수 있다. 왜냐하면 이 사과는 마음이나 태도를 받아들이는 자세가 곧 용서이기 때문이다. 따라서 잘못을 저지른 사람이 자신의 잘못을 인정하지 않고 버티는 경우 일반 사람들은 용서하기가 쉽지 않다. '같은 마음이 될 수 있는 부분'이 없기 때문이다. 용서라는 단어는 글자 그대로 어떠한 태도가 용서인가를 명백하게 보여주고 있다.

8. 사 랑

이제까지 여러 가지 인간의 태도에 대하여 기술하였다. 그런데 그 모든 것은 '사랑(愛)'이라는 한 단어로 표현할 수 있다. 부모-자녀 관계, 부부관계, 형제자매 관계, 스승-제자 관계, 친구관계, 선후배 관계, 남녀관계, 이웃관계 등의 모든 관계가 긍정적으로 발전하는 데에는 '사랑'이 필수불가결하다. 부모가 자녀를 사랑하고, 자녀가 부모를 사랑하며, 부부간에 서로 사랑하여야 한다면 더 이상 무슨 말이 필요하겠는가? 선배는 후배를, 후배는 선배를 사랑하여야 한다. 정치가는 국민을 사랑하여야 하고, 스승은 제자를 사랑하여야 한다. 그리고 친구 간에 서로 깊은 사랑이 실천만 된다면 모든 긍정적인 관계가 성립될 수 있다.

이러한 사랑은 반드시 사람에게만 사용되는 말이 아니다. 그 대상이 무엇이든지 '사랑' 이라는 말을 사용할 수가 있다. '자연에 대한 사랑' '나라에 대한 사랑' '자신이 다니는 학교에 대한 사랑' '자신이 종사하는 직업에 대한 사랑' '동물에 대한 사랑' '운동에 대한 사랑' '음악에 대한 사랑' '예술에 대한 사랑' 등 그 대상만 있다면 가능하다. 어떤 상황에서 이러한 사랑이 작용하는 경우에 강력한 힘을 갖게 될 수도 있다.

1) 사랑의 정의

'사랑' 의 사전적인 의미는 ① 중히 여기어 정성과 힘을 다하는 마음, ② 이성에 끌리어 몹시 그리워하는 마음, ③ 사물을 즐기거나 좋아하는 마음, ④ 종교적인 의미로서 동정, 긍휼, 구원 또는 행복의 실현을 지향하는 집념, ⑤ 박애, 자비의 마음이다.

영영사전에는 다음과 같은 정의가 제시되어 있다. ① An intense affection for another person based on personal or familial ties(개인적 또는 가족적인 관계에 뿌리를 둔, 다른 사람에 대한 강한 애정), ② A strong affection for or attachment to another person based on regard or shared experiences or interests(존경심 또는 경험이나 관심을 바탕으로 하여 다른 사람에게 향하는 강한 애정이나 애착), ③ An intense affection to another person based mainly on sexual desire(순전히 성적인 욕구 대상으로서 강한 매력을 느끼는 상태), ④ The object of such an attraction(그런 매력의 대상), ⑤ An intense emotional attachment, as for a pet or treasured object(애완동물이나 귀중품에 대한 강한 정서적 애착), ⑥ A strong enthusiasm, a love of art(강한 정열, 예술에 대한 사랑), ⑦ The object of such an enthusiasm(그런 정열의 대상), ⑧ Eros or Cupid, the love of god(사랑의 신인 에로스 또는 큐피드), ⑨ God' s mercy or benevolence toward humans(신의 인간에 대한 사랑), ⑩ Humankind's devotion to adoration of God(인간의 신에 대한 헌신적 숭배), ⑪ A feeling of kindness or brotherhood toward others(다른 사람에 대한 친절함 또는 형제애).

이상의 정의에서 알 수 있듯이, '사랑' 이라는 용어는 사전적인 의미로만 보아도 상당히 광범위하게 사용되고 있다. 이러한 사전적인 정의 이외에도 많은 철학가, 사상가들이 사랑에 대하여 자기 나름대로의 정의를 내려왔다. 철학자 플라톤(Plato)은 "누구를 사랑한다 함은 그 사람 속에 있는 미(美)와 선(善)의 진수를 보는 것" 이라고 정의한 바 있다. 20세기에 들어와 카펠라누스(Capellanus, A.)는 "사랑이란 이성의 미를 보거나 너무 사랑한 나머지 생겨나는 일종의 고통" 이라고 정의한 바 있다. 프롬(Fromm, E.)은 그의 명저 『사랑의 기술(*The Art of Loving*)』에서 "인간이란 근본적으로 고독한 존재이며, 그 같은 고독감, 공허감을 극복하기 위하여 사람들을 사랑하는 것" 이라고 정의 내린 바 있다.

미국 예일 대학의 스턴버그(Sternberg, R.)는 1986년에 유명한 '사랑의 삼각형 이론' 을 발표한 바 있다. 그는 이 이론에서 사랑이 친밀감, 열정 그리고 투신 요인으로 구성된다고 주장한 바 있다. '친밀감 요인' 에는 10가지의 대표적인 징표가 관찰된다. 즉, ① 사랑하는 사람의 행복을 증진시키고자 하는 욕망, ② 사랑하는 사람과 함께 있을 때에 행복을 느끼는 것, ③ 사랑하는 사람에 대하여 존중하는 마음, ④ 어려울 때에 사랑하는 사람에게 의지할 수 있는 것, ⑤ 사랑하는 사람과의 상호 이해, ⑥ 자기 자신 및 자신의 소유물들을 사랑하는 사람과 함께 나누어 갖고 싶어 하는 것, ⑦ 사랑하는 사람으로부터 정서적 지원을 받는 것, ⑧ 사랑하는 사람에게 정서적 지원을 보내는 것, ⑨ 사랑하는 사람과 친밀한 의사소통을 하는 것, ⑩ 자신의 생활에서 사랑하는 사람을 소중히 여기는 것이다.

'열정 요인' 에는 '성적 욕구' 가 가장 중요한 역할을 하며, 그 외에도 '자기존중 욕구' '다른 사람과의 친애 욕구' '다른 사람에 대한 지배 욕구' '다른 사람에의 복종 욕구' '자기실현 욕구' 등이 열정을 불러일으키는 데 중요한 역할을 한다.

'투신 요인' 은 인지적인 속성을 가지며, 단기적 측면과 장기적 측면으로 나누어진다. 단기적인 측면은 누구를 사랑하겠다는 결정으로, 장기적인 측면은 그 사랑을 지속시키겠다는 책임감으로 이루어져 있다. 결론적으로 이들 세 요인의 균형에 의하여 사랑의 특성이 결정되는 것이다.

2) 사랑의 발달 단계

인간에게 사랑할 수 있는 능력과 사랑받고자 하는 욕구는 타고난 것인가, 아니면 세상에 태어난 후에 주변 사람들과의 관계를 통하여 학습된 것인가? 두 가지 측면이 모두 작용하고 있다고 생각한다.

모든 인간은 세상에 태어나기 전부터 이미 많은 사랑을 모체로부터 받아왔다고 할 수 있다. 태아기에 모체는 태아를 잘 보호하기 위하여 항상 조심하고 태아에게 해롭다는 일은 절대 하지 않는다. 마음가짐을 올바로 하면서, 혹시 자신이 나쁜 마음을 먹고 행동을 올바로 하지 않으면 태아에게 나쁜 영향을 미치지는 않을까 걱정도 많이 하고 극도로 조심하는 것이 일반 임신부들의 공통적인 행동방식이다. 이것은 이미 태아 때부터 어머니에게 많은 사랑을 받고 있다는 명백한 증거가 된다.

또한 모든 모체는 항상 태아를 우선적으로 생각한다. 모체가 영양분을 섭취하면, 일단 태아에게 필요한 부분이 먼저 공급되고 그 나머지 영양분을 모체가 이용하게 된다. 따라서 모체의 영양 섭취가 불량하여 영양실조에 걸리더라도 태아에게는 그 영향이 최소화되도록 설계되어 있다. 즉, 어머니의 크나큰 자기희생의 결과로 태아가 건강하게 세상에 태어나는 것이다. 어머니의 거룩한 사랑을 볼 수 있다.

대인관계적인 측면에서 본다면 태어나기 전 모체와 태아는 공생관계에 있다. 즉, 모체는 태아를 자신의 몸의 일부로 받아들인다. 단순히 자신의 몸의 일부가 아니라 자신의 몸보다 더 중요한 부분으로 받아들인다. 이러한 상태에서 태아는 완벽한 보호와 사랑을 받다가 어느 날 갑자기 자궁의 수축이 일어나면서 모체 바깥으로 밀려난다. 이것이 곧 분만으로, 태아의 입장에서는 모체로부터 거부당하는 상태가 되는 것이다. 어른이나 아이 모두 다른 사람으로부터 거부를 당하면 슬픈 감정을 갖게 되고 이러한 슬픈 감정의 결과가 '울음'으로 표현된다. 이것이 세상에 태어날 때 우는 이유다.

신생아는 이렇게 슬픈 마음을 가지고, 또 화난 마음을 가지고 세상에 태어나서 약 3～4주 정도는 꼼짝도 않고 어머니를 쳐다보지도 않는다. 자극을 주어도 별 반응을 보이지 않는다. 이러한 상태에 있다가 어느 정도 자신의 마음이 정리되면 그때부터 어머니와 눈을 맞추기 시작한다. 태어나서 최초의 애착관계, 즉 사랑의 관계를 맺기 시작하는 것이다. 신생아가 어머니와 눈을 맞추기 시작하면 어머니는 모성애가 깊어진다. 신생아에 대한 어머니의 사랑이 더욱 깊어지는 것이다.

생후 2～3개월이 되면 누가 곁에서 자극을 줄 때 '웃는 반응' 을 보이는데, 이 또한 유아가 인간에게 '사랑을 받겠다는 굳은 의지' 라고 볼 수 있다. 웃는 행동에 대하여는 누구나 사랑을 느끼기 때문이다.

생후 5개월 정도가 되면 사람을 구별하는 능력이 발달한다. 이전 단계에서 전혀 선택성 없는 반응을 보였다면, 이때부터는 선택성을 가지게 된다. 이것이 또한 어머니와의 사랑을 깊게 만드는 중요한 역할을 한다. 유아들은 이러한 웃는 행동 외에도 우는 행동도 많이 보인다. 유아들은 언어의 발달이 이루어지지 않은 상태이기 때문에 우는 행동 이외에는 자신의 불편한 상태를 표현할 수 있는 적절한 방법이 없다. 배가 고파도 울고, 심심해도 울고, 소변이나 대변을 싸고 불편해도 울고, 몸이 아파도 울고, 어머니가 보이지 않아도 운다. 어머니는 아이의 울음소리만 듣고도 무엇이 불편한지를 거의 본능적으로 느끼고 그것을 잘 해결해 준다. 우는 행동도 어머니의 관심을 끌어들여 자신의 불편함을 해결한다는 의미에서는 어머니의 사랑과 관심을 능동적으로 유도하는 행동이라고 할 수 있다.

이러한 관점에서 '사랑을 하고 사랑을 받고자 하는 욕구'는 모든 인간이 세상에 태어날 때에 상당 부분 이미 내재된 능력이라고 할 수 있을 것이다. 눈을 맞춘다거나 웃는다거나 우는 행동은 학습된 행동이 아니라 세상에 태어나면서 이미 존재하는 능력이기 때문이다. 그런 능력이 내재되어 있는 이유는 그것이 '인간의 생존'과 밀접한 관계가 있기 때문이다.

그렇다면 사랑하고 사랑받고자 하는 인간의 욕구는 모두 선천적으로만 이루어지는가? 그렇지 않다. 상당 부분은 성장하는 과정에서 집안 어른들과의 관계를 통하여 학습된다. 유아는 이러한 기본적인 욕구에 대하여 어머니가 적절하게 반응하고 사랑을 베풀면 특별한 문제 없이 잘 자랄 수 있다. 그러나 어머니의 관심이 적어서 유아와 친밀한 상호 교류를 하지 않을 경우, 어머니의 반응이 일정하지 않고 예측하기 어려운 반응을 보일 경우, 예기치 않게 어머니와 헤어지는 경험을 자주 하는 경우에 유아는 사랑에 대하여 확신을 가지지 못하고 자신감을 상실할 수 있다. 또한 사람에 대한 신뢰감 형성에 상당한 지장을 초래할 수도 있다.

'사랑'의 요소 중에 '신뢰감'이 중요한 부분이라고 한다면, 어머니의 부정적인 태도는 유아가 사랑을 할 수 있는 능력에 심각한 장애를 초래하는 결과를 가져올 수 있다. 특히 생후 6~24개월은 건강한 애착관계 형성에 있어 아주 중요한 시기로 알려져 있다. 이 시기에 모자관계에 부정적인 요소가 작용한다면 이후에도 지속적으로 영향을 미칠 가능성이 있다. 이후의 성장과정에서도 가정 내에서 일어나는 '부모들의 사랑 행동'이 아동들에게 막대한 영향을 미친다.

이렇게 본다면 인간이 '사랑하고 사랑받고자 하는 욕구' 또는 '자신에 대한 자신감 및 사랑'은 상당 부분 생래적인 것이기도 하고, 태어난 후에 학습된 것이기도 하다. 자신에 대한 사랑이 깊고 확실한 사람은 타인에 대하여도 사랑을 베풀 수 있고 봉사하는 마음을 가질 수 있다. 즉, 인간의 발달과정은 '자신에 대한 사랑'과 '타인에 대한 사랑' 간의 조화와 균형으로 정의될 수도 있다. 태아기에는 오로지 자신에 대한 사랑으로 가득 차 있고, 성인의 경우는 타인에 대한 사랑으로 가득 찬 삶을 산다. 그리고 일반인들은 이 두 사랑 사이에서 적절하게 균형을 이루면서 살아 나간다.

• 안창호의 사랑

愛己 愛他

자신을 사랑하고, 자신을 사랑하는 마음으로 타인을 사랑한다.

안창호 선생의 좌우명으로, 이것을 실천하기 위하여 한평생을 바쳤다. 이 간단한 문구 속에 모든 인간이 궁극적으로 추구하여야 할 모든 가치가 내포되어 있다.

• 묵자에서의 사랑

若使天下兼相愛 人若愛其身 惡施不孝 猶有不慈者乎. 視子弟與臣若其身 惡施不慈 不孝亡有. 若使天下兼相愛 國與國不相攻 家與家不相亂 盜賊無有 君臣父子皆能孝慈 若此則天下治. 故聖人以治天下爲事者 惡得不禁惡而勸愛 故天下兼相愛則治相則亂. 故子墨子曰, 不可以不勸愛人者 此也.

만약 천하로 하여금 모두가 더불어 사랑하게 하여 남을 사랑하기를 그 몸을 사랑하듯 한다면 어찌 불효와 같은 짓을 하겠으며 자애롭지 않은 사람이 있겠는가? 자신과 아우와 신하 보기를 자신의 몸과 같이 한다면 어찌 자애롭지 않음이 베풀어지겠는가? 불효가 없게 될 것이다. 만약 천하로 하여금 모두가 더불어 서로 사랑하게 한다면 나라와 나라는 서로 침략하지 않고, 집안과 집안은 서로 어지럽히지 않을 것이며, 도둑이 없어지고, 군주와 신하, 아버지와 아들이 모두 효도하고 자애로울 수 있을 것이다. 이와 같이 되면 천하가 다스려질 것이다. 천하를 다스리는 일에 종사하는 성인으로서 어찌 미워함을 금하고 사랑을 권장하지 않을 수 있겠는가? 천하가 더불어 모두 사랑하게 되면 다스려지고, 서로가 미워하면 어지러워진다. 그래서 묵자가 "남을 사랑하라고 권하지 않을 수 없다."라고 한 까닭이 여기에 있는 것이다.

然則兼相愛交相利之法將奚何哉 子墨子言 視人之國若視其國 視人之家若視其家 視人之身若視其身 視故諸侯相愛則不野戰 家主相愛則不相簒 人與人相愛則不相賊 貴不敖賤 詐不欺愚.
天下之人皆相愛 强不執弱 衆不劫寡 富不侮貧. 子墨子言曰, 然乃若兼則善矣 雖然天下之難物於故也.
夫愛人者 人必從而愛之 利人者 人必從而利之 惡人者 人必從而惡之 害人者 人必從而害之.

그러면 더불어 서로 사랑하고 서로 이롭게 하는 방법은 어떻게 하는 것인가? 묵자가 말하였다. "남의 나라 보기를 자기 나라 보듯 하고, 남의 집안 보기를 자기 집안 보듯 하고, 남의 몸 보기를 자기 몸 보듯 하라. 그래서 제후들이 서로 사랑하게 되면 벌판에서 서로 전쟁하는 일이 없게 되고, 가장들이 서로 사랑하게 되면 서로 빼앗는 일이 없게 되고, 사람과 사람이 서로 사랑하게 되면 서로 해치지 않게 된다. 귀한 사람은 천한 사람에게 오만하지 않게 되며, 잔꾀를 잘 부리는 사람은 어리석은 사람을 속이지 않게 될 것이다."
"천하의 모든 사람들이 서로 모두 사랑하면, 강한 자가 약한 자를 억누르지 않게 되고, 다수가 소수를 협박하지 않게 되며, 부자가 가난한 사람을 업신여기지 않게 될 것이다." 또 묵자가 말하였다. "그렇다. 더불어 사랑하는 것은 좋은 일이다. 그렇기는 하나 그것은 천하의 가장 어려운 일이다."

"남을 사랑하는 사람은 남도 반드시 그를 따라 사랑하게 하고, 남을 이롭게 하는 사람은 남도 반드시 그를 따라 이롭게 할 것이다. 남을 미워하는 사람은 남도 반드시 그를 따라 그를 미워하게 할 것이고, 남을 해롭게 하는 사람은 남도 반드시 그를 따라 해롭게 할 것이다."

• 성경에서의 사랑

내가 이제 가장 좋은 길을 여러분에게 보여 드리겠습니다.

사랑은 오래 참습니다.
사랑은 친절합니다.
사랑은 시기하지 않습니다.
사랑은 자랑하지 않습니다.
사랑은 교만하지 않습니다.
사랑은 무례하지 않습니다.
사랑은 사욕을 품지 않습니다.
사랑은 성을 내지 않습니다.
사랑은 앙심을 품지 않습니다.
사랑은 불의를 보고 기뻐하지 아니하고 진리를 보고 기뻐합니다.
사랑은 모든 것을 덮어 주고
모든 것을 믿고
모든 것을 바라고
모든 것을 견디어 냅니다.
사랑은 가실 줄을 모릅니다.

그러므로 믿음과 소망과 사랑,
이 세 가지는 언제까지나 남아 있을 것입니다.
그중에서 가장 위대한 것은 사랑입니다(고린도전서 13: 1-13)

사랑이라는 것을 정의하기란 아주 어렵다. 사랑이 워낙 오묘한 어떤 상태를 나타내기 때문에 '이것이 사랑이다.' 고 인위적인 정의를 내리면 이미 그것은 사랑의 본질에서 아주 멀어지는 과오를 범하게 된다. 사랑이란 '인간이 인간다움을 확인할 수 있는 모든 것' 이라고 정의 내릴 수도 있다. 확실한 것은 사랑이 모든 인간이 효과적으로 생존하기 위하여는 필수불가결한 그 무엇이라는 것이다. 인간에 대한 사랑은 우선 '자신에 대한 사랑' 에서 출발하여야 한다. 자기 자신에 대하여 사랑을 실천할 수 없는 사람은 타인에 대한 사랑을 실천하는 것이 불가능하기 때문이다. 모든 인간의 생명은 존엄하다. 모든 인간의 내부에 이미 자신을 사랑할 수 있는 능력이 내재되어 있다. 왜냐하면 모든 인간이 효과적으로 생존하기 위하여는 자신에 대한 사랑이 필수적이기 때문이다.

인간의 마음은 참으로 복잡한 존재다. 거짓말하고 싶은 마음, 남을 속이고 싶은 마음, 오만한 마음, 남을 해치고 싶은 마음, 자신의 이익만을 추구하는 마음, 상대방을 이용하여 자신의 이익을 챙기고 싶은 마음, 게으른 마음, 악한 마음, 경솔한 마음, 무례한 마음, 남을 믿지 못하는 마음, 참지 못하는 마음, 남을 욕하는 마음, 남을 미워하는 마음, 변화에 적응하지 못하는 마음, 반성하지 못하는 마음, 남을 용서하지 못하는 마음, 부드럽지 못한 마음, 아부하고 싶은 마음, 이간질하고 싶은 마음, 독선적인 마음 등의 부정적인 측면과 착한 마음, 남을 위하는 마음, 남에게 봉사하는 마음, 남을 위하여 자신을 희생하는 마음, 겸손한 마음, 다른 사람의 존재를 중요하게 생각하는 마음, 다른 사람의 의견을 존중하는 마음, 부드러운 마음, 다른 사람을 믿는 마음, 반성하는 마음, 신중한 마음, 잘 참는 마음, 다른 사람을 용서하는 마음, 윗사람을 공경하는 마음,

아랫사람을 잘 돌보아 주는 마음, 어려운 사람을 불쌍하게 여기는 마음 등의 긍정적인 측면이 함께 존재한다.

모든 인간이 자신에 대한 사랑을 분명히 인식한다면 자기 마음의 긍정적인 부분이 더 강하게 작용하게 될 것이다. 마음속에 이미 존재하고 있는 이러한 긍정적인 부분을 강화시켜 나가도록 항상 노력하여야 한다. 사랑이 지속적으로 추구되어야 하는 이유는 '자신에 대한 사랑' 과 '타인에 대한 사랑' 이 모든 인간의 생존에 필수적이기 때문이다. 진정 '사랑' 은 '모든 것' 이며 모든 인간이 궁극적으로 추구하여야 할 '불변의 가치' 다.

앞서 보았듯이 동양의 고전들, 예를 들면 『논어』『대학』『중용』『맹자』『도덕경』『장자』『명심보감』 등에서는 '사랑' 이라는 단어를 직접 사용하고 있지는 않으나 그 내용 면에서 모두 사랑에 대한 가르침을 주고 있음을 알 수 있다. 부모의 자녀에 대한 사랑, 자녀의 부모에 대한 사랑, 형의 아우에 대한 사랑, 아우의 형에 대한 사랑, 스승의 제자에 대한 사랑, 제자의 스승에 대한 사랑, 선배의 후배에 대한 사랑, 후배의 선배에 대한 사랑, 친구 간의 사랑, 학문에 대한 사랑, 문학에 대한 사랑, 음악에 대한 사랑, 시에 대한 사랑, 자연에 대한 사랑 등 관계가 형성되는 모든 것에 대한 사랑 이야기라고 할 수 있다. 고전 중에서 '사랑' 이라는 단어가 직접 사용되고 강조되고 있는 책은 『묵자』가 유일하다. 『묵자』의 '겸애사상(謙愛思想)' 에는 그 이름 자체에 '사랑' 이 들어가 있다. 『묵자』에서는 가정이나 사회 또는 국가적으로 혼란이 일어나는 것은 모두 '사랑의 부족' 때문이라고 설파하였다. 아주 정확한 지적이다.

성경은 그 자체가 '사랑의 책' 이라고 할 수 있다. '하나님은 사랑이시다.' 또는 '서로 사랑하라.' 는 것이 신약성서에 담긴 계시의 핵심이라고 할 수 있다. 구약성서의 창세기에는 '사랑' 이라는 말이 직접 나타나지는 않지만 하나님이 인류를 창조한 역사는 그 자체가 바로 인간에 대한 '사랑의 표현' 이라고 할 수 있다. 하나님 자신이 인간에게 사랑을 실천하고, 인간에게 하나님에 대한 사랑을 강조하며, 이러한 과정을 통하여 인간에게 서로 사랑하라고 가르치고 그것을 의무화하는 것이 성경의 주요 내용이라고 할 수 있다.

이웃에 대한 무관심이나 적의는 하나님에 대한 죄로 간주되며, 이웃에 대한 사랑이 없이 하나님을 사랑한다는 것은 상상도 할 수 없는 일로 간주된다. 이러한 과정에서 하나님에 대한 사랑과 이웃에 대한 사랑이 아주 자연스럽게 결합된다. 신약성서에서는 이 두 종류의 사랑을 불가분의 것으로 계시하고 있다. 이러한 사랑은 특정한 대상에 국한되거나 어떤 조건이 있는 것이 아니며 만인에게 미치는 것이다. 한마디로 '절대적 사랑'이라고 할 수 있다. 성경에서는 심지어 적에 대한 사랑까지도 요구하고 있다.

사랑은 지칠 줄을 모르며, 낙심하는 법이 없다. 사랑은 한없이 용서한다. 원수와도 적극적으로 화해하고, 서로 봉사하며, 모든 일을 참고, 악한 적에게도 선한 마음과 행동으로 표현한다. 사랑이 없으면 어떤 일도 가치가 없어지고, 사랑만이 영원 불변성을 지니는 것이다.

치료자와 환자의 관계도 마찬가지다. 의학적으로 깊은 지식을 갖추는 것도 중요하지만 환자를 사랑하는 마음을 갖는 것이 무엇보다 중요하다고 하겠다.

9. 반성과 성찰

모든 인간은 일상생활에서 많은 경험을 하고 많은 대인관계를 맺는다. 이러한 과정에서 많은 문제들이 발생한다. 그런 경험 자체가 바로 인생이라고 할 수 있다. 기분 좋은 일도 있고 기분 나쁜 일도 있다. 만족스러울 때도 있고 그렇지 못할 때도 있다. 화가 날 때도 있고 편안한 마음을 가질 때도 있다. 또한 살아가면서 대인관계에서 또는 자신이 어떠한 성취를 해 나가는 데 있어서 많은 실수를 저지르기도 하고 많은 후회를 하기도 한다. 이것은 어쩌면 피할 수 없는 일이기도 하다. 이런 모든 과정에서 항상 반성하고 자신을 되돌아보는 일은 무엇보다 중요한 일이다. 실수하는 일이 있더라도 자신을 잘 되돌아보면 같은 실수를 되풀이하지는 않을 것이다. 물론 실수를 하지 않는 것이 가장 이상적이라고 하겠으나 인간인 이상 실수를 저지르지 않을 수 없으므로 같은 실수를 반복하지 않도록 노력하는 것이 중요하다. 그러나 이를 실천하기는 그리 쉽지 않은데, 모든 인간은 누구나 이기적인 경향이 많아서 자기 위주로만 생각하고 행동하기 쉽기 때문이다. 그래서 다른 사람과 어떤 문제가 야기되었을 때에 그것을 자신의 문제로 생각하기는 어렵고, 자신은 완벽한데 상대방에게 문제가 있는 것이라고 받아들이는 경향이 많다. 그렇기에 옛 성인들은 항상 이러한 행동에 대한 주의를 환기시켰다. 그 내용을 소개하면 다음과 같다.

고전에서의 반성과 성찰

• 논어에서의 반성과 성찰

曾子曰, 吾日三省 爲人謀而不忠孝 與朋友交而不信乎 傳不習乎.

증자께서 말씀하시기를, "나는 날마다 세 번 반성을 한다. 남을 위하여 일을 도모함에 성실히 하지 않지는 않았는가? 친구와 더불어 사귐에 믿음 있게 하지 않지는 않았는가? 가르침 받은 것을 제대로 복습하여 익히지 않지는 않았는가?"

증자의 생활철학을 읽을 수가 있다. 자신이 항상 남을 위하여 성실한 태도를 지녔는가? 친구와는 서로 신뢰를 바탕으로 한 사귐이 이루어졌는가? 자신이 배운 것을 제대로 복습하였는가? 이 세 가지에 대하여 반성하는 것이 기본 자세라고 할 수 있다. 너무나 평범한 내용이지만 증자는 이 세 가지에 대하여 끊임없이 반성하여 성인의 경지에 이를 수 있었다.

• 맹자에서의 반성과 성찰

孟子曰, 愛人不親 反其仁 治人不治 反其智 禮人不答 反其敬.

맹자께서 말씀하시기를, "내가 남을 사랑하는데 남이 나에게 친절히 대하지 않으면 나의 어진 태도에 문제가 없는가를 되돌아보고, 남을 다스리는데 잘 다스려지지 않으면 나의 지혜로움을 반성할 것이며, 남에게 예를 갖추고 대하는데 그에 대한 답이 없으면 나의 공경함에 대하여 반성하여야 한다."

대인관계에서 자신은 성의를 가지고 대하는데 상대방에게서 반응이 없는 경우에는 일단 자신의 태도를 반성하라는 가르침이다.

일단 모든 책임을 자신에게로 돌리고 반성을 한다면 해결할 수 있는 방법을 모색할 수 있을 것이다.

- 대학에서의 반성과 성찰

古之欲明明德於天下者 先治其國 欲治其國者 先齊其家 欲齊其家者 先修其身.

옛날 밝은 덕을 천하에 밝히고자 했던 사람은 먼저 자신의 나라를 잘 다스렸고, 자기의 나라를 잘 다스리고자 했던 사람은 먼저 자신의 집안을 가지런히 관리하였으며, 자신의 집안을 가지런히 관리하고자 했던 사람은 먼저 자신을 수양하였다.

- 명심보감에서의 반성과 성찰

欲知未來 先察已然.

미래를 알고 싶으면 먼저 지나간 일을 살펴보라.

- 도덕경에서의 반성과 성찰

知人者 智 自知者 明 勝人者 有力 自勝者 强 知足者 富 强行者 有志 不失其所者 久 死而不亡者 壽.

다른 사람을 아는 사람은 지혜롭고, 스스로를 아는 사람은 현명하며, 다른 사람을 이기는 사람은 힘이 있고, 스스로를 이기는 사람은 강하며, 만족함을 아는 사람은 부한 사람이고, 힘써 행하는 사람은 뜻이 있으며, 그 자리를 잃지 않는 사람은 오래 가고, 죽어도 망하지 않는 사람은 영원히 산다.

다른 사람을 아는 것은 지혜로운 일이며, 다른 사람을 이기는 것은 힘이 있는 일이라고 할 수 있다. 그러나 진정으로 현명하며 강한 사람은 자기 스스로를 알고 또 스스로를 이기는 사람이다. 자신에 대한 성찰 없이는 다른 사람들의 마음을 알 수 없으며, 자기 자신을 이기지 못하는 사람이 다른 사람을 이긴다는 것은 불가능한 일이다. 자신에 대하여 알거나 자신을 이기기 위하여는 철저한 반성과 성찰이 필요하다. 소크라테스도 "너 자신을 알라."는 교훈을 남겼고, 『한비자』의 '유로편(唯老篇)'에도 비슷한 가르침이 있다. "智之難 不在見人 在自見 故 曰 自見之謂明", 즉 "지혜의 어려움은 남을 보는 데에 있지 않고 자기 자신을 보는 데에 있다. 그러므로 자기 자신을 보는 일을 현명하다고 한다."라고 하였다. 자기 자신을 정확하게 보는 일이 가장 중요하며, 그러기 위하여는 끊임없는 반성과 성찰이 요구된다. 왕양명의 가르침도 이와 유사하다. "破山中敵易 破心中敵難", 즉 "산 속에 있는 적은 쳐부수기가 쉬우나, 자신의 마음속에 있는 적은 쳐부수기가 어렵다."라고 하였다. 자신을 안다는 것은 말처럼 쉽지 않다. 아마도 성인은 '자신에 대하여 완벽하게 알고 있는 사람들'이라고 정의할 수 있을 것이다. 따라서 항상 자기 마음속에서 일어나는 현상에 대하여 심사숙고하는 과정은 그 자체가 성인의 길을 가는 것이라고 표현해도 무방할 것이다. 그러므로 항상 자기 마음을 들여다보는 습관을 지녀야 한다.

이상이 고전에 나와 있는 반성과 성찰에 대한 교훈들이다. 많은 고전에서 중요한 덕목으로 이를 강조하고 있는 것은 스스로 실천하기는 어렵다는 것을 시사하는 것이다. '反省'이나 省察'에서 '省'은 '적을 소(少)'와 '눈 목(目)'이 어우러져 만들어진 글자로 '적은 것을 본다.'는 의미를 갖는다. 따라서 '反省'이란 '적은 것을 되돌아본다.'는 뜻이 되고, '省察'이란 '적은 것을 살핀다.'는 뜻이 된다. 한편, '성묘(省墓)' 란 '조상의 산소에서 적은 것을 살핀다.' 는 의미로 조상의 산소에서는 조그마한 흠이라도 항상 잘 살피고 돌보아야 한다는 의미를 갖는다. 이것은 제사를 지내거나 제사상을 차릴 때에 잘 살펴서 한치의 소홀함도 없어야 한다는 것이다. 이렇게 본다면 반성이나 성찰은 거창한 작업이 아니며, 일상생활에서 항상 경험하는 일 중에서 '적은 것을 본다.' 거나 '적은 것까지 보는 작업' 이라고 할 수 있다.

대인관계에서 문제가 생겼을 때는 무엇이 진정한 문제인가, 이러한 갈등에서 나의 문제는 무엇인가에 대하여 깊이 생각해 보아야 한다. 누구나 완벽한 사람은 없다. 모두 함께 생각해 보아야 한다. 부모와 문제가 생겼을 때는 부모와 자녀가 함께 깊이 생각해 보아야 하고, 친구들과 문제가 생겼을 때, 학교 선생님들과 문제가 생겼을 때, 선후배와 문제가 생겼을 때 또는 학교에서 치르는 시험을 잘 보거나 잘 못 보았을 때, 운동시합을 하다가 졌을 때, 평소에는 잘 되던 일이 갑자기 잘 되지 않을 때, 갑자기 자신도 모르게 화가 났을 때, 괜히 기분이 우울해질 때, 괜히 기분이 우쭐해질 때, 어떤 친구와는 관계가 좋은데 다른 친구와는 관계가 나쁠 때 등, 일상생활에서 일어나는 모든 사건에 대하여 항상 깊은 반성과 성찰을 하여야 한다.

우리의 마음은 너무나 복잡하여 자신도 자신의 마음속에 무엇이 들어 있는지 잘 모르는 경우가 많다. 그렇기에 자신의 마음을 스스로 완벽하게 통제하는 일은 아주 어렵다. 이를 알고 스스로의 마음을 통제해 가는 과정이 곧 인격을 수양하는 과정이라고 할 수 있다. 인격적으로 높은 수준에 있는 사람들은 결국 깊은 반성과 성찰을 통하여 자신의 마음에 대하여 잘 알고 있는 사람들이라고 할 수 있다.

특정한 상황에 따라서 자신의 마음속에서 일어나는 감정적인 반응에 대한 자기이해가 깊은 사람들인 것이다. 이것은 특정 순간에 이루어지는 일이 아니라 일생을 두고 노력하여야 하는 과정이다.

치료자와 환자의 관계에서도 좋은 관계가 이루어지고 효과적인 치료가 이루어지기 위하여는 치료자가 자신에 대하여 깊은 이해를 하고 있어야 한다. 치료자가 자신에 대하여 이해하고 있는 깊이만큼 환자에 대해서도 이해할 수 있다. 프로이트의 정신분석학이나 융의 분석심리학 등 모든 정신과적 이론이나 실제가 바로 이러한 전제하에 가능하다. 각 학파에 맞는 분석을 받는 것도 중요하지만 스스로의 마음에 대하여 지속적으로 들여다보며 반성하고 성찰하는 태도 또한 그 중요성을 아무리 강조하여도 지나침이 없을 것이다. 일상생활에서 일어나는 모든 대인관계에서 자신의 감정적인 반응에 대하여 인지의 힘으로 이해하려는 노력을 기울이는 태도가 바로 자기 분석의 방법인 것이다. 스스로 키워 낼 수 있는 능력이 모든 인간의 마음속에 내재되어 있는 것이다.

제7장

긍정적인 힘의 실천

1. 학문의 힘
2. 운동의 힘
3. 음악의 힘
4. 물의 힘
5. 절대적 힘
6. 종교의 힘
7. 우주적 존재

6장에서는 대인관계에서 긍정적인 힘을 발휘할 수 있는 요인들에 관해 살펴보았다. 그 요인들은 지극히 상식적인 것들이나 실천하기에는 그리 쉽지 않다. 이 장에서는 어떻게 하면 그런 긍정적인 힘을 얻고 실천할 수 있는가에 관해 논의하고자 한다.

1. 학문의 힘

공부란 태어나서 성인이 되기까지 꾸준히 노력해야 하고, 특정 시기에 끝나는 과정이 아니라 평생동안 지속적으로 노력하여야 할 과제다. 무엇이든지 배우려는 자세는 살아 있는 동안 추구되어야 할 가치다. 따라서 거의 모든 고전에는 학습에 대한 교훈이 제시되어 있다.

고전에서의 학습론

• 논어에서의 학습론

子曰, 學而時習之 不亦說乎. 有朋自遠方來 不亦樂乎. 人不知而不慍 不亦君子乎.

공자께서 말씀하시기를, "이미 배운 것을 때때로 반복하여 복습하면 이 또한 기쁜 일이 아니겠느냐? 뜻을 같이하는 친구가 있어 멀리서 찾아온다면 이 또한 즐거운 일이 아니겠는가? 다른 사람이 나의 학문과 능력을 알아주지 않아도 화를 내지 않으면 이 또한 수양을 쌓은 군자라 하지 않겠느냐?"

공부를 하는 기본 자세를 가르치고 있다. 배움의 과정에서 꾸준히 반복하여 학습하는 자세가 중요하다는 가르침이다. 이것을 모르는 사람은 없을 것이다. 그러나 고전에서 강조되고 있는 이유는 그것이 실천하기가 어렵기 때문일 것이다.

> 子曰, 由 誨女知之乎 知之爲知之 不知爲不知 是知也.
> 공자께서 말씀하시기를, "유야, 너에게 안다는 것을 가르쳐 주겠는데 '아는 것을 안다고 하고 모르는 것을 모른다고 하여라. 이것이 아는 것이다.'"

유는 공자의 제자로 성은 중(仲)이고 자는 자로(子路)다. 잘 나서는 성향이 있어서 잘 알지도 못하면서 아는 척하고는 했던 모양이다. 그래서 공자가 자로에게 "아는 것은 안다고 하고 모르는 것은 모른다고 하여라."라는 가르침을 내린 듯하다. 아주 간단한 말이나 명언 중의 명언이라고 할 수 있다. 아는 것과 모르는 것을 정확하게 구별하는 일이란 얼마나 어려운가? 열심히 노력하지 않으면 자신이 무엇을 모르는지조차 정확하게 판단하기가 쉽지 않다. 파스칼(Pascal)의 "인간이 알고 있는 것이 물 한 방울이라면 앞으로 알아야 할 것은 대양과도 같다."라는 명언을 상기해 보자. 항상 겸손하게 지속적으로 반복해서 노력하여 자신이 무엇을 모르는가에 대한 정확한 인식만 하게 되면 이미 상당한 수준의 학문을 성취하였다고 할 수 있을 것이다.

- 명심보감에서의 학습론

> 禮記曰, 玉不琢 不成器 人不學 不知義.
> 예기에 이르기를, "옥은 다듬지 않으면 그릇을 이루지 못하며, 사람은 배우지 않으면 의리를 알지 못한다."

배움의 중요성을 강조하고 있다. 사람은 아무리 좋은 자질을 타고났다고 하더라도 배우지 못하면 사람의 도리를 깨닫지 못한다는 가르침이다. 자신이 배우겠다는 자세만 되어 있으면 모든 것—책, 부모님, 선생님, 친구, 선후배, 전혀 모르는 이웃 등 심지어는 동물, 식물, 자연—으로부터 많은 진리를 배울 수 있다.

> 少年 易老 學難成 一寸光陰 不可輕. 未覺池塘春草夢 階前梧葉 已秋聲.
>
> 소년은 늙기 쉽고 학문은 이루기 어려우니 촌음이라도 소홀히 해서는 안 된다. 아직 연못가의 봄꿈을 깨지도 못하였는데, 섬돌 앞의 오동나무가 벌써 가을 소리를 낸다.

세월의 덧없음을 한탄하면서 시간을 아껴서 학문에 정진하라는 가르침이다.

학자들의 학습론

• 율곡(擊蒙要訣)

학자는 반드시 성심으로 도에 향하고 세속의 쓸데없는 일로 자기의 뜻이 흔들리지 않게 되어야만 학문의 기초가 이루어졌다고 할 수 있다.

• 도연명

청춘은 다시 오지 않고 새벽은 하루에 두 번 오지 않는다.
젊었을 때 공부에 열중하라.
세월은 사람을 기다려 주지 않는다.

• 프랜시스 베이컨

지식은 힘이다.

• 플라톤

배우지 않는 것은 태어나지 않는 것만 못하다.
왜냐하면 무식은 불행의 근본이기 때문이다.

이상이 공부의 필요성 또는 학문하는 기본적인 자세에 대해 고전과 학자들의 가르침이다. 학문은 특정 시기에 끝나서는 안 되며, 힘과 통제력을 키우기 위하여 일생 동안 이루어져야 한다. 베이컨은 너무나 극적으로 '지식은 힘' 이라는 사실을 밝히고 있다. 모든 인간은 세 가지 공통적인 가치를 추구한다. 그것은 '돈' '명예' 그리고 '권력' 이다. 힘이란 구체적으로 이 셋 중에서 나오게 된다. 그러나 이들은 지식이 없이는 이루기 힘든 가치들이다.

개인에 따라 차이가 있겠으나 학구열(love for learning)은 누구에게나 존재한다. 즉, 새로운 지식이나 기술을 배우고 익히는 과정에서 즐거움, 기쁨, 만족감, 가슴 뿌듯함, 자신감, 자존감 등 많은 긍정적인 정서를 경험한다. 물론 배우는 과정에서 좌절을 경험하기도 하지만, 학구열은 그런 좌절을 극복할 수 있는 동기적 추진력을 제공한다. 이런 점에서는 학문에 대한 열의는 개인의 내부에서 심리적 생존(psychological survival)을 도와주는 결정적인 역할을 수행한다. 공부를 열심히 해서 좋은 학교에 입학하고 졸업한다는 것이 상당 부분 미래의 행복을 결정짓는 요소가 된다는 것은 부인할 수 없는 사실이다. 실제 우리나라가 1960년대 국민소득 90달러 수준에서 불과 40여 년 만에 200배가 넘는 2만 달러 수준에 도달하는 기적을 이룬 것은 오로지 우리나라 국민의 교육열에 힘입은 바 크다고 할 수 있다.

이 세상에는 무수한 직업이 존재한다. 일정 기간 동안 공부를 하거나 기술을 익히면 직업을 갖게 되고, 그 직업을 바탕으로 물질적, 정신적, 사회경제적 생존이 가능해진다. 사회가 점점 더 복잡해질수록 특정 직업을 갖기 위한 준비 기간은 점차 길어진다. 그만큼 더 전문성이 요구되기 때문이다. 직업은 업무의 내용에 따라 전문직, 사무직, 판매직, 서비스직, 생산직, 농어민 등으로 세분화되는데, 어느 직업이나 전문성을 성취하기 위하여는 자신의 직업에 대한 지식이 필요하다. 이것이 곧 힘이 될 수 있다. 공부를 하는 과정은 철저한 계획성, 성실성, 인내심, 호기심, 의욕, 욕심(긍정적 의미의 욕심), 고도의 집중력, 긍정적인 의미에서의 경쟁심 등 모든 능력을 갖추어야 효과적으로 이루어질 수 있다. 자신의 분야에서 최고의 경지에 이르면 자신의 도움이 필요한 사람들로부터 신뢰를 확보할 수 있다. 이러한 덕목들은 모두 비단 공부를 하는 과정에서 뿐만 아니라 인생의 전 과정, 대인관계에서도 필요한 것이다. 이런 면에서 공부는 그 결과뿐만 아니라 그 과정 전체가 사회적 생존(social survival)과 밀접한 관계가 있다고 할 수 있다.

나아가 공부를 열심히 하여 자신의 분야에서 최고의 경지에 이르러 과거 그 누구도 성취하지 못한 업적을 이루게 되면 시간과 공간을 초월하여 생존할 수 있는 존재가 될 수 있다.

최근 들어서는 통섭(consilience)이라는 단어가 새롭게 등장하고 있다. 이것은 하나의 분야에 대하여 깊이 이해하기 위해서는 타 분야의 학문과 통합이 이루어져야 한다는 의미다. 예를 들면, 인문학과 과학, 문학과 철학, 종교와 예술, 의학과 예술, 의학과 철학, 의학과 종교, 과학과 예술, 문학과 예술, 종교와 철학, 종교와 문학 등이 서로 통섭되어야 한다. 이것은 지식과 지혜가 서로 조화를 이루어야 함을 나타낸다. 지식은 지혜를 바탕으로 하지 않으면 전혀 힘을 가질 수가 없으며, 따라서 통제력 또한 지닐 수가 없다. 지혜란 간단하게 정의한다면 '인간에 대한 봉사와 사랑 그리고 희생을 하는 자세, 인간을 소중하게 여기는 자세' 라고 할 수 있다. 이에 대한 전형적인 예를 슈바이처 박사의 삶을 통해 살펴보자.

슈바이처와 삶

알베르트 슈바이처(Albert Schweitzer, 1875~1965)는 의학, 신학, 철학 그리고 음악 분야를 완벽하게 통괄함으로써 하나의 이상적인 모델이 되고 있다.

슈바이처는 1875년 1월 14일 알자스 주 카이저스베르크에서 태어났다. 할아버지는 목사였으며, 교회의 파이프오르간 연주자를 겸하였다. 아버지 루드비히 슈바이처는 교구 목사직을 맡고 있었다. 어머니 아델레 슈바이처는 뮐바하에서 목사의 딸로 태어났다. 슈바이처가 청소년 시절에 가장 관심을 기울였던 과목은 역사와 자연과학이었다. 작문에도 뛰어난 재능이 있었지만 어학과 수학은 그리 우수하지 않았던 듯하다. 그는 1893년 슈트라스부르크 대학에 입학하였다.

당시 슈트라스부르크 대학은 학문의 전성기에 있었는데, 전통에 얽매이지 않고 새로운 대학이념을 구현하기 위하여 노력하는 신선한 분위기를 이루고 있었다. 대학에서 슈바이처는 신학과 철학을 수강하였다. 이 시기에 이미 역사적으로 인정을 받고 있던 예수의 생애에 대하여 의혹을 갖고 그에 대한 독자적인 연구를 시작했다. 슈바이처가 이러한 연구를 할 수 있었던 것은 그 당시 독일의 대학들이 학생들의 학습방법에 대하여 자유롭고도 독자적으로 할 수 있는 기회를 제공하였기 때문이었다.

1897년 여름이 끝나갈 무렵, 슈바이처는 1차 신학시험을 치렀다. 지정 논문 제목은 「신약성서와 종교개혁의 고백문헌 가운데 기록된 해석과 비교해 본 슐라이어마허의 '최후의 만찬론'」이었다. 1898년 5월 1차 신학시험을 통과하였다. 이와 동시에 철학에 몰두하게 되어 빈델발트로부터 플라톤과 아리스토텔레스에 대한 강의를 들었고, 치글러로부터는 윤리학과 종교학을 청강하였다. 그는 치글러의 권고로 '칸트의 종교철학' 을 주제로 박사학위 준비를 하였다. 참고문헌을 찾지 않고 순전히 칸트의 원문만을 가지고 박사학위 논문을 쓰기로 결심하고 원문만 탐독하였다. 『순수이성비판』『실천이성비판』『판단력 비판』을 탐독하면서 박사학위 논문을 완성하여 1899년 3월에 박사학위 수여가 결정되었고, 그해 말 『순수이성비판으로부터 이성의 한계 내에서의 종교에 도달하는 칸트의 종교철학』이라는 제목으로 출판되었다. 지도교수 치글러는 철학부 전임강사가 되기를 희망하였으나 슈바이처는 신학부에서 일하기로 작정하였고, 슈트라스부르크에 위치한 성니콜라이 교회에서 목회를 맡게 되었다. 처음에는 부목사보로 일하였으나 2차 신학시험에 합격한 후부터는 정식 부목사로 일하게 되었다.

칸트 연구를 마치고 다시 신학으로 돌아왔을 때에 슈바이처가 제일 먼저 손을 댄 과제는 대학 시절부터 관심을 기울였던 '예수의 생애' 에 관한 연구였다. 그것은 성만찬의 역사를 예수의 생애 및 원시기독교 역사와 연관 짓는 작업이었다. 이 연구에서 그는 세 가지의 기본적인 계획을 가지고 있었다. 첫째, 종전의 성만찬 연구에 대한 자신의 견해를 밝히고 개관을 확립한다. 둘째, 예수가 그 제자들과 함께 행한 성만찬의 이해를 위한 전제로서 예수의 사상과 활동을 설명한다. 셋째, 원시기독교와 기원 2세기까지의 고대 기독교 시대의 성만찬을 고찰한다. 첫 번째 논문으로 리첸티아트 학위를 획득하였으며, 두 번째 논문으로 대학강사로 임명되었다.

1902년 3월 1일, 슈바이처는 슈트라스부르크 대학 신학부의 강사취임 강연에서 '요한복음의 로고스론' 을 강의하였다. 이 강의에서는 요한복음에 기록된 예수의 말씀 가운데 다소 모순되는 것처럼 생각되는 구절이 있으나, 사실은 그것들이 서로 잘 연결되어 있으며 여러 가지의 암시가 있는 것처럼 해석하면 완전히 이해될 수 있다는 점을 강조하였다. 강의를 시작하면서 다시 '예수의 생애 연구사' 에 관심을 가지게 되어 그 연구에 착수하게 되었으며, 1905년 여름학기에 매주 2시간씩 강의를 하였다.

1904년 어느 가을날 아침, 슈바이처는 어느 신문에서 '콩고 선교회가 필요로 하는 것' 이라는 제목의 기사를 보게 되었다. 그 기사에는 콩고에서 가장 필요한 사람이 의사라고 적혀 있었다. 이에 슈바이처는 선교사가 아닌 의사로서 가기를 희망하여 의과대학에 입학할 마음을 굳히게 되었다. 그리하여 신학교수직과 목사직을 함께 수행하면서 의학 공부를 시작하였다. 의학은 슈바이처에게 많은 사실을 깨닫게 해 주었다. 단순히 관념적인 것이 아니라 과학적으로 실증 가능한 많은 사실이 있다는 것이었다. 종교나 철학을 통해서만이 아니라 의학을 통해서도 인간에 대한 사랑과 봉사를 실천할 수 있다는 확신이었다. 주님의 부르심에 기꺼이 '주여, 내가 가겠나이다.' 라고 자신있게 실천할 수 있는 가치가 있다는 사실을 의학을 통하여 체험하였던 것이다.

1911년 10월, 슈바이처는 의사 국가고사를 치렀다. 12월 17일에는 마지막으로 마테를링크에게서 외과시험을 성공적으로 치르고 의사가 되었다. 1912년 봄, 슈바이처는 대학교수직과 성니콜라이 교회의 목사직을 사퇴하였다. 성니콜라이 신도들에게 한 마지막 설교는 바울이 빌립보 사람들에게 보낸 편지에 쓴 축복의 말씀, 즉 "그리하면 사람의 모든 지각을 초월한 하나님의 평안이 예수 그리스도 안에서 여러분의 심정과 생각을 지켜볼 것입니다."라는 것이었다. 1912년 6월 18일, 그는 역사가의 딸인 헬레네 브레슬라우와 결혼하였다. 아내는 간호사 교육을 받으면서 슈바이처의 일을 도왔다. 열대의학에 대한 공부를 하면서 사업에 필요한 자금도 구하였고, 필요한 물품도 구하였다.

1913년 3월 26일, 슈바이처는 보르도에서 아프리카로 가는 배를 타고 람바레나에 도착하였다. 람바레나에 도착한 후에는 주로 말라리아, 나병, 수면병, 이질, 농양 등의 질환을 치료하였다. 이 기간 동안 그 유명한 '생명 외경사상'이 태동되었다. 어느 날 갑자기 '삶에 대한 외경심'이라는 구절이 그의 머리를 스쳐 지나갔다. 삶에 대한 외경이란 무엇인가? 그것은 어떻게 하여 우리 마음속에 생겨나는가? 인간이 세계와 자신에 대한 관계를 분명히 알기 위하여는 자신의 사고와 지식에 의하여 이루어진 잡다한 성과에서 벗어나 자신의 의식 속에 주어져 있는 근원적이고도 직접적이며 영속적인 사실을 생각하지 않으면 안 된다. 거기서 출발할 때 비로소 인간은 사고적인 세계관을 이룰 수 있다.

인간의 생명의지를 긍정하게 되면 비로소 그 행동이 자연스럽고 진실해진다. 생명 긍정이란 인간이 하는 일 없이 되는 대로 살아나가는 태도를 버리고 자신의 삶에 진정한 가치를 부여하는 데 외경심을 갖고 헌신할 수 있게 해 주는 정신적인 행위다. 즉, 생명 긍정은 삶에의 의지를 심화시키고 내면화하여 고양시키는 길인 것이다. 동시에 사고하는 인간은 다른 모든 생명의지를 대할 때와 마찬가지로 생명에 대한 외경심을 느끼게 된다. 그 사람은 타인의 생명을 자신의 내부에서 체험한다. 그러한 사람에게 선이란 생명을 유지하고 촉진하는 것, 그리고 발전 가능한 생명을 그 최고의 가치에까지 끌어올리는 것이다. 이에 반하여 악이란 생명을 파괴하고 저해하는 것, 그리고 발전 가능한 생명을 억누르는 것이다. "이러한 생각이 드는 순간, 마침내 마음의 문이 열리고 숲 사이의 길이 보이기 시작하였다. 세계 긍정 및 인생 긍정 그리고 윤리가 모두 내포되어 있는 이념에 도달했던 것이다. 나는 비로소 윤리적 세계 긍정 및 인생 긍정의 세계관이 그 문화 이상과 함께 사고에서 기인한다는 것을 알게 되었다."라고 슈바이처는 회고한다.

이뿐만 아니라 슈바이처는 실제 유명한 음악가이기도 하였다. 특히 바흐에 대하여는 이론가였을 뿐만 아니라 탁월한 연주가이기도 하였다. 할아버지는 알자스 주 파펜호펜에 있는 교회의 목사 겸 파이프오르간 연주자였다. 아버지 또한 음악적인 재능은 대단하지 않았어도 즉흥연주에 상당히 훌륭한 솜씨를 지니고 있었다. 슈바이처는 5세에 아버지로부터 피아노를 배웠다. 7세에 학교에서 자작한 화음을 곁들인 찬송가를 연주해 선생님들을 놀라게 하였고, 8세부터 배운 파이프오르간은 9세 때에 예배를 보는 동안 파이프오르간 연주자 대신 연주하여도 좋다는 허락을 받을 정도로 실력이 좋았다. 10세에는 알자스 주의 뮐하우젠 고등학교에 입학하였다. 이 학교의 음악선생이었던 오르겐 뮌히는 그곳 성슈테판 개척교회의 파이프오르간 연주자였는데 당시의 바흐 열풍에 사로잡혀 있었다. 슈바이처는 비교적 어린 나이였지만 그로부터 바흐를 접할 수 있었다.

1893년 10월 졸업시험에 합격한 후 파리에서 장사를 하던 백부

님 덕분에 그 당시 유럽 최고의 파이프오르간 연주자였던 위도르를 사사할 수 있었다. 대학에 입학하여 신학과 철학을 전공하면서도 음악에 대한 열정은 계속되어 야콥스탈 교수의 음악이론 강의를 들었으며, 더불어 철저한 대위법 교육을 받았다. 대학 시절 슈바이처의 음악공부에 결정적인 도움을 준 사람은 오르겐 뮌히의 동생인 에른스트 뮌히였다. 에른스트 뮌히는 성빌헬름 교회의 오르간 연주자이자 합창 지휘자이기도 하였다. 에른스트 뮌히는 슈바이처에게 연주회에서의 칸타타와 수난곡 연주를 직접 맡기기도 하였다. 이러한 배려 덕분에 슈바이처는 어린 나이에 바흐를 직접 체험하는 기회를 가질 수 있었다. 당시 슈바이처는 바흐뿐만 아니라 바그너에 대하여도 깊은 존경심을 가지고 있었다. 그는 바그너의 〈탄호이저〉를 접하고는 너무나 감동하여 며칠 동안 학교에서 수업을 제대로 들을 수 없었다고 회상했다. 1896년 바이로이트에서 바그너의 〈파르지팔〉을 듣고는 큰 감명을 받았다.

1898년 1차 신학시험에 합격한 후, 슈바이처는 위도르에게 파이프오르간을 더 배우기 위하여 파리로 갔다. 위도르가 보수를 받지 않겠다는 제의를 하여 무료로 사사하였다. 필립에게서는 피아노를 함께 배웠으며, 동시에 리스트의 천재적인 제자였던 마리 자엘 트라우트만에게서도 피아노를 배웠다. 필립과 트라우트만은 피아노 연주에서 서로 다른 입장을 가지고 있었는데, 서로가 서로를 비난하는 상태에 있었기 때문에 슈바이처는 서로에게 비밀로 하고 두 선생님을 사사하였다. 필립은 전통적인 방법으로 가르쳤다. 트라우트만에게서는 특히 피아노의 터치에 대한 교육을 철저하게 받았는데, 손가락이 감각과 지각을 동시에 지니고 있다는 가르침에 큰 감명을 받았다. 스승 위도르를 통하여 슈바이처는 빌헬름 황제 교회의 파이프오르간 연주자였던 하인리히 라이만 교수를 소개받았다. 그는 연습할 때에 자신의 파이프오르간을 사용하도록 허락해 주었다.

슈바이처는 파리에 체류하는 시간이 많아지면서 여러 사람들을 사귈 수가 있었는데, 1905년 로망 롤랑과 처음 만나게 되었다. 처음에는 서로 음악가로서 만났지만 차츰 시간이 지나면서 아주 친한 친구가 되었다. 슈트라스부르크에서 목회를 맡으면서 코지마 바그너 부인을 알게 되었다. 코지마는 바흐의 음악을 서술적이라고 평가한 슈바이처의 견해에 상당한 관심을 보였다. 이를 계기로 두 사람은 아주 친숙한 관계가 되었다. 실제 코지마 부인이 슈트라스부르크를 방문하였을 때는 합창 전주곡을 연주하여 슈바이처 자신의 견해를 직접 들려줄 수 있는 기회를 가지기도 하였다.

슈바이처는 슈트라스부르크의 신학대학에서 교수를 하는 동안 바흐에 대한 책을 처음에는 프랑스어로, 나중에는 독일어로 출판하였다. 『예수의 생애 연구사』를 집필하는 도중에 바흐에 대한 프랑스어판 저작을 완성하였는데, 이는 스승 위도르의 영향을 받고 쓰게 된 것이었다. 위도르는 프랑스어로 출간된 바흐에 대한 저서들 중에는 바흐의 전기만 있을 뿐 그의 예술에 대한 책은 없다는 불평을 했고, 이에 슈바이처는 1902년 가을휴가 기간에 파리의 음악학교 학생들을 위하여 바흐 예술의 본질을 다루는 논문을 쓰겠다는 약속을 하게 되었다. 그런데 논문을 준비하는 과정에서 점차 내용이 방대해지고 그 자신이 흥미가 더해져서 급기야는 책을 집필하기에 이른 것이다.

1903～1904년에 슈바이처는 틈만 나면 바흐 연구에 몰두하였다. 마침 그 당시에는 아주 구입하기 힘들었던 바흐 전집을 구할

수 있어서 많은 도움을 받았다. 1904년에 위도르에게 이 책의 서문을 써 달라고 부탁하여 서문을 받았고, 마침내 1905년에 프랑어로 출판하였다. 슈바이처는 이 책을 백모 마틸데에게 헌정하였다. 백모 덕분에 바흐를 알게 된 것에 대한 답례였다. 처음에는 프랑스 음악문헌의 미비점을 보완하기 위하여 썼지만 독일에서도 인정을 받게 되어 독일어판을 내기로 결심하였다. 1906년 『예수의 생애 연구사』를 탈고한 후 바로 독일어판 번역에 착수하였다. 처음에는 단순히 번역만을 하기로 계획하였으나 좀 더 만족스러운 책을 만들기 위하여 다시 바흐에 대한 연구를 시작하고 자료를 모으면서 새로운 책을 쓰기로 작정하였다. 처음 455페이지였던 프랑스어판 책이 독일어판에서는 844페이지까지 불어나게 되었다.

1908년 초에 독일어판이 완성되었다. 영국에서는 케임브리지의 프랜시스 크로퍼드 버키트 교수가 슈바이처의 저서를 적극 지지해 주었다. 버키트의 주선으로 어네스트 뉴먼에 의하여 영국판이 출판되었는데, 이 책은 독일어판을 텍스트로 삼은 것이었다. 이 책에서 슈바이처는 바흐를 음악의 시인이자 화가로 묘사하였다. 이리저리 떠도는 안개, 불어오는 바람, 세차게 흘러가는 강물, 물결치는 파도, 나무에서 떨어지는 잎사귀, 울려 퍼지는 조종, 굳건한 발걸음으로 다가오는 확고한 신앙, 불안하게 흔들리는 미약한 신앙, 무시당한 교만한 자들, 반역을 꾀하는 사탄, 하늘 구름 위로 산책하는 천사들이 있다면 이 모든 것이 바흐의 음악 속에 내재되어 있다고 주장하였다. 바흐는 실로 음의 언어를 완벽하게 구사하고 있으며, 그의 음악에는 언제나 평화로운 축복, 생기 넘치는 기쁨, 극심한 고뇌, 고상한 고뇌 등이 운율적인 주제로 끊임없이 반복되고 있다고 하였다.

바흐 음악의 본질과 올바른 연주법에 대한 슈바이처의 저서는 시기적으로 적절한 때에 출판되었기에 좋은 평가를 받았다. 음악가들은 19세기 말엽에 완전하게 출판된 바흐 전집을 연구하고 나서, 바흐를 아카데믹한 고전음악의 대표자로 분류하는 것은 옳지 않다는 결론을 내리게 되었다. 그리하여 전통적인 연주법까지 불신하게 된 그들은 곧 바흐의 음악 양식에 적합한 연주법을 새롭게 모색하기 시작하였다. 그러나 이러한 새로운 인식이 구체적으로 행해지지 않았는데, 슈바이처의 저서가 바흐를 연구하고 있던 음악가들의 생각을 처음으로 표명한 셈이 된 것이었다. 이를 계기로 슈바이처는 많은 새로운 친구들을 사귈 수가 있었다. 베를린의 바흐 음악 지휘자인 지그프리트, 카르멘 실바 등이 그 대표적인 인물이었다.

슈바이처는 비단 이론적인 측면에서 바흐를 연구하였을 뿐만 아니라 연주법에도 큰 관심을 보였다. 그리하여 1906년도에는 『독일과 프랑스의 파이프오르간 제작법 및 연주법』이라는 책을 출판하기도 하였고, 바흐 음악의 연주자로서도 유럽 제일의 위치를 차지하게 되었다.

진정 슈바이처는 신학, 의학, 철학, 문학, 음악 등 인간의 심성을 다루는 모든 학문, 예술 분야를 섭렵함으로써 내적인 성숙을 이루었고, 이를 바탕으로 타인에게 사랑과 봉사 그리고 희생을 실천하였던 성인이었다고 할 수 있다. 그는 완성된 학문이란 무엇인가, 학문에서 통섭이란 무엇인가를 전형적으로 보여 준 모델이라 하겠다.

지식은 힘이다(Knowledge is power).

지혜는 더 큰 힘이다(Wisdom is more powerful).

계속 강조하지만, 모든 인간이 궁극적으로 그리고 공통적으로 추구하는 가치는 효과적인 생존이다. 그러므로 심리 · 사회적 생존을 위하여는 학문을 열심히 닦아 전문가가 되는 과정이 필수적이라고 하겠다.

2. 운동의 힘

긍정적인 힘의 실천에는 공부 못지않게 운동 역시 중요하다. 몸이 건강하지 못하면 정신적 건강, 사회적 건강 그리고 영혼의 건강을 실천할 수 없기 때문이다. 이 책의 주제인 '힘과 통제'가 가장 직접적으로 표현되고 구현되는 것이 바로 운동이라고 할 것이다.

일반적으로 신체적 활동(physical activity)과 운동(exercise)은 구별되는 개념이다. 신체적 활동이란 골격근에 의하여 일어나는 신체적인 움직임으로 에너지 소모가 필요하며, 규칙적으로 시행하는 경우 지속적인 건강상의 이득을 가져다준다. 신체적 활동이란 일반적으로 낮은 수준의 신체적인 움직임을 뜻하며, 정원 가꾸기, 간단한 집안일 하기, 계단 걷기, 춤추기 등이 속한다. 운동이란 신체적 활동의 한 부분으로 하나 이상의 체력 구성요소를 증진시키고 유지시키기 위해 계획되고 구조화된 반복적이고도 규칙적인 움직임이다. 운동의 예로는 걷기, 달리기, 사이클링, 에어로빅, 수영, 근력훈련 등이 있다. 일반적으로 신체적 활동에 비하여는 높은 강도의 노력을 요구하는 활동을 의미한다. 하루 150kcal, 1주일에 1,000kcal 이상의 에너지 소모를 요하는 신체적 활동을 중강도의 신체적 활동(moderate physical activity)이라 이르는데 이것이 운동이라 할 수 있다.

운동이 가져다주는 건강상의 이득 효과는 다음과 같다(Hoeger & Hoeger 저, 고기준 외 역, 2008).

➔ 신체적 측면

- 심폐 기능을 향상시키고 강화시켜 준다.
- 근긴장, 근력, 근지구력을 유지시켜 준다.
- 근육의 유연성을 향상시켜 준다.
- 권장 체중을 유지시켜 준다.
- 근육의 유지를 돕는다.
- 안정 시 대사율을 높여 준다.
- 신체 활동 시 지방 소비 능력을 높여 준다.
- 자세와 신체적 외양을 가꾸게 해 준다.
- 면역 기능을 향상시킨다.
- 심혈관계 질환이나 암 등 만성질환의 위험을 낮춰 준다.
- 만성질환으로 인한 사망률을 낮춰 준다.
- 콜레스테롤 수치를 효율적으로 조절하여 준다.
- 고혈압을 예방하고 혈압을 낮춘다.
- 당뇨를 예방하거나 혈당치를 조절하여 준다.
- 골다공증의 발생률을 낮춘다.
- 숙면을 취할 수 있게 도와준다.
- 만성 요통을 예방한다.
- 긴장을 풀어 주고 생활 스트레스를 극복하도록 도와준다.
- 작업 능률을 높여 준다.
- 노화를 늦추고 수명을 연장시킨다.

• 신체적 활동 후 회복을 촉진시켜 준다.
• 전체적인 신체 기능을 조절하고 향상시켜 준다.
• 신체적 체력을 향상시키고 만성 피로를 억제시킨다.

➔ 심리 · 사회적 측면

• 즐거움, 기쁨을 느끼게 해 준다.
• 불안감을 줄여 준다.
• 우울감을 줄여 준다.
• 적대감, 공격성, 분노 등의 부정적인 감정을 감소시켜 준다.
• 의욕을 항진시켜 준다.
• 자아상, 자부심을 높여 준다.
• 심리적 행복감을 느끼게 해 준다.
• 긍정적인 생활방식으로의 변화를 유도한다(금주, 금연, 규칙적인 생활 등).
• 자기 성찰 능력을 향상시킨다.
• 다양한 대인관계를 맺는 기회를 제공한다.

건강에 이득을 얻기 위하여는 하루에 최소한 30분 정도의 유산소운동을 해야 하며, 체중 증가를 막기 위하여는 30~60분, 심혈관계의 질환이나 당뇨병 등 성인질환을 조절(control)하기 위하여는 60~90분의 운동이 필요하다. 다음에서 유산소운동과 무산소운동에 대해 자세히 살펴보기로 한다.

유산소운동(aerobic exercise)이란 주로 지구력에 관한 운동들을 말하는데, 마라톤, 걷기, 조깅, 수영, 자전거 타기, 줄넘기, 에어로빅 등이 속한다. 유산소운동은 심폐 지구력을 향상시키는 데 기여

한다. 이 경우에는 에너지원 함량의 많고 적음은 큰 문제가 되지 않는다. 따라서 장거리 선수들은 근육의 양을 늘릴 필요가 없다. 마라톤 선수들이 왜 영양실조에 걸린 사람들처럼 체격이 빈약한가 하는 것을 이해할 수 있다. 그들에게는 소량의 에너지라도 완전 분해할 수 있는 능력이 중요하다. 유산소운동의 효과는 다음과 같다.

- 최대 산소 섭취량(maximum oxygen uptake: MOU, VO_{2max})이 높아진다. MOU란 몸이 신체 활동을 유의하게 증가시키는 동안 이용할 수 있는 산소의 양이다. 이것이 높을수록 운동을 오래 강하게 할 수 있다.
- 운동의 결과로 적혈구 수가 증가된다. 적혈구 내에는 산소를 운반하는 헤모글로빈이 있기 때문에 결과적으로 혈액의 산소 운반 능력이 증가된다.
- 심근의 근력이 강해지고 안정 시 심박동 수(rest heart rate: RHR)가 감소한다. 운동으로 심근의 근력이 강해지면 박동 시 심박출량(cardiac output)이 증가되기 때문에 심박동 수는 낮아진다.
- 운동을 정기적으로 하는 경우에는 심폐계의 효율성이 증가되기 때문에 주어진 운동부하(workload) 시 운동을 정기적으로 하지 않는 사람들에 비하여 심박동 수가 낮아진다.
- 미토콘드리아의 수와 크기가 증가된다. 세포의 기능에 필요한 에너지는 미토콘드리아에서 생성되기 때문에 그 수와 크기가 증가하면 근육의 활동에 필요한 잠재적인 에너지를 많이 생성한다.
- 기능적인 모세혈관(capillaries)의 수가 증가된다. 모세혈관에

서는 혈액과 세포 사이에서 산소와 이산화탄소의 교환이 일어난다. 따라서 모세혈관의 수가 증가되면 그 교환이 더 많이 빨리 일어나기 때문에 장시간 운동으로 인한 피로 발생을 늦출 수가 있다. 또한 대사 작용 결과로 생긴 부산물의 제거를 더 효과적으로 할 수 있다.

- 회복시간이 빨라진다. 운동을 정기적으로 하는 사람들은 그렇지 않는 사람들에 비하여 운동 후 회복시간이 더 빨라진다.
- 혈중 지질(콜레스테롤이나 트리글리세라이드 등)과 혈압이 낮아진다. 따라서 동맥경화를 예방해 준다.

무산소운동(anaerobic exercise)이란 운동의 강도가 높아서 에너지를 생성하기 위해 산소를 이용하거나 배달할 수 없는 상태의 운동을 이른다. 100, 200m 등 단거리 경주가 속하는데, 단거리 경주는 에너지를 근육에 풍부하게 쌓아 두었다가 순식간에 쏟아내어야 하기 때문에 근육에 저장하는 에너지의 양이 많을수록 유리하다. 따라서 단거리 선수에게서는 에너지의 함량을 높이기 위하여 근육의 양을 늘려야 한다. 또한 이러한 폭발적인 에너지 사용에는 숨을 쉴 틈도 없어 산소를 이용하지 않기 때문에 무산소운동이라고 불리는 것이다. 모든 에너지를 바로 태울 수 있는 해당(glycolysis)[4] 대사계가 발달되어 있어야 한다. 무산소운동은 심폐 지구력을 향상시키는 데 기여하지 못한다. 유산소 호흡을 하는 근육은 크렙스 회로(Krebs cycle)[5] 대사가 일어나는 부위인 미토콘드리아와 미오글

4) 산소 없이 당을 분해하여 에너지를 얻는 대사과정, 즉 젖산이 되는 대사과정이다.
5) 탄수화물, 지방 및 단백질의 모든 대사의 최종과정이다.

로빈(myoglobin)[6]이라는 산소를 운반하는 생체 분자가 잘 발달되어 있어야 한다. 또한 이러한 운동근육은 혈액순환을 증대시키기 위하여 미세혈관들이 많이 발달되어 있기 때문에 붉은 색깔을 띠게 된다. 이것이 붉은 근육(type 1, red muscle)이라고 불리는 이유다. 그리고 지구적인 느린 운동을 담당하기 때문에 지근성 근육이라고도 불린다. 무산소 호흡을 하는 근육은 미토콘드리아가 적은 흰 근육(type 2, white muscle)이 발달되어야 한다.

사람이 살아 있다는 것은 움직인다는 뜻이다. 근육은 움직이지 않으면 금방 위축된다. 이는 불용성 위축(disuse atropy)이라고 불리는 현상이다. 반면에 사용을 많이 하면 근육이 발달한다. 그러나 과도하게 사용하는 경우 생체 내에서 처리할 수 없을 정도의 과다한 산소 래티컬이 생성되기 때문에 조직의 손상을 가져오고 노화를 초래하여 여러 질병의 원인이 될 수 있다. 또한 과한 운동을 하면 근육세포의 대사과정에서 젖산이 생성되는데, 그 생성량은 운동 강도와 시간에 비례한다. 이러한 젖산은 산도가 높아 세포 내에 축적되면 조직의 pH를 저하시키게 되고, 결국 근육섬유들의 수축 · 이완 작용을 억제시키는 등 다른 대사계에도 영향을 미쳐 세포 기능을 방해한다. 따라서 조직의 피로가 초래된다(박상철, 1999). 과유불급(過猶不及, 과한 것은 모자람만 못하다)이라는 공자의 가르침이 그대로 적용된다.

우리 신체 각 기관의 기능은 10대 후반부터 30대까지 최대 기능을 발휘하다가 그 후부터 서서히 저하된다. 그러나 각 기관마다 저

6) 산소와 가역적으로 결합하여 조직 내에 산소를 저장하는 헴단백질이다. 근조직에 많으며 조직 헤모글로빈이라도도 부른다.

하되는 속도에는 차이가 있다. 80세경에 이르면 신경 기능은 10～15%, 심장 기능은 20～30%, 호흡 기능은 약 40% 정도 기능의 저하가 초래된다. 그 결과 폐활량, 최대 호흡량, 기능적 잔기량, 흡기 용량 등이 저하된다. 심혈관계의 기능 저하도 동반된다. 최대 심박동률, 최대 심박출량이 감소하고, 모세혈관의 탄력성도 감소되기 때문에 말초에서의 순환도 나빠진다.

근육의 경우도 마찬가지다. 악력은 약 20%, 다른 골격근은 40% 정도 기능 저하가 나타난다. 나이가 들면 근육섬유의 크기가 감소되며, 근육의 질량이 감소되어 운동 기능이 저하된다. 유연성과 민첩성, 속도 및 균형 능력이 크게 저하된다. 이러한 변화들은 인간이면 누구나 겪어야 하는 필연적인 과정이다. 그러나 적절한 운동을 하면 그 과정을 많이 늦출 수 있다.

운동은 최대 산소 섭취량을 증가시켜 준다. 스트레칭 등 간단한 운동으로도 유연성이 좋아지고 저강도의 유연한 지구력 운동으로 균형 능력이 현저하게 향상된다. 여기에는 운동의 효율성을 증진시키는 일이 중요하다. 이는 체내에 운동으로 생성되는 젖산을 효율적으로 제거하는 능력을 높이고, 더 나아가 높은 젖산 농도에서도 세포 내의 대사가 원활하게 이루어질 수 있도록 생체의 효소계들을 적응시켜 나가는 노력을 이른다. 운동 후의 심호흡이 산소 공급을 다량으로 높여 주고, 운동 전 준비 운동과 운동 후 마감 운동이 신체의 각 부위에 혈액을 적절하게 흐르도록 도와준다. 그리고 사우나 역시 혈액순환을 원활하게 함으로써 산소와 영양소의 공급과 폐기물의 처리를 도와 운동의 효율성을 높여 준다. 에너지원인 당분을 공급하거나 아미노산을 공급하면 젖산을 효과적으로 제거할 수도 있다.

이상에서 볼 수 있는 바와 같이, 혼자서 스스로 할 수 있는 여러 운동들은 신체적인 측면뿐만 아니라 정신적인 측면에서도 긍정적인 효과가 있으며 개인의 생존을 효과적으로 도와주는 역할과 기능을 한다. 인간이 즐기는 운동은 비단 혼자서 하는 운동뿐만 아니라 타인과 함께 어울려서 하는 운동, 단체 운동 등 아주 다양하다. 또한 일상생활에서 운동은 아주 중요한 부분을 차지하고 있다. 실제로 운동을 몸소 하는 사람들도 있고, 직접 운동을 하는 것은 즐기지 않더라도 운동경기를 관전하는 것이 취미인 사람들도 상당히 많다. 왜 운동이 우리의 생활에서 중요한 부분을 차지하고 있는가? 많은 사람들이 공통적으로 몰두하는 것은 그만한 이유가 있기 때문이다.

운동에는 수많은 종류가 있다. 야구, 축구, 농구, 배구, 테니스, 배드민턴, 탁구 등 인기가 높은 구기 종목과 권투, 레슬링, 유도, 씨름 등 투기 종목도 있다. 이 외에도 육상, 수영 등 수많은 운동들이 있다. 운동의 종류는 아주 다양하지만 그 모든 운동들의 공통적 특징은 '힘'이 필요하며 그 힘에 대한 적절한 '통제력'이 필요하다는 점이다. 운동은 그 종류가 다양한데, 어떠한 종류의 힘을 어떠한 방법으로 통제하는가에 따라 나누어진다.

힘은 곧 속도(스피드)로 표현되며, 통제력은 자신에 대한 통제력이나 사용하는 공에 대한 통제력 등으로 표현될 수 있다. 큰 힘으로 절묘한 통제력을 갖춘 사람이 이기는 것이 곧 운동이다. 모든 운동의 기본은 '힘과 통제력'인데, 이것이 모든 인간이 공통적으로 추구하는 목표이기에 많은 사람들이 운동에 몰두하게 된다. 따라서 많은 힘과 절묘한 통제력이 많이 요구되는 운동일수록 더욱 더 많은 흥미를 유발하고 인기가 높아진다. 예를 들면, 육상 중에서 마라톤은 흔히 올림픽의 꽃이라고 한다. 그 이유는 아주 간단하다. 다른 육상 운동에 비하여 많은 힘과 절묘한 통제력이 필요하기 때문이다. 지역이 넓을수록 그만큼 더 변수가 많아지며, 변수가 많아지면 그만큼 더 통제하기 어렵다. 그래서 많은 흥미를 자아낼 수 있는 것이다.

인간은 누구나 힘을 갖기 원하는데, 힘은 '내가 얼마나 넓은 지역을 지배하는가?'로 대변될 수가 있다. 넓은 지역을 자신의 통제력하에 둔다는 것은 모든 인간의 공통된 욕망이다. 많은 사람들이 직접적이든 간접적이든 운동에 몰두하고 그것이 우리의 일상생활에서 중요한 부분을 차지하는 것은 바로 운동이 갖는 이러한 특성 때문이다. 인간의 기본적인 욕구가 운동이라는 형식을 통하여 직접적 또는 간접적으로 충족되기 때문이다. 운동을 열심히 하는 것이 공부에 몰두하는 것과 똑같은 의미가 있을 수 있는 것은 바로 이런 점 때문이다. 무슨 운동이든지 열심히 하면 곧 그것이 정신적으로도 성숙할 수 있는 좋은 계기가 될 것이다.

앞의 장에서 부드러움이 대인관계에서 얼마나 중요한 덕목이며 힘을 가져다주는가를 살펴본 바 있는데, 그것이 더 구체적으로 표현되는 것이 바로 운동이다. 딱딱한 신체에서는 절대로 강한 힘이 나오지 않는다. 무슨 운동이든지 부드러운 자세에서만이 '강한 힘과 절묘한 통제력' 이 나오는 것이다. 또한 훌륭한 운동선수가 되기 위하여는 꾸준한 노력, 성실성, 자기 자신을 이기려는 노력, 정신적인 성숙 또는 안정 등이 필수불가결한 조건이다. 정신적인 안정감이 없이는 시합에서 절대로 훌륭한 운동선수가 될 수 없다.

운동은 또한 이기고 지는 과정을 통하여 인생을 가르쳐 준다. 인생은 경쟁의 연속이다. 비단 학생들의 입학시험뿐만 아니라 사회생활 자체가 경쟁이다. 개인과 개인, 집단과 집단, 국가와 국가 등 모든 것이 경쟁이고 경쟁에서 이겨야 살아남을 수 있다.

더불어 운동을 통하여 많은 긍정적인 대인관계를 만들 수가 있다. 무한경쟁 시대에 이러한 경쟁을 성숙하게 할 수 있는 능력을 갖추어야 사회적 생존이 가능하다. 서로의 합의로 정해진 규칙에서 정정당당하게 선의의 경쟁을 한다.

경쟁을 하면 반드시 한쪽은 이기고 다른 한쪽은 지게 되어 있다. 중요한 것은 졌을 때의 태도다. 졌을 때 그것을 어떻게 받아들이는가가 앞으로 지속적으로 패자가 될 것인가 또는 승자가 될 것인가를 결정하는 요인이 된다. 졌을 때에 반성을 하고 그 원인을 잘 분석하여 다음 시합에 대비하면 같은 실수를 되풀이하지 않지만, 졌을 때에 그것을 자기의 탓으로 보지 않고 운이 나쁘다, 심판이 불공정하였다는 식으로 원인을 다른 곳으로 돌린다면 그 사람은 지속적으로 패자가 될 것이다. 반면, 이겼을 때에도 지나친 자만심을 갖는 것은 금물이다. 이겼을 때에도 겸손한 자세를 갖는 것이 지속적으로 승자가 될 수 있는 길일 것이다.

누구나 항상 승자가 되면서 행복하게만 살아갈 수는 없다. 좋은 일도 궂은 일도 겪으면서 사는 것이 인생이다. 항상 반성을 하고 같은 실수를 되풀이하지 않게 가르쳐 주는 것이 곧 운동이다. 또한 열심히 노력하여 어느 운동에서나 최고의 경지에 이르게 되면 그 사람은 나중에 죽더라도 그 사람의 성취는 많은 사람들의 마음속에 살아남게 된다. 즉, 정신적 또는 사회적 생존이 가능하게 되는 것이다. 이런 면에서 육체적, 정신적 그리고 사회적 생존에서 운동이 갖는 중요한 의미에 대하여는 아무리 강조하여도 지나침이 없을 것이다.

3. 음악의 힘

긍정적인 심성을 갖추는 방법으로 예술에 대한 사랑을 키우는 것은 좋은 방법이 될 수 있다. 무릇 예술이란 인간의 내부에 존재하는 진선미를 표현하는 방법이기 때문이다. 일반인들은 자신의 내부에 존재하는 진선미를 잘 깨닫지 못하고 있다. 하지만 예술가들은 그들의 직관적 통찰력을 가지고 깨달을 수 있고, 이것이 표현된 것이 곧 예술이다. 여기에서는 음악에 대하여 논의하기로 한다.

인간이 음악을 즐길 수 있는 능력은 학습된 것이 아니며 세상에 태어났을 때에 이미 지니고 있는 것이다. 아니, 그 이전 자궁 내에서도 지니고 있었다고 할 수 있다. 왜냐하면 임신 3~4개월이면 이미 소리를 듣고 반응하기 때문이다.

건강한 상태, 효과적인 생존을 위하여는 '조화와 균형(harmony and balance)' 이 필수적인 조건이다. 이를 성취해 나가는 방법들 중의 하나가 '음악을 사랑하는 것'을 몸에 익히는 것이라고 할 수 있다. 음악은 그 자체가 '조화와 균형'이라고 할 수 있기 때문이다. 음악의 역사가 인류의 역사와 같이하고 있는 것은 바로 이러한 이유 때문이라고 할 수 있다.

음악의 역사는 바로 인류의 역사다. 고대 아프리카인, 북미와 남미의 인디언, 그리고 오세아니아의 종족들과 같은 원시집단에서도 음악이 있었고, 중국, 인도, 한국, 일본의 고대사회에서도 역시 음악이 존재하였다. 초기 고대의 음악에 관한 연구자들은 음악을 수학적 · 이론적 방식 또는 철학적 · 윤리적 방식으로 다루었다. 예를 들면, 피타고라스(Pythagoras)는 철학자이자 수학자였는데, 음악은 옥타브와 5도 음정만이 가장 순수한 협화음이라는 음악적인 비율을 발견하여 설명한 바 있다. 플라톤과 그의 제자 아리스토텔레스는 음악의 윤리적 가치에 많은 관심을 두어 그들의 저서 『국가론』이나 『정치학』에서 음악의 개념과 사회에서 음악의 기능에 관한 언급을 하고 있다. 이후 로마네스크(Romaneque, 500~1000), 고딕(Gothic, 1100~1430), 르네상스(Renaissance, 1430~1600), 바로크(Baroque, 1600~1750), 고전주의(Classic, 1975~1820), 낭만주의(Romantic, 1820~1900) 시대를 거쳐 20세기의 현대음악에 이르고 있다.

동양에서도 음악에 관한 기록은 긴 역사를 가지고 있다. 고대 중국의 『예기』에는 "聲音之道 與政通矣", 즉 "음악의 도는 정치와 통한다."라는 기록이 나온다. 즉, 고대 중국에서는 정치에서의 원칙과 음악적인 원칙을 같은 것으로 보았다. '음(音)' 이란 곧 말의 변형된 형태이며, 따라서 백성들 사이에 유행하는 노래를 통하여 그들의 마음을 알고 그것을 정치에 반영하였다는 의미다. 음악이란 '인간의 삶' 이라는 심오한 의미가 있다.

고전에서의 음악

• 논어에서의 음악

子與 人歌而善 必使反之 而後和之.

"공자께서 어떤 사람과 함께 노래하시는데, 그 사람이 잘 부르면 반드시 다시 하게 하셨고, 그 후에 따라 하셨다."

曰, 人而不仁 如禮何, 人而不仁, 如樂何.

"공자께서 말씀하시기를, '사람으로 어질지 못하면 예가 바른들 무엇하며,

사람으로 어질지 못하면 음악은 해서 무엇하겠는가?' "

여기에서 공자가 음악을 사랑한 내용과 '예(禮)' '인(仁)' 그리고 '악(樂)' 간의 상호관련성이 제시되고 있다.

• 맹자에서의 음악

莊暴 見孟之曰 暴見於王 暴未有以對也. 曰好樂 何如. 孟子曰, 王之好樂 甚 則齊國 其庶幾乎.

"장포가 맹자를 보고 '제가 왕을 알현하였더니 왕께서 저에게 음악에 대하여 말씀하시는데 제가 제대로 답을 할 수 없었습니다. 음악을 좋아하는 것은 어떠합니까?' 하고 맹자께 물으니, 맹자께서 '왕이 음악을 많이 좋아한다면 제나라는 천하의 왕 노릇을 할 수 있을 것이로다.' 라고 하셨다."

他日 見於王曰 王 嘗語莊子以好樂 有諸. 王 變乎色曰 寡人 非能好先王之樂也. 直好世俗之樂耳.

"다른 날에 맹자가 왕을 뵙고서 말하였다. '왕께서 일찍이 장포에게 음악을 좋아한다고 말씀하셨다는데 그러한 일이 있었습니까?' 왕은 얼굴 빛을 달리하며, '나는 옛날에 선왕이 지었던 음악을 좋아하는 것이 아니라 다만 요즈음 유행하는 속악을 좋아할 따름입니다.' 라고 하였다."

曰王之好樂 甚 則齊其庶幾好 今之樂 由古之樂也.

"맹자께서 말씀하시기를, '왕께서 음악을 많이 좋아하신다면 제나라가 이상정치를 실현하는 것을 기대할 수가 있을 것입니다. 오늘날 유행하는 음악이 옛날에 불렸던 음악과 같다고 할 수 있기 때문입니다.' "

曰可得聞與 曰獨樂樂 與人樂樂 孰樂 曰不若與人. 曰與少樂樂 與衆樂樂 孰樂 曰不若與衆.

"왕께서 '그 까닭을 들을 수 있겠습니까?' 하니, 맹자께서 '혼자서 음악을 즐기는 것과 여러 사람이 함께 들으면서 즐기는 것은 어느 쪽이 더 즐겁습니까?' 하고 되물으시니 왕이 말하기를, '다른 사람과 함께 음악을 들으며 즐기는 것이 더 즐겁습니다.' 맹자께서 다시 '소수의 사람과 함께 음악을 들으며 즐기는 것과 다수의 사람이 함께 들으며 음악을 즐기는 것은 어느 쪽이 더 즐겁습니까?' 하고 물으니, 왕은 '다수의 사람들이 함께 듣는 것이 더 즐겁습니다.' 라고 답하였다."

여기에서 우리는 음악과 정치 간의 깊은 관계를 엿볼 수가 있다. 실제로 왕과 맹자의 이러한 문답은 정치적인 내용으로 계속 이어진다. 음악은 그것이 속악이든 고전음악이든 가릴 것 없이 인간의 삶에 도움을 줄 수 있다는 가르침이라고 할 수 있다. 요즈음 표현으로 한다면 유행가든 고전음악이든 어떠한 종류의 음악이든지 모두 우리의 삶을 도와줄 수 있다는 가르침이 된다. 또한 국민들을 다스리는 사람들은 음악을 통하여 스스로의 마음속에서 '조화와 균형' 을 이루어야 하며, 이것이 다스리는 사람들의 중요한 덕목 중의 하나라는 뜻도 있다. 아울러 음악을 혼자 즐기는 것보다는 여러 사람들이 즐기는 것이 더 즐거운 것과 마찬가지로 모든 국민이 바라는 대로 정치를 펼쳐 나가야 한다는 의미도 내포되어 있다.

『시경』의 시를 내용적으로 분류해 보면 '풍(風)' '아(雅)' '송(頌)' 의 세 종류로 나눌 수 있다. '풍' 은 각 지방의 민간가요였고, '아' 는 조정에서 연주되던 음악이었다. 그리고 '송' 은 종묘에서 조상에게 제사를 지내며 부르던 노래였다. 여기에서 알 수 있듯이 '속악' 이건 '궁정음악' 이건 그것이 인간의 마음을 즐겁게 해 줄 수만 있다면 모두 좋다는 의미가 된다.

대표적인 음악가인 베토벤의 삶과 그 음악적 사상을 통해 얻을 수 있는 교훈에 대해 살펴보자.

베토벤의 삶

(1) 베토벤의 출생

베토벤(Ludwig van Beethoven, 1770～1827)은 1770년 12월 16일 본에서 태어났다. 베토벤의 조상은 벨기에의 말린스 지역에서 살았던 기록이 있다. 베토벤의 증조부인 미카엘 판 베토벤은 말린스 출신의 빵 제조업자였다. 미카엘은 빵 제조업으로 상당한 성공을 거두었으며 이를 바탕으로 나중에는 고급 장식품, 가구, 그림 판매에 손을 대었다. 그런데 이것이 실패하여 파산을 하고 자신의 장남(코넬리우스)이 있던 본으로 도망을 가게 된다.

미카엘은 1707년에 결혼하여 두 아들을 두었는데 코넬리우스와 루트비히였다. 큰아들인 코넬리우스는 양초 제조업과 궁정으로 들어가는 식료품 조달업을 하였으며, 1731년에 본으로 이사를 오게 된다. 둘째 아들인 루트비히는 음악가가 되었다. 이 루트비히가 베토벤의 조부로, 베토벤은 조부의 이름을 그대로 이어받았다. 베토벤의 조부는 어려서부터 음악공부를 하여 가수, 오르간 연주자, 합창 지휘 등을 하다가 나중에는 궁정악장의 자리에까지 오르게 된다. 기록상으로는 베토벤의 조부인 루트비히는 2편의 오페라를 작곡한 것으로 되어 있으나 작곡가로서는 그리 훌륭하지 못하였다. 베토벤이 3세 되던 1773년에 사망하였다.

베토벤의 아버지 요한은 어려서부터 좋은 음성을 지니고 있었다. 10세에 정기적으로 학교에서 개최되는 연극에서 가수로 뽑혀 노래를 부른 적이 있으며, 이후에 루트비히가 직접 요한의 음악공부를 담당하게 된다. 주로 성악과 피아노를 가르쳤으며 바이올린에 대한 교육도 받았던 기록이 있다. 나중에 궁정음악가가 되어 테너 가수로 일하게 된다. 비교적 훌륭한 음악선생이었으나, 말년에는 알코올중독으로 가장으로서의 역할을 제대로 할 수 없는 상태에 이르게 된다. 1792년 베토벤의 나이 22세에 사망하였다.

베토벤의 어머니 마리아는 원래 시종무관과 결혼하였는데, 남편이 사망한 후에 베토벤의 아버지인 요한과 1767년에 재혼하였다. 요한과 결혼한 후에 일곱 자녀를 두었으나 네 자녀는 어려서 사망하고 세 아들만 생존하게 된다. 베토벤의 형이 일찍 사망한 관계로 베토벤이 장남이 되었고, 두 동생인 칼과 요한을 두게 된다. 어머니는 1787년 베토벤의 나이 17세에 폐결핵으로 사망하였다.

이상과 같이 베토벤의 조상들 중에는 음악의 역사에 남을 만한 인물은 없으나, 조부와 아버지가 음악가였던 관계로 베토벤의 음악적 재능은 어느 정도 타고난 듯하다. 이것이 베토벤이 '악성(樂聖)'으로 발전하는 데 상당히 중요한 역할을 한 것으로 추정된다.

(2) 베토벤의 어린 시절

기록상으로는 1774년경 베토벤의 나이 4세에 음악적인 재능이 처음 드러났다고 되어 있으나, 정확하게 몇 살 때부터 아버지 요한이 베토벤에게 음악교육을 시켰는지는 분명하지 않다. 대략 5세경이 아니었을까 추정되고 있다. 베토벤은 어려서부터 즉흥곡에 상당한 관심과 재능이 있었던 듯하다. 아버지 요한이 늘 "악보를 잘 보고 악보대로 피아노를 쳐라. 네 머릿속에서 즉흥적으로 떠오르는 대로 치는 것은 나중에 해라."라는 주의를 받았다는 기록이 있다. 정규교육은 티로키니움(Tirocinium)이라는 라틴 계통의 국민학교 과정이 전부인데, 1777～1780년까지만 다니고 이후에는 정규 교육을 받지 못한 것으로 되어 있다. 그는 자신의 교육이 부족하다고 느끼고 19세에 본 대학의 철학과에 청강생으로 등록하여 강의를 들었다.

베토벤이 음악가로서 대중 앞에 처음 모습을 드러낸 것은 8세(1778년 3월 26일)였다. 당시의 포스터가 남아 있는데, 그 포스터에는 '요한의 작은 아들 6세의 베토벤' 이라고 소개되어 있다. 베토벤의 아버지인 요한은 베토벤을 모차르트처럼 키우겠다는 야심을 가지고 있었으며, 의도적으로 베토벤의 나이를 줄여서 선전하였다. 이 때문에 상당 기간 베토벤의 생년월일에 대한 혼돈이 있었다. 베토벤 자신도 40대 중반까지 자신의 나이를 실제보다 두 살 어리게 알고 있었다. 이 연주회에서 무엇이 연주되고 어떤 평을 받았는지에 대하여는 정확한 기록이 남아 있지 않다.

이때쯤부터 베토벤은 아버지 요한뿐 아니라 다른 음악선생님으로부터도 음악교육을 받는다. 최초의 선생은 하인리히 판 덴 에덴이었다. 에덴은 궁정의 오르간 연주자로서 베토벤에게 음악이론과 피아노를 가르친다. 1779～1781년에는 파이퍼, 로바티니, 코흐, 리이스, 젠저를 사사하는데 그리 체계적인 음악교육은 받지 못하였다. 1781년부터는 크리스티안-고틀로프 네페를 사사하는데, 그로부터 비로소 작곡에 대한 체계적인 교육을 받는다. 네페는 베토벤에게 바흐의 '평균율' 을 소개해 주고 모차르트의 많은 작품들을 가르친다. 베토벤이 말년에 다시 바로크 시대의 음악에 많은 향수를 느끼게 되는 것은 아마도 어린 시절에 네페로부터 받은 교육의 영향이었을 가능성이 크다.

베토벤의 작품이 처음 인쇄물로 발표된 것은 1783년의 일이었다. 〈드레슬러 행진곡 주제에 의한 피아노 편주곡〉이었는데, 네페의 도움으로 출판을 하게 되었다. 당시 음악잡지였던 『크레머』(1783년 3월 2일자)에 "베토벤은 틀림없이 제2의 모차르트가 될 것이다."라는 평을 스승인 네페가 투고하였다는 기록이 남아 있다. 그러니까 정확하게 베토벤이 만 12세 2개월이 되었을 때에 작곡자로서의 재능이 분명히 나타나기 시작하였다고 할 수 있다. 13세에는 〈피아노를 위한 선제후 소나타〉를 발표하였다. 이때 일생 동안 우정을 나누게 되는 친구 베겔러를 만나고, 브로이닝 가족과 친분을 나누기 시작한다. 이를 통하여 독일 문학이나 시를 접할 수 있게 되는데, 이러한 경험이 나중의 작곡 활동에 지대한 영향을 미친다.

이즈음 스승 네페는 베토벤을 가르칠 수 있는 음악가는 모차르트밖에 없다는 판단을 하고 모차르트를 본에 초청한다. 그러나 모차르트는 자신의 오페라 〈돈 조반니〉의 작곡으로 바빠서 초청에 응할 수 없다는 답을 보내온다. 이에 네페는 베토벤을 비엔나로 보낼 계획을 세우고, 마침내 1787년 베토벤은 비엔나로 가서 모차르트를 만나 즉흥연주를 한다. 이 연주를 들은 모차르트는 "이 젊은이를 눈여겨 보라. 이 젊은이는 언젠가 세상에 큰 소리를 지를 날이 반드시 올 것이다."라는 평을 하였다고 한다. 그러나 베토벤은 어머니가 위독하다는 소식을 접하고는 다시 본으로 돌아온다. 그 해에 베토벤은 어머니를 잃는다. 이즈음 아버지 요한의 음주벽이 점차 악화되면서 베토벤은 17세 어린 나이에 전 가족의 생계를 책임져야 하는 큰 짐을 안게 된다.

18세에 베토벤은 발트슈타인이라는 귀족을 만나는데, 그와의 교분으로 과학, 철학, 정치학에 대하여 관심을 갖게 되고 호머의 작품을 알게 된다. 이때 베토벤은 아버지 요한의 음주벽이 극에 달하여 혼자서 전적으로 가계를 이끌어 나가야 하는 상황이었다. 이에 베토벤은 탄원서를 내어 아버지의 월급을 자신에게 지급해 달라는 요청을 하지만 궁정에서는 아버지 요한의 월급을 요한에게 50%를 지급하고 나머지 50%만 베토벤에게 지급하였다. 1791년 베토벤이 21세 되던 해에 모차르트는 세상을 떠나고, 하이든은 본을 방문하여 네페 선생의 소개로 베토벤과 만나게 된다. 베토벤이 작곡한 악보를 본 하이든은 베토벤의 교육을 자신이 책임지겠다는 제의를 한다. 그리하여 베토벤은 1792년에 큰 꿈을 안고 비엔나로 유학길에 오르게 되고, 이후 그의 전 생애를 비엔나에서 보내게 된다.

(3) 베토벤의 비엔나 시절, 제1기의 삶과 음악 세계

비엔나로 유학을 온 후, 베토벤과 하이든의 관계는 그리 원만하지 못하였다. 성격적인 면이 서로 맞지 않았던 것도 있었고, 또 하이든이 워낙 고령(61세)이어서 적절한 교육이 이루어지지 않아 베토벤이 상당한 불만을 가졌던 것 같다. 그래서 베토벤은 하이든에게 실망한 나머지 다른 음악선생을 찾아 나섰고, 처음 만나게 되는 선생이 요한 쉥크다. 베토벤은 그에게 '대위법(counterpoint)' 을 가르쳐 줄 것을 요청하였고, 이에 쉥크는 "돈을 받지 않고 하이든에게 비밀로 하면 가르쳐 주겠다."는 제의를 한다. 베토벤은 이를 받아들여 쉥크로부터 대위법을 배운다.

1793년 작품번호 3번인 〈현악 삼중주곡〉이 발표되면서 본격적인 베토벤의 작품 활동이 펼쳐진다. 이듬해인 1794년에는 하이든이 참석한 자리에서 베토벤 자신이 피아노 부분을 직접 연주한 작품번호 1번 〈피아노와 바이올린과 첼로를 위한 세 곡의 삼중주곡〉

이 하이든에게 헌정되었다. 내적으로 베토벤은 하이든에게 많은 불만이 있었지만 첫 작품은 예의상 하이든에게 헌정하였던 것 같다. 기록으로는 하이든이 자신의 작품과는 너무나 다른 음악을 접하게 되어 많은 놀라움을 표현하였다고 전해진다.

이 해에 베토벤은 당시 비엔나 최고 대위법 학자였던 알브레헤츠버거를 만나서 대위법에 대한 공부를 하게 되고, 살리에르를 만나서 오페라 작곡 및 이탈리아풍 성악 작곡법을 배우게 된다.

1796년에 이르러서는 살리에르와의 교습이 정규적인 교육에서 필요할 때에만 만나서 받는 교육으로 바뀌게 되고, 크룸홀츠로부터 바이올린에 대한 교육을 받는다. 작품 활동도 왕성해져서 많은 가곡을 발표한다.

1797년에는 다음과 같은 베토벤 자신의 기록이 발견된다. "용기를 내라. 아무리 육체가 쇠잔할지라도 나의 천재는 승리하지 않으면 안 된다. 이제 나도 스물다섯, 이 나이라면 인간으로서 완성되어 있어야 한다. 이제는 더 이상 아무것도 할 일이 없는 상태로 완성되어 있어야 한다." 이 기록에서는 상당히 재미있는 사실들이 발견된다. 즉, 베토벤이 자신의 나이에 대하여 정확하게 알지 못하고 있다는 것, 그의 신체에 이상이 있다는 것, 그리고 (아마도 이것은 청력에 관한 내용이 아니었을까 추정된다), 인격적인 면에서 수양을 쌓아야겠다는 그의 의지다. '완성된 인격', 이것은 보통 사람들은 꿈꾸기 어려운 일이다. 그러나 베토벤은 27세에 '인격적으로 이미 완성되어 있어야 한다.'는 다부진 꿈을 꾸고 있다.

이 해에는 베토벤이 작곡가로서의 발달과정에서 상당히 중요한 위치를 차지하는 곡이 많이 만들어졌다. 당시 다양한 악기의 구성으로 작곡한 작곡자는 모차르트와 베토벤밖에 없었고, 베토벤은 내적으로 모차르트와 상당히 경쟁적이면서도 그의 영향을 많이 받고 있던 상태였다. 이러한 상황에서 베토벤은 모차르트가 작곡한 것과 똑같은 악기의 구성으로 모차르트를 능가하는 곡을 작곡하겠다는 야심을 품고 곡들을 작곡하였다. 이러한 긍적적인 경쟁의 자세가 그의 발달과정에서 중요한 역할을 한 것으로 추정된다.

베토벤은 1798년에 나폴레옹의 부하였던 베르다노트를 만나게 된다. 장군은 베토벤에게 영웅교향곡을 한번 만들지 않겠느냐는 제의를 했고 베토벤은 이 제의를 받아들여 〈영웅교향곡〉에 대한 구상을 시작한다. 또한 뵐플이라는 연주가를 만나서 서로 선의의 경쟁을 하면서 피아니스트로서 발전하는 계기를 갖는다.

1799년에는 드라고네티라는 연주가를 만나서 콘트라베이스 연주법을 배운다. 작품에서 특히 8번 피아노 소나타는 '비창' 이라는 제목이 붙어 있는데, 베토벤의 창의력이 번득이는 작품으로 많은 평론가들이 "이 곡으로 인하여 베토벤은 모차르트나 하이든과 같은 선배 음악가들의 영향으로부터 완전히 해방되어 그 자신만의 음악 세계를 펼치기 시작하였다."라고 평하였다.

• 당시의 시대정신

베토벤이 작곡을 시작하여 서서히 왕성한 작품 활동을 하던 당시의 시대상을 살펴보자. 한 천재의 출현은 우연히 일어나는 것이 아니라 그 천재가 활동하던 당시의 시대정신과 밀접한 관계를 갖는다.

1787년에는 영국에서 노예제도 폐지를 위한 연합회(Associations for the Abolition of Slavery)가 결성되어 모든 인간은 평등하다는 운동이 일어난다. 1780년대에는 가스가 발명되어 조명으로 이용하면서 인간의 생활이 한층 밝아진다. 칸트는 그의 불멸의 저서들인 『순수이성비판』(1781), 『실천이성비판』(1788), 『판단력 비판』(1790), 『이성의 범주내에서의 종교』(1793) 등을 발표하였다. 괴테의 『에그몬트』와 『파우스트』도 발표된다(1788). 이 외에도 당시 실러, 키츠, 워즈워스, 바이런, 하이네, 푸시킨, 위고 등 불후의 명작을 남긴 많은 문학가들이 왕성한 활동을 펼친다.

베토벤은 이러한 철학가, 시인, 소설가들의 작품을 열심히 읽고 깊은 감동을 받는다. 실제로 괴테나 실러의 작품은 그의 음악의 주제로 사용되고 있다. 이러한 작품들 외에도 고대 그리스 · 로마 신화, 셰익스피어, 플라톤, 아리스토텔레스, 에우리피데스, 호머 등 고전에 대한 독서를 아주 열심히 하고, 그 작품들 속에서 나타나는 보편타당한 가치를 음악으로 표현하려는 시도를 한다. 베토벤은 이런 기본적인 자세에 아주 충실하였기에 그토록 많은 불멸의 작품을 쓸 수 있었을 것이다.

사회적으로는 프랑스혁명이 한창이어서 자유와 평등의 사상이 유럽을 지배하고 있었다. 또 나폴레옹이 등장하고, 1799년 프랑스 공화국의 제1 집정관이 된다. 당시 베토벤은 나폴레옹의 열렬한 지지자였으며, 이러한 정치 · 사회적 상황이 그의 작품 활동에 지대한 영향을 미쳤다.

1800년에는 피아노 교본으로 너무나 유명한 체르니가 베토벤의 제자로 입문하게 되고, 이후 베토벤의 피아노 작품의 초연을 많이 하게 된다. 작품 활동을 아주 왕성하게 하여 여러 분야의 많은 곡들이 작곡된다.

1801년에는 브런즈윅 가족과의 교류가 시작되어 베토벤의 교양과 인격의 발달에 상당한 영향을 미치게 되고, 리이스가 베토벤의 제자가 된다. 리이스의 아버지는 베토벤의 어린 시절 음악선생이었다.

1801년은 또한 베토벤이 처음으로 자신의 귓병에 대하여 친구에게 고백한 해이기도 하다. 1801년 6월 29일에 그가 친구 베겔러에게 쓴 편지에서 그 고백이 나타난다. "나는 내가 아주 비참한 인생을 살고 있다는 것을 자네에게 고백해야겠어. 최근 2년 동안 나는 사람들을 피해 왔어. 사람들과 대화를 하면 다른 사람들이 무슨 말을 하는지 알아들을 수 없기 때문이지. 나는 귀머거리야. 그것은 내 직업이 음악가라는 것을 생각한다면 치명적인 결점이라고 할 수밖에 없지. 음악회에 가면 나는 아주 앞자리에 앉지 않으면 연주를 들을 수가 없어. 그러나 이 사실은 자네만 알고 다른 사람들에게는 알리지 않았으면 해." 같은 해 11월 16일자 편지에 따르면, 그는 자신의 주치의를 베링 박사에서 슈미트 박사로 바꾸고, 슈미트의 충고에 따라 이듬해인 1802년 4월 하이리겐슈타트로 요양을 떠난다.

이러한 편지들로 미루어 보아, 베토벤은 28~29세경에 이미 상당히 진행된 청력장애가 있었던 것으로 짐작된다. 최근 2년 동안 사람들의 말을 거의 알아들을 수 없었다는 베토벤의 편지는 이미 그전부터 청력장애가 있어 왔음을 시사하고, 이렇게 본다면 베토벤의 거의 전 작품은 청력장애가 있는 상태에서 작곡된 것이라고 하겠다.

1802년 하이리겐슈타트에서의 요양 도중, 베토벤은 심각한 고민에 빠져 죽을 결심을 하게 된다. 그 유명한 '하이리겐슈타트의 유서'가 이때 쓰인 것이다. 이 유서는 베토벤 사후에 그의 비서였던 쉰들러에 의하여 발견되었다. 유서가 쓰인 날짜는 1802년 10월

6일로 되어 있다. 그는 4일 후에 다시 짧막한 유서를 쓴다. 이 두 유서에서 베토벤은 왜 자신이 자살을 포기했는가에 대해서는 기록하지 않고 있다. 그러나 이 사건은 베토벤의 정신적 · 인격적 발달에 지대한 영향을 미쳤다. 즉, 자신에게 주어진 '가혹한 운명' 에 대하여 좌절하고 수동적으로 적응하는 것이 아니라, 보다 적극적으로 대처하여 그것을 통해 보다 깊은 인격적인 성숙을 이루고 또 앞으로도 지속적으로 이룰 것을 스스로에게 다짐하는 계기가 된다. 이것이 이후 그의 작품에 잘 반영되어 있다. 많은 평론가들은 이때까지의 베토벤의 작품 활동을 '제1기' 라고 규정하고, '모차르트, 하이든 등 선배 음악가들의 영향을 받고 그들의 작품을 모방하는 시기' 라고 그 특징을 설명하고 있다. 이 사건은 베토벤이 그의 인생에서 과거를 청산하고 새로 태어나는 전환점이 된 사건이라고 할 수 있다.

(4) 베토벤의 제2기의 삶과 음악 세계

두 번째 유서를 쓴 지 수일이 지나, 베토벤은 비엔나로 되돌아와서 작품 활동을 재개한다. 평론가들은 이 시기를 '베토벤 작품 활동의 제2기' 라고 명명한다. 이 시기의 작품들은 모두 아주 부드럽고 감미로운 느낌을 준다. 엄청난 정신적인 위기를 극복한 후, 인생에 대한 좌절로부터 '인생에서의 새로운 가치와 목표' 를 깨달았을 때의 즐거움과 환희가 잘 표현되어 있다고 할 수 있다.

1803년에 많은 작품들을 발표한다. 〈바이올린 소나타 9번〉은 일명 〈크로이체르 소나타〉라고도 불리는데, 그 당시의 유명한 바이올린 연주자인 크로이체르에게 헌정되었기에 붙인 이름이다. 이 곡은 바이올린 소나타라는 음악의 형식을 빌려서 표현할 수 있는 최고의 곡으로 평가받고 있다.

1804년에는 나폴레옹이 스스로 황제로 등극하고, 이에 베토벤은 크게 실망한다. 그는 인간의 자유와 평등의 실천을 자신의 궁극적인 삶의 목표로 삼고 이를 나폴레옹이라는 현실적인 영웅이 실천해 주기를 기대하고 있었는데, 나폴레옹이 황제로 등극하자 그 역시 권력욕에 사로잡힌 한 속물에 불과하다면서 크게 실망한 것이다. 그래서 원래 〈교향곡 3번〉은 나폴레옹에게 헌정하려고 그 표지에 '나폴레옹에게 헌정함' 이라고 썼다가 그 표지를 찢어 버리고 단순히 '어느 한 위대한 영웅을 추모하며' 라고 바꾸어 썼다는 일화는 유명하다.

1805년에는 피아노 소나타의 최고 걸작으로 일컬어지는 〈피아노 소나타 23번, 열정(Op 57)〉을 작곡하고, 이 해에 비로소 베토벤은 모차르트, 하이든과 어깨를 나란히 하는 작곡자로 인정받는다. 1805년 『비너 차이퉁』지는 1월 30일자에 "1792년 무명의 학생으로 비엔나에 유학 온 베토벤은 이제 하이든, 모차르트와 어깨를 겨루는 대음악가가 되었다." 라는 기사를 실었다.

1808년 베토벤은 비엔나에 염증을 느껴 활동 무대를 웨스트팔리아 지역으로 옮길 계획을 세우지만 루돌프, 로프코비츠, 킨스키 등 귀족들이 나서서 다시 후원회를 열어 적극적으로 후원하기로 해 계속 비엔나에 머무르기로 한다.

1809년은 나폴레옹의 재침공으로 유럽 전체가 어수선한 상태에 놓이게 되고, 이 해 5월 31일 하이든이 세상을 떠남으로써 그의 시대가 막을 내린다.

1811년에는 괴테의 작품에 감동을 받고 직접 편지(1811년 4월 12일)를 써서 괴테와 만나고 싶다는 뜻을 전하고, 이듬해 1812년

7월 괴테와의 만남이 이루어진다.

1812년에는 나폴레옹이 러시아에서 패퇴하여 유럽 전체가 축제 분위기에 휩싸인다. 이 시기(1813)에 발표한 〈웰링턴의 승리〉는 교향곡의 형식을 갖추고 있는데, 음악성 면에서는 그의 다른 교향곡에 비하여 크게 뒤떨어진다는 평을 받지만 당시의 유럽의 축제 분위기를 타고 대단한 인기를 누렸다.

1814년은 베토벤에서 '영광의 해' 로 일컬어진다. 베토벤이 내적으로는 그동안의 많은 작품 활동과 성찰을 통하여 '상당한 수준의 심리적인 평화와 안정' 을 이룩한 상태였으며, 외적으로는 그의 작품 활동이 그 시대의 음악인과 대중으로부터 가치를 충분히 인정받았기 때문이다. 이제는 단순히 모차르트와 하이든과 어깨를 나란히 하는 정도에서 벗어나 '음악 역사에서 가장 위대한 음악가' 라는 평을 받기 시작하였다. 이 해는 베토벤 자신의 유일한 오페라인 〈피델리오 서곡〉을 다시 작곡함으로써 '자신의 음악에 대한 가혹한 비판' 이 계속되고 서서히 음악적인 경향이 마음속으로 파고드는 내향적 성찰을 하기 시작하는 해라고 할 수 있다. 그래서 음악의 역사가와 평론가들은 1802～1814년경까지의 베토벤 음악을 그 자신의 정신적인 갈등에 대하여 격렬하게 싸우고 투쟁하며 외적인 힘으로 극복하려고 한 것으로 보고, 이 시기를 '제2기, 외향화 시기(Second period, period of extrernalization)' 라고 명명하였다. 1814년은 또한 베토벤의 인격적인 면에서도 외향화, 투쟁의 시기에서 모든 것을 자신의 마음으로 받아들여 완벽한 안정과 평화를 이루는 성찰의 시기, 초월의 시기, 완성의 시기로 나아가기 시작한 해였다고 할 수 있다. 베토벤의 이러한 정신적인 자세는 그가 남긴 기록에서 잘 읽을 수 있다.

"천국(Elysium)으로 가기 전에 나의 넋이 나를 일깨워 주고 그 완성을 재촉하는 일을 성취하지 않으면 안 된다. 나는 여태껏 겨우 몇 개의 음표를 오선지에 기록한 데 지나지 않는다."

(5) 베토벤의 제3기의 삶과 음악 세계

1815년에는 베토벤의 동생인 칼이 세상을 떠난다. 칼은 유언장에 아들의 후견인으로 부인과 베토벤을 함께 지정하였는데, 이러한 문제로 이후 수년에 걸쳐 자신의 조카인 칼의 양육권을 둘러싼 지루한 재판이 시작된다. 결국 베토벤의 주장이 받아들여져 그가 양육권을 갖게 된다. 바흐의 〈무반주 첼로 소나타〉를 첼로 음악의 구약성서라 한다면, 이때 발표한 베토벤의 첼로 소나타 5편에는 신약성서라는 별명이 붙어 있다.

1816년에 이르러서는 베토벤의 관심이 바로크 시대로 되돌아가서 바흐와 헨델의 음악에 대한 관심이 고조된다. 베토벤은 "헨델은 음악의 역사에서 가장 위대한 음악가"이며, 바흐는 "하모니에서 불멸의 신"이라는 기록을 남긴다. 이때의 피아노 소나타는 제2기에서의 격동적인 감정의 표현과 외적인 힘(external power)에서 벗어나 점차 내성과 성찰을 특징으로 하여 내면적 힘(internal power)을 갖는 형태로 변화된다. 이것은 베토벤의 제3기 음악의 공통적인 특징이라고 할 수 있다. 〈멀리 있는 애인에게〉라는 성악곡은 6개의 곡으로 이루어져 있는데, 최초의 연가곡이라는 점에서 성악의 역사에서 중요한 위치를 차지하고 있다.

1817년에는 〈후가 D단조(Op 137)〉와 초기의 실내악곡 피아노 3중주곡(Op 1-3)을 편곡한 〈현악 5중주곡(Op 104)〉을 발표한다. 이 해에는 철학가 헤겔이 『영혼의 현상론』 『철학의 백과전서』 등의 저서를 출판하는데, 베토벤은 이 책들을 탐독하고 깊은 감명을 받는다.

1820~1822년까지는 피아노 소나타가 집중적으로 작곡되어 최후의 피아노 소나타 30, 31번 및 32번이 작곡된다. 이 곡들 모두 깊은 명상에 잠겨 외적인 힘보다는 내적인 힘을 느끼도록 해 준다고 할 수 있다.

1823년에는 두 곡을 작곡한다. 하나는 〈장엄미사곡(Op 123)〉이며, 다른 하나는 〈디아벨리의 왈츠를 주제로 하는 33개의 변주곡(Op 120)〉이다. 〈장엄미사곡〉은 〈교향곡 9번〉과 더불어 베토벤의 말년을 장식하는 2대 벽화로 일컬어지는데 약 4년 동안에 걸쳐 작곡한 곡이다.

1824년에는 〈베토벤의 교향곡 9번(Op 125)〉과 〈피아노를 위한 6개의 바가텔(Op 126)〉을 작곡한다. 9번 교향곡은 〈실러의 송가 '환희에 부쳐' 를 끝악장으로 한 대관현악, 4성의 독창, 4성의 합창을 위해 작곡되어 프로이센 왕 프리드리히 빌헬름 3세 폐하에게 가장 심심한 존경으로 베토벤이 봉정한 교향곡 작품번호 125〉라는 긴 제목이 붙어 있다. 간단하게는 '합창교향곡' 으로 널리 알려져 있는 곡이다. 이에 대하여는 1793년에 이미 "나는 실러의 시 '환희에 부쳐' 송가를 한 구절도 빠뜨리지 않고 모두 작곡할 것입니다." 라는 메모가 발견되고, 그 후 1799, 1812, 1815, 1822년에도 이 곡 악보의 일부가 발견된다. 인간의 힘으로 쓸 수 있는 최고의 곡이라는 찬사를 받고 있다.

1825년과 1826년에는 주로 현악 4중주곡을 작곡하였다. 이 곡들은 모두 극도의 성찰을 통하여 완벽한 심적인 평화를 성취한 작품들이다. 조용히 흐르나 그 속에 엄청난 내적인 힘을 지닌 곡들이라 할 수 있다. 모든 복합적인 감정이 하나로 통괄된 곡들이다. 형식적인 면에서도 4, 5, 6, 7악장 등 자신의 감정을 자유롭게 구사한다. 베토벤 자신이 일생 동안 추구하였던 '완벽한 평화와 자유'가 이 실내악곡들에서 유감없이 구사되고 있다.

1827년 3월 26일에, 이 위대한 음악가는 세상을 떠났고, 3일 후 장례식이 거행된다. 장례식에서는 유언에 따라 자신의 〈피아노 소나타 12번〉이 장송행진곡으로 연주된다. 안슈츠라는 시인이 조사를 낭독하고, 아이블러, 크로이체르 등 그 당시 비엔나의 젊은 음악도 8명이 운구를 한다. 체르니, 슈베르트 등은 횃불 행진을 한다. 당시의 신문은 약 1만 5,000～2만 명의 시민이 장례식에 참석하였다고 전하고 있다.

(6) 악성으로서의 베토벤, 그 교훈

베토벤의 생애와 음악에서 베토벤이 어떤 과정을 밟아 이러한 성인의 경지에 도달할 수 있었는가에 대하여 살펴보고자 한다.

첫 번째는 유전적인 요인이다. 베토벤의 조부와 아버지가 성악가로 활동하였다는 것은 베토벤이 태어나면서부터 음악적인 환경에서 성장하였으며 음악적인 재능을 물려받았다는 것을 말해 준다.

두 번째는 조기교육이다. 베토벤의 아버지 요한은 비록 말년에는 알코올중독으로 가장으로서의 역할을 정상적으로 할 수 없었지만, 베토벤이 어렸을 때부터 '제2의 모차르트'로 만들겠다는 야심으로 조기교육을 시킨 것이 베토벤이 음악가로서 대성할 수 있는 기틀이 되었다고 할 수 있다.

세 번째는 어렸을 때부터 많은 스승들로부터 다양한 각도에서 음악교육을 받을 수 있었기 때문이다. 베토벤은 소아기 또는 청소년기에 에덴, 파이퍼, 로바티니, 리이스, 네페, 쉥크, 알브레헤츠버거, 살리에르, 드라고네티, 하이든 등 당시의 훌륭한 음악선생들로부터 음악교육을 받을 수 있었다. 물론 그가 배움의 과정에서 단순히 수동적인 자세가 아니라 능동적으로 자신의 부족한 점을 잘 파악하고 그것을 극복하기 위하여 노력한 것은 일반 사람들의 자세와는 많은 차이가 있다고 하겠다.

네 번째는 많은 후원인들과의 만남이다. 루돌프, 킨스키, 로프코비츠, 라주모프스키, 리히노프스키 등 많은 귀족들, 음악 애호인들은 비교적 한마음이 되어 베토벤을 정신적 또는 물질적으로 도와주었다.

다섯 번째는 당시의 시대정신의 영향이다. 영국에서는 모든 인간은 평등하다는 정신으로 노예해방 운동이 일어나고 있었고, 프랑스혁명으로 자유 · 평등 사상이 전 유럽을 휩쓸었으며, 칸트와 헤겔의 철학사상이 꽃을 피웠다. 이 외에도 괴테, 실러, 워즈워스, 바이런, 위고, 키츠, 푸시킨 등 불후의 명작을 남긴 많은 문학가들의 활동이 절정에 달하였다. 이러한 시대정신이 베토벤 사상의 발전에 크게 기여하였고, 그의 내부에 잠재되어 있던 인간 창의성의 표현 범위를 엄청나게 확장시키는 중요한 계기를 마련하였다고 할 수 있다.

여섯 번째는 베토벤 자신의 부단한 노력과 철저한 자기 반성 및 성찰이다. 항상 반성하고 부족한 점이 있으면 능동적으로 나서서 스승을 찾아 가르침을 구하였다. 그는 정규교육의 과정이 국민학교 과정밖에 되지 않았기에 본 대학 철학과에 청강생으로 등록하여 자신에게 부족했던 부분을 스스로 보충하려는 노력을 이미 청소년기에 시도하였다. 자신이 작곡한 곡에 대하여도 철저한 비판을 하고 모자람이 있으면 끊임없이 고쳤으며, 그렇게 하고도 마음에 들지 않으면 곡 자체를 새로 작곡하는 강박적인 자세를 가지고 있었다. 그 당시에 발표된 철학서, 문학작품, 희곡, 시뿐만 아니라 그리스 · 로마 신화와 고전 등의 탐독도 게을리하지 않았다. 이러한 베토벤의 노력이 그의 사상의 깊이를 더해 주었으며, 그가 불후의 명작들을 작곡하는 데 크게 기여하였다.

마지막은 베토벤이 앓고 있었던 여러 질병들이다. 가장 대표적인 질환은 청력장애였다. 베토벤의 청력장애의 원인에 대하여는 아직까지도 명확하게 밝혀져 있지 않다. 또한 궤양성 대장염, 기관지염, 류머티즘성 관절염, 불안 반응, 우울증 등 정신적인 면에서도 상당한 괴로움이 있었다는 기록이 남아 있다. 말년에는 통풍, 황달 증세가 있었고, 복수가 차 호흡곤란이 와서 사망하기 2주 전에는 복수를 뽑아내는 치료를 받았다는 기록도 있다. 그는 간경화증으로 사망한 것으로 추정되고 있으며, 자살까지 시도하려 한 심각한 정신적 고통과 신체적인 고통은 오히려 베토벤을 인간적으로 성숙하게 만드는 데 긍정적으로 작용하였다.

이러한 과정을 통하여 베토벤이 일생 동안 추구한 음악적인 사상은 무엇인가? 그것은 바로 대극의 합일 사상이다. 이에 대하여 살펴보기로 하자.

(7) 베토벤 음악의 핵심 사상: 대극의 합일

제1기에서 제3기에 이르는 과정에서 베토벤이 지속적으로 추구한 음악적인 사상은 '대극의 합일(Gegensatzvereinigung)' 이라고 할 수 있다. 베토벤은 일생 동안 480여 곡을 작곡하였으며, 작곡과정에서 베토벤의 기본적인 개혁정신은 '인간 내부에 존재하는 진선미를 효과적으로 표현할 수 있는 방법만 있다면 깨뜨리지 못할 규칙이나 법칙은 존재하지 않는다.' 는 것이었다. 인간의 내부에 존재하는 진선미를 표현하기 위하여 그가 취한 방법이 바로 '대극의 합일' 이었다.

우선 베토벤은 '성악과 기악' 이라는 대극적인 관계를 하나로 통합하였다. 베토벤 이전의 모든 작곡가들은 '성악과 기악' 이라는 대극적인 모델로 작곡에 임하였다. 즉, 성악을 위한 곡과 기악을 위한 곡은 서로 독립적인 상태에 있었다. 그러나 베토벤은 〈합창환상곡〉과 너무나 유명한 9번 〈합창교향곡〉에서 마지막 4악장에 '합창' 을 포함시켜 성악과 기악을 하나로 통괄하고 있다.

둘째, 베토벤은 '강함과 부드러움' 을 하나로 통합하였다. 이러한 정신은 교향곡에서 가장 극적으로 표현되고 있다. 베토벤은 모두 9곡의 교향곡을 작곡하였다. 그중 홀수번호(1, 3, 5, 7, 9번) 곡들은 강렬하고 남성적인 것이며, 짝수번호(2, 4, 6, 8번) 곡들은 부드럽고 여성적인 것이다. 전체 9곡의 교향곡들에서 '남성적인 요소와 여성적인 요소' , 즉 강함과 부드러움이 절묘한 조화를 이루면서 하나가 된다.

셋째, 베토벤은 '투쟁과 평화' 를 하나로 통합하였다. 전형적인 예가 5번 〈운명교향곡〉과 6번 〈전원교향곡〉이다. 〈운명교향곡〉은 가혹한 운명과의 처절한 투쟁, 이런 투쟁 끝에 이끌어 내는 인간 승리를 그리고 있다. 반면, 〈전원교향곡〉은 자연에 순응하여 더불어 사는 인간의 평화로운 모습, 그에서 느끼는 환희, 자연에 대한 끝없는 사랑을 노래하고 있다. 이 두 곡은 거의 동시에 작곡된 곡들이다. 투쟁과 평화라는 대극적인 가치가 베토벤의 마음속에서는 하나로 통합되고 있는 것이다.

넷째, 베토벤은 '인간과 자연'을 하나로 통합하였다. 이는 6번 〈전원교향곡〉에서 전형적으로 표현되고 있다. 자연과 더불어 사는 인간의 평화로운 모습을 절묘하게 그리고 있다. 실제 베토벤은 자연 예찬론자였다. 자연을 사랑하였으며 산책을 하면서 자연으로부터 깊은 음악적 영감을 받았다. 베토벤의 삶과 음악에서 인간과 자연은 하나였다.

다섯째, 베토벤은 '조화와 부조화'를 하나로 통합하였다. 그는 초기 시절부터 불협화음을 많이 사용하여 작곡하였다. 특히 현악 4중주곡은 많은 부분이 불협화음으로 이루어져 있다. 조화는 부조화가 존재해야만 그 의미를 가질 수 있다. 베토벤의 음악에서는 이러한 대극적인 가치가 하나로 통합되고 있다.

여섯째, 베토벤은 '종교와 세속'을 하나로 통합하였다. 그의 대표적인 종교음악은 중기의 〈C장조 미사곡〉(1807), 후기의 〈장엄미사곡〉(1822), 〈오라토리오, 감람산의 그리스도〉(1803)다. 이러한 종교음악에서의 상당 부분은 세속적인 음악으로 이루어져 있다. 베토벤 이전의 음악가들은 종교와 세속을 대극적인 관계로 인식하고 작곡하였다. 그러나 베토벤에게는 종교와 세속이 서로 분리될 수 없는 것이었다. 그가 세속이 없는 종교란 존재할 수 없고, 종교가 없는 세속이란 존재할 수 없다고 보았기 때문이다. 즉, 종교와 세속은 서로가 서로를 필요로 하는 존재라고 본 것이다.

일곱째, 베토벤은 '전통과 개혁'을 하나로 통합하였다. 그처럼 완벽하게 개혁을 성취한 사람은 없을 것이다. 그러면서도 베토벤은 전통(보수)적 가치를 무조건 배척하지 않았다. 전통적인 가치를 무시하는 개혁이란 있을 수 없다고 본 것이다. 대표적인 예가 후기의 현악 4중주곡들이다. 그는 이 곡들에서 한 악장은 반드시 모차르트나 하이든 풍의 악장으로 작곡하였다. 개혁을 시도하였지만 전통을 중요시한 베토벤의 '대극의 합일 사상'을 느낄 수 있다. 교향곡의 작곡에서도 3~7번까지 개혁적인 곡을 쓰다가 8번에 이르러서는 다시 전통적인 모델로 돌아갔고, 9번 〈합창교향곡〉으로 음악 역사에서 최대의 개혁을 단행하였다. 개혁을 하기 전에 전통을 중요시한 베토벤의 정신을 엿볼 수 있다.

마지막으로 베토벤은 '삶과 죽음'을 하나로 통합하였다. 그가 일생 동안 가장 애착을 가진 주제는 '영웅(hero)'이었다. 영웅 주제는 시공을 초월하여 모든 사회 및 종족에게 공통적으로 관찰되는 주제로서 인간 심성의 원형(archetype)이라고 할 수 있다. 영웅 주제는 공통적인 구조를 가지고 있는데, 탄생(birth)-죽음(death)-부활(rebirth)의 세 구조다. 즉, 영웅이 태어나는 과정이 있고, 상징적 의미에서의 죽음을 경험하며, 이를 통하여 부활의 과정을 거쳐 영원한 삶을 얻게 되는 것이다. 다시 말해, 보편타당한 가치를 위하여 스스로를 버림으로써 영원한 삶을 얻는 존재가 바로 영웅이다. 그의 작품 가운데서는 3번 〈영웅교향곡〉이 대표적이다.

이러한 주제와 관련하여 베토벤 자신은 실질적인 체험(1802년 하이리겐슈타트의 유서)을 통해 거듭난 계기를 가진 바 있다. 다시 말해, 그의 삶 자체가 영웅적인 삶이라고 할 수 있다. 그리고 1827년 3월 26일에 이 위대한 음악가는 세상을 떠났다.

베토벤은 자신의 삶이나 음악에서 '삶과 죽음'이라는 인간의 궁극적인 과제를 합일시킴으로써 '영원한 삶'을 얻고 있다.

이러한 의미에서 베토벤은 과거의 인물뿐만 아니라 현재 그리고 미래의 인물이기도 하다.

이상의 내용을 종합해 볼 때, 음악과 인간의 관계는 다음과 같이 요약될 수 있다.

- 모든 인간의 마음속에는 음악적인 가치를 추구하는 마음이 있다.
- 이것은 모든 인간의 마음속에 조화와 균형을 유지하려는 경향이 내재되어 있음을 의미한다.
- 시간과 공간을 초월하는 음악은 보편타당한 가치를 추구한다.
- 이를 이해하고자 하는 노력의 과정은 절대성을 추구하는 마음과 동일하다.
- 이러한 것을 진지하게 추구하는 마음은 착하고 부드럽고 아름다운 마음을 갖는 한 방법이 될 수 있다.

4. 물의 힘

여기에서는 '물'의 물리적 · 심리적 특성을 살펴보고, 그에 입각하여 물의 가르침이 무엇이며 그 가르침을 우리가 어떤 방향으로 성찰할 것인가에 대한 한 가지 방법을 제시하고자 한다. 즉, 물의 교훈을 통하여 긍정적인 힘을 추구하고 실천하는 방법을 제시하고자 한다.

우선 물의 생물학적인 특성을 살펴보고, 물에 대하여 고전에서는 어떻게 표현하고 있는가를 고찰한다. 더불어 이러한 교훈이 일상생활 그리고 임상 상황에서 어떻게 적용될 수 있는가를 살펴본다. 마지막으로는 이러한 과정을 통하여 성찰의 한 방법을 제시하고자 한다.

1) 물의 생물학적 특성

(1) 체내의 수분 함량

생명은 여러 관점에서 정의될 수 있으나, 물의 측면에서 본다면 '생명은 곧 물이다.' 라는 결론을 내릴 수 있다. 비단 인간뿐만이 아니라 동물이나 식물, 더 나아가 미생물에 이르기까지 물 없이는 생존할 수가 없다.

인간의 총 수분량은 연령이나 성별에 따라서 다소 차이가 있으나 전체 체중에서 가장 큰 비율을 차지하고 있다. 〈표 1〉은 연령과 성별에 따른 수분 함량의 변화를 보여 주고 있다. 전체적으로 10세경까지는 성별에 따른 차이가 없고, 10~59세경에는 남자가, 그리고 60세 이상에는 여자가 다소 높은 비율을 보여 주고 있다. 약간의 변화는 있으나, 연령이 증가할수록 수분 함량이 감소하는 경향을 보인다. 신체적으로는 어릴수록 부드러우며 나이가 들수록 경직되는데, 이것은 여러 요인으로 설명이 가능하지만 수분 함량의 감소가 중요한 하나의 요인이다. 즉, 노화과정(aging process)은 체

〈표 1〉 신체 총 수분량의 체중에 대한 백분률(%)

나이	남자	여자
0~1개월	76	
1~12개월	65	
1~10세	62	
10~16세	59	57
17~39세	61	50
50~59세	55	47
60세 이상	52	56

내의 수분 함량이 감소되는 과정이라고 정의할 수도 있다.

(2) 수분의 섭취와 배설

체내의 물은 일정한 상태가 아닌 역동적인 상태에 있다. 개인에 따른 차이가 있으나, 대개는 하루 2～3*l*의 수분을 섭취하며 동일한 양이 배설된다. 음료수로 1,700*ml*, 음식물로 750*ml* 정도가 섭취되며, 당질 또는 지방질 대사과정에서 약 350*ml* 정도의 수분(대사수분)이 만들어진다. 수분은 소변으로 1,700*ml*, 피부를 통하여 500*ml*, 폐를 통하여 450*ml* 그리고 대변으로 150*ml* 정도가 배설된다. 그리하여 수분의 섭취와 배설이 정확한 균형을 이루게 된다.

수분의 섭취를 효과적으로 조절하는 것은 갈증감각이다. 신체의 수분이 부족할수록 물을 마시고 싶은 욕망은 간절해지며 물을 많이 마시게 된다. 수분이 부족하여 갈증을 느끼게 되는 기전(mechanism)은 삼투적 감수기(osmoreceptor)의 탈수에 의한 것이다. 삼투적 감수기는 시상하부(hypothalamus), 시상상핵(supraoptic nucleus)과 실방핵(paraventricular nucleus) 주변에 있다. 이곳에는 항이뇨 호르몬(antidiuretic hormone: ADH, 소변의 생성을 억제함)을 분비하는 뉴런과 관련 신경세포가 많이 분포되어 있다. 시상상핵, 실방핵은 모두 경동맥 하류에 위치해 있고, 이들에게 맞는 자극은 혈액의 삼투압과 그 변화다. 그래서 경동맥에 고장식염수(hypertonic saline)를 주사하면 삼투압이 증가되고, 그 결과로 삼투적 감수기가 흥분되어서 갈증을 느끼게 되어 수분 섭취가 촉진된다.

신체에서의 수분 소실은 소변뿐만 아니라 호흡 또는 피부를 통해서도 일어나기 때문에 우리가 느끼지 못하는 때에도 수분을 섭취한다. 결국 생체는 일반적으로 약간의 수분 부족 상태에 있다가 회복되는 과정을 되풀이하는 셈이다.

사람의 경우, 평상시에는 2~3% 정도 탈수가 되면 갈증을 느껴서 수분을 섭취하게 되지만 운동 시에는 4~5%의 수분 상실이 있어도 심한 갈증을 느끼지 않는다. 또한 운동 후에 수분을 섭취할 때에는 소실된 수분량의 75% 정도만 마셔도 갈증이 해소되는데, 이것은 땀을 흘릴 때에 염분도 함께 잃게 되어 운동 후에 소실된 수분량을 모두 마셔 버리면 상대적으로 염류가 부족한 상태가 되기 때문이다. 따라서 운동 중 물을 마실 때 식염을 간간이 먹어 두면 갈증기전이 충분히 작동하여 필요한 양의 수분을 모두 섭취할 수 있다. 이는 생체가 항상성을 유지하기 위하여 얼마나 기막히게 설계되어 있는가를 잘 보여 주는 예라 하겠다.

섭취된 수분의 약 2/3는 소장에서 흡수되고 나머지 1/3은 대장에서 흡수된다. 마신 물이 위에 이르면 먼저 위액 혹은 위 내용물과 섞여 물이 산성화되고, 장에 이르면 각종 소화액이나 장 내용물과 섞여 먼저 혈장과 등삼투적으로 변화하며 중성화한다. 수분은 흡수되어 위장관벽의 간질액을 거쳐 혈액으로 이동하는데, 이런 이동은 수동적으로도 일어나지만 나트륨 이온(Na^{+})이 소장에서 능동적으로 흡수될 때 더불어 일어나기도 한다. 소장에서의 최대 수분 흡수율은 분당 약 15*ml* 정도다. 이것은 최대 소변 생산량과 거의 일치되는 것으로, 생체가 수분의 섭취와 배설에서 정교하게 균형을 이루고 있음을 잘 보여 준다.

수분의 배설은 폐, 피부, 소화기계, 신장 등 여러 경로를 통하여 이루어지는데, 신장을 통하여 소변으로 배설되는 경로가 가장 중요한 배설 경로다. 신장은 체중의 약 0.4%를 차지하는 조그마한 장기이지만(70kg의 체중을 가진 사람의 경우 약 300g 정도), 신장을 통하는 혈류량은 분당 1,200*ml* 정도로 심박출량의 25% 정도에 해당된다. 체내의 혈액은 1시간에 15회씩 2개의 신장을 통과하며, 이 중 약 1,500~1,700*ml*가 노폐물을 포함하는 소변으로 배설된다. 사구체 여과와 여러 종류의 호르몬 작용으로 체내의 수분이 부족한 상태에서는 소변을 적게 만들고, 체내의 수분이 과잉된 상태에서는 많은 양의 소변을 만들어 낸다. 그래서 체내의 수분 함량이 항상 일정한 상태로 유지되도록 하여 항상성을 이루는 데 결정적인 역할을 수행한다.

수분의 섭취와 배설의 균형이 깨어지는 경우에는 여러 가지 임상적인 증상들이 관찰된다. 체내 수분의 약 2~3%가 부족하게 되면 갈증을 느끼고, 4% 정도 손실이 있으면 소변의 양이 줄어들게 된다(oliguria). 그리고 5% 정도 손실이 있으면 혼수상태가 되고, 10% 정도 손실이 있으면 사망하게 된다. 인간은 음식을 섭취하지 않고서는 90일 정도 생존 가능하지만 수분을 섭취하지 않고서는 7일 이상을 생존할 수 없는 것으로 알려지고 있다. 이는 수분이 생체의 생존에 얼마나 중요한가를 단적으로 보여 주는 것이다.

(3) 체내에서의 수분 분포

체내의 수분은 크게 두 가지로 구분된다. 하나는 세포 내에 존재하는 세포내액(intracellular fluid)이며, 다른 하나는 세포 밖에 존재하는 세포외액(extracellular fluid)이다. 세포외액은 혈관 속의 혈장(plasma)과 혈관 밖에서 세포와 세포 사이의 공간을 메우는 간질액(interstitial fluid)으로 구성되어 있다. 전체 체중에서 세포내액은 40%, 세포외액은 20%, 그리고 총 수분량은 60% 정도다.

그러나 이렇게 체액을 구분하는 것에는 어떤 해부학적인 경계가 있는 것은 아니다. 물은 침투 · 확산하여 몸 속 어디든 고루 퍼져 나갈 수 있다. 예를 들면, 혈관 속 수분은 모세혈관 벽을 통해 끊임없이 이동한다. 실험적으로 혈관 속의 물 분자를 방사성 동위원소로 추적해 보면 동위원소로 표지된 물 분자는 주입한 지 1분 정도 지나면 혈관 내에 반밖에 남지 않는다. 이것은 1분 동안 혈액 수분의 50%가 혈관 밖에 있던 간질액과 교체되었음을 말하는 것이다. 그러나 특정 순간에는 언제나 혈관 속에 약 4.5%의 혈장이 갇혀 있으며, 16%는 혈관 밖의 간질액으로 존재하고, 이들 둘의 합이 세포외액을 이룬다. 그리고 30~40%는 세포 안에서 세포내액으로 존재한다.

이들 세포내액과 세포외액 이외에도 구분이 다소 모호한 체강수분(體腔水分, transcellular fluid)이 있다. 이것은 마치 세포내액과 같이 기능하고 또 능동적으로 조성되지만, 엄밀하게는 세포외액의 일부로서 덜 다양한 기능을 보이는 체액이다. 소화를 담당하는 소화액, 관절 내에 존재하는 활액낭(synovial cavity), 흉강과 복강 내의 체액, 뇌척수액, 눈 안의 방수(防水) 등이 그것이다. 활액낭 속의 활액은 관절의 움직임을 부드럽게 하며, 흉강과 복강내의 체액은 장기와 장기 사이의 마찰을 줄여 주는 역할을 한다. 자궁에서 태아를 감싸는 양수와 뇌척수액은 그 구조에 미치는 충격 혹은 압력을 완충하고, 눈의 방수는 안구내압(眼球內壓, intraocular pressure)을 유지하여 안구를 팽창시켜 눈의 모양을 지켜주고 기능을 원활하게 한다.

생체 내의 모든 기관들은 저마다 수분의 함량에 상당한 차이가 있다. 뇌는 약 90%가 물로 이루어져 있으며, 혈액은 약 98%, 신장은 83%, 근육은 76% 정도가 물로 이루어져 있다. 딱딱하여 물이 전혀 없는 것처럼 보이는 뼈도 약 22%가 물로 이루어져 있다. 다시 말하지만, 이러한 소견들은 물이 생체 내에서 얼마나 중요한 성분인지를 보여 주는 좋은 예라고 하겠다.

(4) 물의 생물학적 기능

물은 체내에서 여러 역할을 담당하고 있는데 그것을 요약하면 다음과 같다.

• 용매로서의 역할

물은 용매로서 중요한 역할을 하여 많은 귀중한 성분들을 용해시킨다. 이것은 혈액을 통하여 순환된다. 다시 말해, 체내에서 몸에 필요한 성분이 녹아 들어가 있는 것이 혈액이라고 할 수 있다. 혈액은 약 98%가 물로 이루어져 있다. 혈액 중의 물은 1*l* 에 약 80종류의 물질 70～80g을 녹이고 있다. 그 내용물은 여러 종류의 호르몬, 면역 작용을 하는 항체, 산소, 혈액 응고 관련 성분, 포도당, 지방산, 아미노산, 전해질, 미네랄 등이다.

생명 현상은 연쇄적인 화학 반응이라는 측면으로도 정의할 수 있다. 이러한 화학 반응에서 손실이 적고 좋은 효율을 얻기 위하여는 반응하는 물질들이 반응하기 쉬운 상태에 있는 것이 중요하다. 그런데 대부분의 물질들은 물에 용해되면 반응하기 쉬워진다. 대표적인 예로는 식염(Nacl)을 들 수 있다. 공기 중에서 식염의 분자를 파괴하기 위하여는 많은 에너지가 필요하지만 물 속에서는 쉽게 나트륨 이온(Na^{+})과 클로라이드 이온(Cl^{-})으로 분해된다. 이처럼 물 속에서 용해되어 이온 상태가 된 물질을 전해질이라 이르는

데, 이들은 생명 활동의 유지에 아주 중요한 역할을 한다.

물이 여러 중요한 물질들을 용해시킬 수 있는 용매로 작용한다는 것은 생명 현상의 유지에서 가장 적은 에너지로 가장 효과적인 기능을 수행한다는 중요한 의미가 있다. 즉, 최소의 에너지로 최대의 효과를 내도록 생체는 설계되어 있다.

• 내부 환경의 항상성 유지

모든 생물은 태고의 해수 속에서 단세포 생물로 출발한 것으로 추정되고 있다. 차츰 진화되는 동안 단세포 생물에서 다세포 생물로 바뀌자, 하나의 고체 속에 세포끼리의 간격이 발생되었다. 생물이 해수 속에서 생활하는 동안은 세포 간격이 외부 환경과 자유로이 교통하고 있으면 그것으로 족했으나, 생물체가 해수에서 나와 육지에서 생활하게 되자 세포가 직접 공기와 접하고서는 생존할 수 없기에 세포 주위에 해수와 비슷한 환경을 유지시킬 필요가 있게 되었다. 따라서 세포 간격이 외부 환경에 대하여 폐쇄되고, 몸 속에 있으면서 세포는 일정한 환경을 형성하게 되었다. 이러한 환경이 내부 환경(internal environment, 프랑스 생리학자 클로드 베르날이 명명)이다.

생명의 기본 단위인 세포가 순조롭게 활동하기 위하여는 내부 환경이 일정한 상태로 유지되어야 한다. 이를 항상성이라 이른다. 생체는 체온, 산도, 삼투압의 항상성 유지를 위해 물과 전해질의 출입 통제로 절묘하게 조절하고 있다.

- 체온의 조절

물은 체온의 조절에 절대적인 역할을 한다. 물은 비열(specific

heat)이 높은 물질이기에 지구 표면에서 밤과 낮의 온도 변화를 적게 해 주며, 생체의 체온 변화 또한 최소화시켜 주는 역할을 한다. 몸무게 70kg의 성인을 기준으로 하였을때, 섭취한 음식물에서 발생되는 열량은 하루 약 2,500 kcal 정도 된다. 이 열량은 1l의 물을 2,500℃ 올리는 열량이며, 이러한 과정에서 신체 내의 열 손실이 없다면 체열이 60~70℃ 정도 되어 생존이 불가능하게 될 것이다. 그러나 체온 발산기전이 쉽게 이 열을 발산하여 비교적 안정된 체온을 유지할 수 있게 된다. 이렇게 체온 조절이 용이하게 되는 것은 체액이 비열이 높은 수분을 용매로 하기 때문이다. 만일 물 대신 알코올이나 클로로포름 처럼 비열이 낮은 용매라면 각각은 비열이 물의 1/2 또는 1/4에 불과하기 때문에 체온이 2배 혹은 4배가 될 것이다.

또한 물은 증발열(vaporization heat)도 크다. 증발열이 크다 함은 땀이 증발함으로써 보다 많은 열을 발산한다는 의미다. 물의 이러한 특성 때문에 운동을 심하게 하여 체온이 올라가는 경우에도 그 조절이 가능하며, 체온보다 높은 기후에서의 생존도 가능해진다.

– 산도의 안정성

흔히 산성 또는 알칼리성 식품이라는 말을 많이 사용한다. 산성이란 물에 녹았을 때 수소 이온(H^+)을 방출하는 경우를 말하며, 알칼리성이란 물에 녹았을 때 수산기(OH^-)를 방출하는 경우를 말한다.

체내에서 수소 이온의 농도는 pH로 표시되는데, 생체는 이 pH가 일정하게 유지되어야 생존 가능하다. 물은 이 pH의 유지에 결정적인 역할을 한다. 물(H_2O)은 수소 이온(H^+)과 수산기(OH^-)로 구성되어 있다. 따라서 HCl 등과 같이 수소 이온(H^+)을 방출하는 물질이 있는 경우에는 물의 수산기(OH^-)와 결합하여 물을 만들며, 가성소다(NaOH)와 같이 수산기(OH^-)를 방출하는 알칼리성 물질이 있는 경우에는 물의 수소 이온(H^+)이 수산기(OH^-)와 결합하여 물을 만들어 낸다. 그리하여 생체의 산도는 변함 없이 항상 일정한 상태를 유지하게 된다.

• 영양소의 운반

혈액은 약 98%가 물로 이루어져 있는데 그 속에는 갖가지 중요한 성분이 녹아 있다. 다시 설명한다면, 물 속에 몸에 필요한 성분이 녹아 들어 있는 것이 혈액이다. 앞서 언급한 바와 같이, 모든 물질을 녹일 수 있는 용매로서의 물의 특성으로 인하여 혈액 1*l*에 70～80g 정도 되는 80종류의 물질을 녹여서 신체 각 부분에 운반하는 역할을 수행한다. 단백질, 포도당, 아미노산, 지방산 미네랄 등뿐만 아니라 칼슘 이온(Ca^{++}), 칼륨 이온(K^+), 나트륨 이온(Na^+), 마그네슘 이온(Mg^{++}) 등도 포함되어 심장의 운동에도 중요한 역할을 한다.

• 노폐물의 배설

체내에서 생성되는 주요 노폐물은 단백질 분해에 의한 질소 화합물과 지방과 당질의 연소 결과 발생한 탄산가스다. 탄산가스는 호흡을 통하여 체외로 나오게 되지만 질소 화합물은 물에 녹아야 배설이 가능해진다. 질소 화합물이 물에 녹은 것이 곧 소변이다. 신장의 기능에 문제가 있는 경우에는 이러한 노폐물의 배설에 장애가 생겨 요독증(uremia)을 일으키게 된다.

이상 생체 내에서의 수분의 함량, 분포, 역할 등을 종합해 보면 인간의 생존, 더 나아가 모든 생명체의 생존에 물이 얼마나 중요한가를 절실하게 느낄 수 있다.

더욱이 모든 생명체의 기원은 원시 대양에서 시작되었다고 보는 견해가 압도적이다. 태고에 생명의 창조가 대양 속에서 이루어졌고, 생명이 창조되는 순간 최초의 생명체는 자신의 둘레에 하나의 세포막을 형성함으로써 대양이라는 환경과 스스로를 경계 지었을 것으로 추정한다. 따라서 생명이 창조되던 바로 그날의 세포의 원형질은 당시의 바닷물 조성과 전적으로 같은 수용액에 약간의 단백질이 녹아 있었으리라 짐작한다.

그렇다면 당시의 대양 조성은 어떠하였을까? 이에 대하여 아무도 확언할 수는 없지만, 어쩌면 오늘날의 세포 내의 이온 조성처럼 알칼리 금속 칼륨 이온(K^+)의 농도는 높고, 나트륨 이온(Na^+), 칼슘 이온(Ca^{++}) 또는 마그네슘 이온(Mg^{++})은 매우 낮았으리라고 짐작하는 많은 근거들이 있다. 이후 아마도 약 6억 년 동안 생명체는 태고의 원시 대양을 바탕으로 하여 세포 내의 구조와 유기 분자의 합성과 생산을 이루었을 것이며, 그 이온 환경이 가장 바람직한 조성으로 선택된 것이라고 생각된다.

그러나 이 태고의 세포 내외 환경은 언제까지나 안주할 수 있는 고정된 것이 아니었다. 오랜 세월이 흐르는 동안 생명을 위협하는 지구의 지각 환경의 변화가 서서히 진행되었고, 이에 모든 생명체는 적응하지 않으면 안 되었다. 특히 대양의 화학적 조성이 서서히 변화되고 있었으며, 그에 따라 생명체도 생존을 위하여 필연적으로 변화하여야만 했다. K^+과 Na^+이 함께 지구의 지각에 포함되어 있었으나, 그것이 오랜 세월을 두고 비바람에 씻겨 바다로 흘러들어 K^+은 점차 규화물(硅化物, silicate)로 해저에 침전되어 사라졌고, Na^+은 점차 그 속에 고농도로 농축되었다. 그리하여 바닷물의 조성이 극적으로 변화하였는데, 고칼륨, 저나트륨 용액에서 고나트륨, 저칼륨 용액, 즉 오늘날의 바닷물과 유사한 조성으로 변화하였다. 이는 실로 10억 년에 걸친 변화라고 할 수 있다.

이러한 변화 속에서 바다에 사는 생물은 생존을 위하여 둘 중 한 길을 선택하여 진화・적응하지 않으면 안 되었다. 하나는 그들의 세포내액을 변화된 바다의 조성과 같이 바꾸어 원형질을 고나트륨, 저칼륨 환경으로 만드는 길이다. 다른 하나는 태고의 고칼륨, 저나트륨 환경을 고수하되 그렇게 유지하는 방법을 찾아내는 길이다. 그러나 전자는 받아들일 수 없는 타협이었다. 그것은 효소 단백질 때문이었다. 생물계에서 볼 수 있는 많은 효소들은 고칼륨, 저나트륨 환경에서 최적의 활동을 보이며, 고나트륨, 저칼륨 용액에서는 제대로 효소 작용이 일어나지 않는다. 생물체는 이러한 고칼륨, 저나트륨 세포 내 환경을 만들기 위하여 이온 펌프를 창조함으로써 그들의 이온 조성을 스스로 조정하는 방법을 마련하게 되었다. 이것은 어떤 이온을 생물막 한쪽에서 반대쪽으로 능동적으로 운반하는 펌프다.

먼저 발달하게 된 기본적 펌프는 Na^+를 세포 밖으로 퍼내는 펌프다. Na^+ 펌프는 사실상 많은 동물의 세포막에 갖추어져 있다. 그리하여 세포 밖에서 세포 내로 저항 없이 스며드는 Na^+을 세포 밖으로 퍼내어 Na^+ 농도를 유지하는 동시에, 그로 인해 발생된 세포 내 음하전으로 K^+을 세포 내에 붙들어 둠으로써 세포 내에 높은 K^+ 농도를 유지할 수 있다.

그런데 이보다는 Na^+을 세포 밖으로 퍼내고 K^+을 세포 안으로 퍼넣는 것이 더 효과적인 방법임은 두말 할 나위가 없다. 이것이 소위 Na-K 교환 펌프다. Na-K 교환 펌프도 많은 생물막에 갖추어져 있다. 그래서 세포는 변화하는 환경에 성공적으로 적응할 수 있게 되는 것이다. 생물의 세포막은 Na-K 펌프로 인하여 일정한 막하전(membrane potential)이 유지되며, 이것이 모든 세포 기능의 바탕이 된다.

2) 물의 심리 · 사회적 의미

(1) 고전에서의 물에 대한 교훈

• 성경에서의 물

태초에 하나님께서 하늘과 땅을 지어 내셨다. 땅은 아직 모양을 갖추지 않고 아무것도 생기지 않았는데, 어둠이 깊은 물 위에 뒤덮여 있었고, 그 물 위에 하나님의 기운이 휘돌고 있었다.

하나님께서 "빛이 생겨라!" 하시니 빛이 생겨났다. 그 빛이 하나님이 보시기에 좋았다. 하나님께서는 빛과 어둠을 나누시고, 빛을 낮이라, 어둠을 밤이라 부르셨다. 이렇게 첫날이 밤 · 낮 하루가 지났다.

하나님께서 "물 한가운데 창공이 생겨 물과 물 사이가 갈라져라!" 하시자 그대로 되었다. 하나님께서는 이렇게 창공을 만들어 창공 위에 있는 물을 갈라 놓으셨다. 하나님께서 그 창공을 하늘이라 부르셨다. 이렇게 이튿날도 밤 · 낮 하루가 지났다.

하나님께서 "하늘 아래 있는 물이 한 곳으로 모여 마른 땅을 드러내라!" 하시자 그대로 되었다. 하나님께서는 마른 땅을 뭍이라, 물이 모인 곳을 바다라 부르셨다. 하나님께서 보시니 참 좋았다(창세기 1: 1-10).

아기가 꽤 자란 뒤에 어머니는 아이를 파라오의 딸에게 데려갔다. 공주는 그 아이를 자기의 아들로 삼고, 물에서 건져냈다고 하여 '모세' 라는 이름을 지어 주었다(출애굽기 2: 10).

야훼께서 모세에게 말씀하셨다. "너는 어찌하여 나에게 부르짖기만 하느냐? 이스라엘 백성에게 전진하라고 명령하라. 너는 너의 지팡이를 들고 바다 위로 팔을 뻗쳐 물을 가르고 이스라엘 백성으로 하여금 바다 가운데로 마른 땅을 걸어 건너가게 하라."(출애굽기 14: 15-17).

누구든지 고름이 나왔을 경우에는 온 몸을 물로 씻어야 한다. 그는 저녁 때가 되어야 부정을 벗는다. 고름이 묻은 옷과 가죽은 모두 물에 빨아야 한다. 그것은 저녁 때가 되어야 부정을 벗는다.

여인이 남자와 한 자리에 들었으면 두 사람은 목욕을 해야 한다. 그들은 저녁 때가 되어야 부정을 벗는다(레위기 15: 16-18).

물과 성령으로 거듭나지 않으면 아무도 하나님 나라에 들어갈 수 없다. 육에서 나온 것은 육이며, 영에서 나온 것은 영이다. 거듭나야 한다는 내 말을 이상하게 생각하지 말라(요한복음 3: 5-7).

- 논어에서의 물

知者樂水 仁者樂山.

지혜로운 사람은 물을 좋아하고, 어진 사람은 산을 좋아한다.

지혜롭고 덕이 있는 사람은 산이나 물 같은 자연의 영원불멸의 의미를 잘 아는 사람들이라는 뜻이다.

- 중용에서의 물

仲尼 祖述堯舜 憲章文武 上律天時 下襲水土.

공자께서는 요순을 으뜸으로 이어받고, 문왕과 무왕을 법도로 삼았고, 위

로 하늘의 이치를 법으로 삼았고, 아래로 물과 흙의 이치를 따랐으니

공자가 자연의 이치를 따랐다는 비유에 물의 이치가 포함된다.

• 맹자에서의 물

徐子曰 仲尼亟稱於水曰 水哉水哉 何取於水也.

孟子曰 原泉 混混 不舍晝夜 盈科而後進 放乎四海 有本者如是 是之取爾.

서자가 말하기를, "공자께서 자주 물을 칭찬하시며 물이여, 물이여라 하셨으니 물에서 어떤 점을 취하신 것입니까?"

맹자께서 답변하시기를 "물줄기가 있는 물은 용솟음쳐 흘러나와, 밤낮을 쉬지 않고 흘러 흙구덩이를 채우고서야 사해에 이르니, 그 근본이 되는 것이 이와 같은 것이라. 바로 이 점 때문에 취하신 것이다."

자신의 문제점을 잘 살펴보면서 앞으로 나아가야 함을 물의 흐름에 비유하고 있다.

告子曰 性 猶湍水也 決諸東方 則東流 決諸西方 則西流 人性之無分於善不善也 猶水之無分於東西也.

고자께서 말씀하시기를, "인간의 본성은 여울물과 같다. 물은 방향을 동쪽으로 터놓으면 동쪽으로 흐르고, 서쪽으로 터놓으면 서쪽으로 흐른다. 따라서 인간의 본성이 원래 선하고 선하지 않은 것의 구별이 없는 것이 물의 원래 동서의 구별이 없는 것과 마찬가지다."

인간의 본성은 태어날 때부터 이미 결정된 것이 아니며, 환경에 따라 얼마든지 변화될 가능성이 있다는 것을 물의 유연성에 비유하고 있다.

孟子曰 水信無分於東西 無分於上下乎 人性之善也 猶水之取下也 人無有不善 水無有不下.

맹자께서 말씀하시기를, "물이야 진실로 동서로 흐르는 방향이 정해져 있는 것은 아니지만, 위에서 아래로 흐르거나 아래에서 위로 흐르는 구분도 없다고 하겠는가? 사람의 본성이 본래 선하다는 것은 물이 위에서 아래로 흐르는 것처럼 자연스러운 것이다. 사람 중에 본래부터 천성이 선하지 않은 사람은 없으며, 이것은 마치 물이 본래부터 위에서 아래로 흘러가는 성질을 지니지 않은 것이 없는 것과 마찬가지다."

맹자 학설의 핵심이라고 할 수 있는 성선설을 물의 자연스러운 흐름에 비유하고 있다.

• 도덕경에서의 물

上善若水 水善利萬物而不爭 處衆人所惡 故 幾於道.

居善地 心善淵 與善仁 言善信 政善治 事善能, 動善時. 夫惟不爭 故 無尤.

최고의 선은 물과 같다. 물은 만물을 이롭게 하나 다투지 아니하며, 모든 사람들이 싫어하는 낮은 곳에 스스로를 둔다. 따라서 도에 가깝다.

거처함에는 땅이 좋고, 마음은 깊은 것이 좋고, 주는 데는 인자함이 좋고, 일은 잘하는 것이 좋고, 행동은 시기에 맞음이 좋다. 대저 물은 오직 다투지 않는지라 허물이 없는 것이다.

자신을 내세우지 아니하며, 항상 스스로를 낮은 곳에 두는 것이 생존에 가장 효과적임을 물의 자연스러운 모습에서 찾고 있다.

• 명심보감에서의 물

水至淸則 無魚 人至察則 無徒.

물이 너무 맑으면 고기가 살 수 없고, 사람도 너무 남의 잘잘못을 따지면 친구가 없다.

대인관계에서 다른 사람들의 허물이나 잘못을 용서해 주고 너그럽게 대할 것을 물의 맑음에 비유하고 있다.

器滿卽溢 人滿卽喪.

그릇은 차면 넘치게 마련이고, 사람도 차면 잃게 마련이다.

모든 것에 분수를 알고 적당하게 하라는 가르침이다. 부귀, 명예 등 인간이 추구하는 모든 것에 한계를 두어야 함을 물의 넘침에 비유하고 있다.

(2) 종교의식에서의 물

• 유교

초기 유교의 제사에서는 물이 사용되었다. 사용되는 물은 맹물, 즉 맑은 물이었으며 강림하는 신의 음료는 원수(源水)이어야 하였다. 원수란 물이 세계의 원천이며 태초에 먼저 물이 있었고, 그 물에서 인간계와 자연계가 형성되었다는 우주론에서 유래된 말이다.

• 천도교

천도교에서는 청수(淸水)를 떠놓고 주문을 외우며 행하는 의식을 정수도성(淨水致誠)이라 이르는데, 물이 중요한 위치를 차지하고 있다. 과거 우리의 조상들이 정화수(井華水)를 떠놓고 빌던 것과 유사한 의식이라고 할 수 있다.

• 기독교, 유대교 및 가톨릭

기독교, 유대교 및 가톨릭에서는 세례 시 물을 사용한다. 세례는 물로 죄를 씻어내고 새 사람을 창조하는 의식이다. 성경에서는 하나님 말씀을 듣는 것을 '생수를 마신다' 고 표현한다. 신약성서에서 그리스도가 하나님의 아들임이 밝혀진 것은 그가 세례요한에게 세례를 받을 때였다. 물이 부정한 것을 씻어내는 기능을 한다는 것은 성경 곳곳에 제시되어 있다. 월경 후의 여자는 미크바(mikvah, 精華水)에 몸을 담가야 하며, 성교를 가진 후의 남녀도 반드시 물로 씻어야 더러움을 벗을 수 있다. 고름이 나거나 상처가 있는 경우에도 물로 씻으면 낫는다는 기록도 있다.

• 불교

불교에서는 두 가지 다른 몸 씻음의 의례가 있다. 둘은 단순한 정화 의례가 아니라 보다 근원적인 의미를 지닌다. 하나는 계욕으로서 세속의 욕망에서 벗어나 피안에서 다시 태어난다는 의미가 있다. 즉, 계욕은 스스로 깨달아 자기를 성취하는 부처가 되는 의례다. 다른 하나는 관욕(灌浴)으로서 죽은 사람을 극락으로 데려가기를 바라며 하는 의식이다. 즉, 관욕은 주검을 씻어 그가 극락으로 천도할 것을 바라는 환생의 의례다. 그러므로 이 둘은 모두 궁극적으로 존재 양태의 변화를 의도하고 있다. 그런데 이러한 변화를 가능하게 하는 실제적인 행위는 모두 물에 의한 정화(淨化)라는 사실에 근거하고 있다.

(3) 물과 민속신앙

물은 민속신앙과도 밀접한 관계를 맺고 있다. 과거 우리의 조상들은 제사나 고사를 지내기 전에 먼저 물로 깨끗하게 씻는 일을 하였다. 그리고 어려움이 있을 때에 가장 맑고 순수한 시간인 새벽에 우물에 가서 물(정화수)을 퍼서 귀신을 물리쳐 달라고 기원도 하고 병든 자식을 위하여 빌기도 하였다. 우리나라의 민속신앙에서도 우물은 신성시되고 신격화되는 경향이 있었기에 물이 치료적인 효과가 있다는 생각을 가지고 있었다. 옛부터 우리나라 사람들은 하천, 바다, 호수, 우물, 샘 등에 수신(水神)이 있다고 믿어 왔으며, 그 주된 신으로 서해 용왕과 그 왕비인 용부인, 딸인 용궁아기씨, 용궁 군대의 통령인 용장군, 그 외에 용궁대감 등 일련의 신이 있다. 보통 이 신들은 용신당, 용궁당에 모셔지고 제사를 드리는데, 일정한 당(堂)이 없어도 강가, 바닷가를 용신의 주거지로 생각하고 거기서 제사를 지낸다. 국내의 용담(龍潭), 용소(龍沼), 용연(龍淵) 등의 지명은 용신(龍神)의 성소(聖所)다. 이 수신은 기우(祈雨), 풍어(豊漁) 그리고 선박의 안전을 기원하기 위하여 모셔진다.

물을 신성시하여 민간신앙으로 발전시킨 대표적인 민간신앙으로는 봉남교(奉南敎)가 있다. 찬물(冷水)이 교리, 신행(信行)의 중심이기에 찬물교라고도 불린다. 이 종교는 제주도 사람 김봉남에 의하여 세워졌다. 그는 14세에 만성 위장병에 걸려 의약치료에 효과를 보지 못하고 수도(修道)치료에 전념하다가, 34세에 무량교를 포교하는 황보흠이라는 도인을 만나 약수로 치료를 받은 후 신병이 낫고 강신(降神), 토설(吐舌) 등의 체험을 하였다고 전해진다. 그 후 그는 독자적으로 교단을 설립하였다. 그는 신앙의 중심이 되는 물법은 찬물로 병을 고치고 지력(智力)과 영력(靈力)까지 얻을 수 있는 법리(法理)라고 주장하였다. 후에 그는 물법의 원리가 인간의 심법 내지는 우주의 대원리에 통하여 유불선 3교의 교리에 관통하고 중생 삼고(三苦: 飢, 寒, 疾)를 해탈할 수 있다는 '심수법(心水法)'의 원리를 깨닫는다.

이 물법신앙의 이론을 보면, 우선 사람의 질병은 육체적인 질환이건 정신적인 질환이건 모두 심신의 오탁(汚濁)으로 인하여 발생하므로 치료는 무엇보다도 심신의 오탁을 씻어 버리면 된다는 것이다. 이런 방법으로 이 종교에서는 찬물을 택하고 있다. 왜냐하면 찬물이 이 세상에서 가장 깨끗하기 때문이다. 따라서 물법치료는 찬물을 마심으로써 심신의 오염을 씻어 버리는 것이다.

또한 물은 우주 만물이 생성하는 원리인 동시에 모든 생명의 원동력이라는 것이다. 따라서 생명의 근원인 수기(水氣)를 충족시켜 원상으로 돌아가게 한다. 물법의 수련공부는 심신을 닦아서 인간에게 본래 꾸며져 있는 마음의 수성(水性)을 회복시키는 공부다. 모든 질병은 마음의 상태와 관련 있기 때문에 치료는 무엇보다도 먼저 마음을 다스려야 한다고 본다. 특히 물을 인간 생명의 근원으로 보는 이 교리는 인간의 심성은 물성에 의하여 순수 무염한 것이기에, 사람들이 죄악과 번뇌를 일으켜 심성의 청정한 물성을 상실하였을 때 심신의 질환이 발생한다고 본다. 이에 따라 물법은 심수법의 일관된 원리에 의하여 마음의 본래의 물성을 회복시킴으로써 병이 물러가고 지혜가 밝아져 대도대덕(大道大德)의 경지로 나아갈 수 있다는 것이다.

이 종교는 우리의 물에 대한 관념을 잘 표현하고 있다. 물은 인간의 심성과 심신을 정화시키는 역할을 하며 더 나아가 인격의 성숙과 완성을 이루게 하는 능력을 가지고 있다는 신념이다. 물론 이러한 물의 기능은 그것이 내포하고 있는 무의식적인 상징으로 표현되지만 찬물교에서는 이를 아주 구체적이고도 현실적인 방법으로 사용하였다. 물의 기능을 이런 방법으로 구체화시키는 경향은 단지 찬물교에만 해당되는 것이 아니다. 그것은 물에 치료적이고도 주술적인 기능을 부여하는 여러 무속, 신화, 역사적인 기록 모두에 해당된다고 할 수 있다.

(4) 무속에서의 물의 정화기능

대부분의 굿은 처음에 부정(不淨)굿으로부터 시작한다. 무속인은 부정상(不淨床)을 차려 놓고 그 위에 청수(淸水) 또는 물 위에 재, 고추, 고춧가루를 띄워 놓는다. 무녀는 신칼에 물을 묻혀 몸을 적시고 사방에 뿌린다. 여기에 사용하는 물은 세상을 씻어 버리고 파괴하듯이 모든 부정한 것을 제거한다는 의미를 가진다.

부락제를 올릴 때는 제관의 부정을 절대적인 금기로 여긴다. 만일 부정한 제관이 제사를 드리면 부락민이 질병과 기타의 재해를 입는다고 믿고 있다. 따라서 제관이 되기 위하여는 반드시 갖추어야 할 자격과 엄격히 지켜야 할 금기가 있다. 우선 제주가 될 수 있는 자격 요건은 상주(喪主)가 아닌 자, 그해에 어떠한 불상사도 없었던 자, 가내에 임신한 여인이 없는 자, 제일(祭日)까지 부인에게 월경이 없는 자, 가급적이면 가구 수가 적고 집안이 정결한 자, 제일에 생기복덕(生氣福德)이 닿는 성인 남자들이다. 일단 제관으로 결정되면 범방(犯房)을 금하고, 매일 냉수에 목욕재계하고 정결한 복장을 하며, 원거리 외출을 금하고, 부정한 언동을 하지 말며, 부정한 것을 보거나 부정한 말을 하거나 듣지 말아야 한다.

이렇듯 부정을 피하기 위하여 많은 노력을 기울이는 것은 매우 중요한 의미가 있다. 우선적으로 생각할 수 있는 것은 신성한 존재는 부정한 것과 극히 대립적이라는 것이다. 부정한 곳에는 임재(臨

在)하지 않거나 피하는 경우가 많고, 잘못하면 부정에 대하여 신벌을 내리기도 한다. 따라서 부정한 것이 있게 되면 신성함이 어떤 신비하고 마술적인 힘을 발휘할 수 없게 된다. 또한 부정은 전염의 속성을 지니고 있다. 그 자체가 더러운 것이기 때문에 다른 것, 일상적이거나 신성한 것을 더럽힐 수 있는 힘을 가지고 있다. 그러므로 부정을 미연에 예방하기 위한 노력을 기울이는 것이다. 수살대, 부정굿 등은 이러한 예방의 기능을 가지고 있다. 그러나 일단 더러워진 것은 신성한 종교적, 주술적 의식을 통한 적극적인 방법으로 정화시킬 수 있다. 이러한 힘을 발휘하는 데 물이 커다란 작용을 한다. 즉, 물은 부정을 예방하는 의미도 가지고 있지만 부정을 닦아내고 정화시키는 작용도 한다. 전라도 지방의 씻김굿은 죽은 자가 지닌 세속의 오염을 씻어내고 정화시키는 역할을 하며, 찬물교에서도 질병이 인간의 더러워진 심신을 찬물로 씻어냄으로써 치유될 수 있다고 주장한다.

(5) 물과 신화

• 물과 창조신화

물의 이러한 '생존' 또는 '영생'의 상징성이 우주적 차원에서 다루어지면, 물은 창조신화를 지어내고 신화 속에서 창조의 근원으로 나타난다. 우리나라의 고구려 건국신화, 신라 건국신화에는 모두 물이 등장한다. 고구려 건국신화를 보면(일연 저, 박성봉 역, 1985) "부여왕 해부루(海夫婁)가 아내도 늙고 자식이 없어서 아들을 얻기 위하여 명산대천(名山大川)에 제사를 지내며 빌고 다녔다. 그러다 하루는 그가 탄 말이 곤연(鯤淵)이란 못에 이르자 길가에 있는 큰 돌을 보고 눈물을 뚝뚝 흘렸다. 왕이 이상히 여기고 사람을 시켜 그 돌을 굴려 보았더니 금빛 개구리 모양의 옥동자가 있었다. 이름을 금와(金蛙)라고 짓고 태자로 삼았다. 청하(靑河)에서 해신인 하백(河伯)의 세 딸이 압록강 물을 헤치며 태심연(熊心淵)에서 노나니…….”라는 기록이 있다. 이 건국신화에서 ‘곤연’ ‘태심연’ ‘대천’ ‘청하’ ‘하백’ 등은 모두 물과 관련된 것들이며, 이러한 신화적 사건들이 물과 깊은 관계가 있음을 나타낸다고 하겠다.

신라의 건국신화에도 비슷한 내용이 있다(박성봉 역, 1985). “6부의 조상들이 각기 자제를 데리고 알천(閼川)가에 모여 임금을 모시고 나라를 세울 것을 의논하고 높은 곳에 올라 남쪽을 바라보니, 양산 기슭 우물 곁에 이상스러운 기운이 전광과 같이 땅에 비치더니 거기에 하얀 말 한 마리가 꿇어앉아 절하는 형상을 하고 있었다. 그곳을 찾아가 보니 한 붉은 알이 있어 그 알을 깨어 보니 생김새가 단정한 아름다운 동자가 있었다. 놀랍게 여기고 그 아이를 동천(東川)에 목욕시키고 혁거세왕(赫居世王)이라고 불렀다. 이 날에 사량리(沙梁里) 알영정(閼英井)가에 계룡(鷄龍)이 나타나 왼쪽 갈비에서 동녀(童女) 하나가 생하니 자태와 얼굴은 유달리 고왔으나 입술이 닭의 부리와 같이 길었다. 월성(月城) 북천(北川)에 가서 목욕시키니 그 부리가 빠짐으로 그 내를 발천(撥川)이라 하였다.” 이 신화에서도 ‘알천’ ‘북천’ ‘동천’ ‘발천’ ‘알영천’ 등은 물을 의미한다.

물이 창조신화와 밀접하게 관계를 갖는 것은 범세계적인 현상으로 시간과 공간을 초월하여 발견된다. “그때까지는 무도 없고 유도 없었으며, 공계(空界)도 없고 그 위에 천계(天界)도 없었도다. 무슨 일이 일어났을까? 어디서? 누구의 비호 아래? 물은 있었던가? 밑을 모르게 깊은 물이?”(인도의 창조신화) “브라흐마는 세상을 창조하고 아주 여러 차례에 걸쳐 세상을 재창조하였다. 현재의 세상 이전에 얼마나 많은 세상이 있었는지, 또 이후로 얼마나 많은 세상이 도래하게 될지는 아무도 모른다. 네 시대(유가, yuga)가 모여 하나의 겁(칼파, kalpa)을 이룬다. 각 칼파가 끝날 때에는 창조물이 파괴되어 과도 상태인 물의 심연으로 들어간다." (힌두교의 초기 경전) "아주 오랜 옛날에는 하늘도 땅도 없고, 밑 모를 광활한 심연이 뿌연 대기 속에 감추어져 있을 뿐이었다. 그 심연 한가운데 어딘가에 샘이 있었는데 이 샘에서 열두 개의 강이 바위의 살처럼 흘러나갔다. 강들은 수원지에서 아주 멀리 흘러내려 꽁꽁 얼어붙었다." (노르웨이 창조신화) "위대한 태양신 라가 존재하기 전에 그의 아버지인 '물의 심연'이 있었다. 라는 '물의 심연'에서 나타났고, 그다음에는 모든 것이 라의 입에서 나오는 말을 통하여 존재하게 되었다." (이집트의 창조신화) "태초에 혼돈과 어둠이 있었다. 혼돈은 모든 요소들이 형체 없이 뒤섞여 있는 광활한 바다였다. 이 바다에서 만물의 여신 에우리노메가 떠올랐다. 파도 사이에서 알몸으로 나타난 이 여신은 바다 위에서 춤을 추기 시작하였다." (그리스의 모계 창조신화) "태초에 하나님께서 하늘과 땅을 지어내셨다. 땅은 아직 모양을 갖추지 않고 아무 것도 생기지 않았는데, 어둠이 깊은 물 위에 뒤덮여 있었고 그 물 위에 하나님의 기운이 감돌고 있었다……. 하나님께서 '물 한가운데 창공이 생겨 물과 물 사이가 갈라져라!' 하시자 그대로 되었다. 하나님께서는 이렇게 창공을 만들어 창공 아래에 있는 물과 창공 위에 있는 물을 갈라 놓으셨다. 하나님께서 그 창공을 하늘이라 부르셨다." (성경의 창조 이야기) "태초에는 광활하고 기름기 많은 혼돈의 바다밖에 없었다. 이 혼돈의 바다에 온갖 요소들이 뒤섞여 있었다. 하늘에서 이 바다를 내려다보고 세 신령이 세상을 창조하기로 결정했다." (일본의 창조신화)(현준만 역, 1994).

시간과 공간을 초월하여 나타나는 이러한 창조신화들은 물이 창조성, 생산성이 있는 신비로운 물질, 생명의 물질임을 보여 주는 예라고 하겠다.

• 물과 홍수신화

이상에서는 물을 통한 정화의 의례를 알아보았다. 이러한 정화의 의례가 우주적인 규모로 일어나면 우주적인 종말과 재생에 이르며, 이때 물은 인간에게 무서운 심판자이거나 심판의 도구이면서 동시에 온누리가 새롭게 되기를 바라는 인간의 기대를 완성시켜 주는 궁극적인 해답의 제공자나 그 수단이 된다. 이러한 이유로 홍수신화 또는 홍수설화는 시간과 공간을 초월하여 어느 시대 어느 민족의 문화권에서도 중요한 부분을 차지하고 있다.

- 주몽의 건국신화

주몽의 건국신화에는 물로 인한 우주적 재생이 가장 극적으로 그려져 있다. "주몽은 건국 초기에 비류국의 송양(松讓)과 세력다툼을 하였다. 그는 흰 사슴을 거꾸로 매달고 하늘이 비를 내려 비류국의 왕도를 물로 흘러가 버리게 해 달라고 빌었다. 마침내 홍수가 지고 왕도는 물에 떠내려 갔다. 주몽은 줄을 만들어 물에 말을 타고 들어가 물에 빠진 백성들을 구하였다. 그리고 채찍으로 땅을 치어 비를 멎게 하였다. 송양은 굴복하여 나라를 바쳤다." 물의 위력을 이용한 통치의 완성은 물을 통한 우주적 질서의 개편과 동일한 의미를 갖는다.

– 노아의 홍수 이야기

"내가 이제 땅 위에 폭우를 쏟으리라. 홍수를 내어 하늘 아래 숨쉬는 동물은 모두 다 쓸어 버리리라. 땅 위에 사는 것은 하나도 살아남지 못할 것이다. 그러나 나는 너와 계약을 세운다. 너는 네 아들들과 네 아내와 며느리들을 데리고 배에 들어가거라. 그리고 목숨이 있는 온갖 동물도 암컷과 수컷으로 한 쌍씩 배에 데리고 들어가 너와 함께 살아남도록 하라. 온갖 새와 온갖 집짐승과 땅 위를 기어다니는 온갖 길짐승이 두 마리씩 너한테로 올 터이니 그것들을 살려주어라. 그리고 너는 먹을 수 있는 온갖 양식을 가져다가 너와 함께 있는 사람과 동물들이 먹도록 저장해 두어라." 노아는 모든 일을 하나님이 분부한 대로 하였다.

– 마누와 물고기(인도)

"아주 먼 옛날에 '마누'라는 남자가 몸을 씻고 있었다. 마누는 손을 씻으려고 물항아리 속으로 손을 넣었다가 작은 물고기를 한 마리 건져 올렸다. 그 물고기가 마누에게 말했다. '내가 완전히 클 때까지 나를 보살펴 주고 보호해 주면 당신한테 금찍한 일이 일어나지 않도록 당신을 지켜 드릴게요.' 그러자 마누가 물고기에게 물었다. '그게 무슨 소리지? 끔찍한 일이라니?' 물고기는 머지않아 심한 홍수가 나 땅 위에 사는 모든 인간을 파멸시킬 것이라고 했다. 그런 다음 물고기는 마누에게 흙항아리 속에 넣어 달라고 부탁했다. 마누는 물고기가 시키는 대로 하고 물고기가 클 때마다 더 큰 항아리로 옮겨 주었다. 얼마 지나지 않아 그 물고기는 세상에서 가장 큰 물고기에 속하는 가샤가 되었다.

물고기는 이제 몇 달만 있으면 홍수가 날 거라며 마누에게 커다란 배를 지으라고 하였다. 비가 내리기 시작하자 마누는 밧줄로 자기 배를 가샤에게 묶었다. 물이 불어나자 가샤는 마누를 안전하게 인도했다. 물은 온통 땅을 뒤덮을 만큼 불어났다. 물이 빠질 때에 가샤는 마누가 물에 떠내려가지 않도록 산꼭대기로 인도했다."(현준만 역, 1994).

- 데우칼리온(그리스)

"역사의 아주 초기 단계였다. 아마 황금시대가 끝나기도 전이었을 것이다. 인류는 몹시 사악하고 교만해졌다. 사람들이 갈수록 성가신 존재가 되어 버리자, 마침내 제우스는 그들을 파멸시키기로 마음먹었다. 인류의 창조주인 거인 프로메테우스는 홍수가 일어날 것이라는 사실을 통고받고, 그 사실을 자신의 인간 아들인 데우칼리온과 며느리 피라에게 알려 주었다. 프로메테우스는 아들과 며느리를 커다란 나무상자에 넣었다. 9일 낮, 9일 밤 동안 비가 내려 온 세상이 물에 잠겼다. 그러나 그리스의 파르나소스산과 신들의 보금자리인 올림포스산 꼭대기만은 예외였다."(현준만 역, 1994).

(6) 언어에서의 물

오랫동안 지속적으로 내려오는 습관, 특히 어원을 살펴보면 보편타당한 가치를 발견할 수 있다. 왜냐하면 언어란 수백 또는 수천 년 동안 모든 인간이 공유하여 사용해 온 것이며 특정 개념의 집합체라고 할 수 있기 때문이다.

- 教訓: '訓'은 냇가(川)에서의 말씀(言)으로 구성되어 있다. 즉, 물의 가르침이 교훈이다.

- 法: 물(水)의 흐름(去)으로 구성되어 있다. 즉, 물의 자연스러운 흐름이 법이다.
- 永遠: 永은 물(水)의 자연스러운 흐름을 그리고 있다. 즉, 물의 흐름 속에 영원불멸의 가치가 있다는 것이다.
- 海: 모든 골짜기의 물(水)을 어머니(母)의 품처럼 받아들여 바다가 된다는 의미다.

(7) 요약 및 결론

이상이 각종 고전, 종교, 신화 또는 일상생활에서 우리가 경험하는 물의 교훈이다. 이러한 물에 대한 교훈은 다음과 같이 요약할 수 있다.

❶ 물은 불변이자 불멸이며 종교와 밀접한 관계를 맺는다

물은 여러 특성을 갖는데, 그중 하나는 '물은 불변(不變)'이라는 점이다. 물이 지구상에 처음 나타난 것은 약 45억 년 전으로 추정되고 있다. 이 장구한 세월을 지나오는 동안 물은 전혀 변하지 않은 상태에 있다. 물은 H_2O라는 구조를 가지고 있는데 이것은 영원불변하는 특성으로 과거나 현재 또는 미래에도 그대로 유지될 것이다.

또한 물은 불멸의 특성을 지닌다. 물에서는 없어진다 또는 사라진다는 개념이 존재하지 않는다. 물은 순환적인 특성이 있기 때문에 항상 일정한 양의 물이 지구상에 존재한다. 비가 되어 내리는 물은 가시적으로 냇물이나 강 또는 바다를 이루거나, 눈에 보이지는 않으나 지하수의 형태로 존재한다. 일부는 다시 증발되어 하늘로 올라가 비로 내리게 된다. 즉, 모든 물은 고체, 기체, 액체의 형태로 존재하고 순환되며 없어지지 않는다는 점에서 '再生(rebirth)' 또는 '불멸' 이라고 할 수 있다.

모든 인간이 공통적으로 추구하는 많은 가치들 중의 하나는 '불멸' 을 추구하는 것이다. 더 구체적으로 모든 인간은 '영원한 삶(永生)' 을 추구한다. 종교생활에서 가장 구체적으로 '영원한 삶' 에 대한 소망이 표현되고 있다. 이러한 점에서 물은 곧 종교라고 할 수 있다. 왜냐하면 물의 불멸성과 종교의 불멸성은 동일한 가치를 지니고 있기 때문이다. 물이 일상생활에서 필수적인 물질인 것과 마찬가지로 종교도 인간의 삶에서 필수적인 요건이라는 점에서 물과 종교는 밀접한 관계를 갖는다. 여기에서 필자가 기술하는 종교는 특정한 종교를 의미하는 것이 아니라 모든 인간의 내부에 공통적으로 존재하는 요건으로서의 종교성 또는 신앙심, 즉 원형으로서의 요건을 뜻한다. 인간을 인간답게 하는 기본적인 요건 중에 '종교심' 은 하나의 필수 요건이라는 의미다.

모든 인간에게는 생존과 영생을 추구하는 마음이 있고, 이를 가장 효과적으로 해결해 주는 것이 종교라고 할 수 있다. 그래서 생존과 영생의 욕구가 모든 인간의 마음과 몸 속에 내재되어 있는 것이 사실이라면(이에 대한 많은 근거들을 이미 제시한 바 있다.) 모든 인간은 '종교적이다' 라고 표현할 수 있는 것이다. 즉, '종교적인 가치를 추구하는 마음' 은 모든 인간의 '내적 안전기지(internal secure base)' , 다른 말로는 '최후의 안식처' 라고 할 수 있다. 이것은 마치 물이 모든 생명체의 안전기지가 되는 것과 유사하다. 생존이나 영생의 측면에서 본다면 비단 인간뿐만 아니라 동물, 식물 등 생명이 있는 만물이 모두 '종교적이다' 라고 표현할 수 있다. 생명체는 모두 생존과 영생의 소망이 있기 때문이다. 일상생활에서 종교계 내부의 갈등이 표면화될 때에는 그 종교의 교인이 아니더라도 기분이 우울해지고 마음이 불안해지는 경험을 할 수 있는데, 이것은 바로 모든 인간의 내적 안전기지가 위협을 받기 때문이다.

물의 이러한 특성을 인간 심성의 한 부분으로 통괄할 수 있으면 보다 높은 인격적인 성숙을 이룰 수 있다. 대인관계적인 측면에서 이해관계를 의식하는 기회주의적 행동 양식에서 '보편성' '불멸성' '불변성' 의 가치를 추구하는 방향으로의 변화를 물에 대한 특징을 성찰함으로써 성취할 수 있을 것이다. '물의 정화성' 을 성찰의 한 방향으로 삼는다면 모든 인간은 자신의 마음속에 있는 오염된 부분을 스스로 씻어내려는 노력을 기울이게 될 것이다. 물은 상을 주기도 하고, 벌(홍수, 가뭄 등)로써 시련을 주기도 한다. 그러나 이러한 경우에도 벌을 위한 벌이 아니라 보다 나은 삶을 위한 벌이라는 점에서는 재생의 의미가 있다. '물은 불멸이며 불변이다.' 는 교훈을 깊이 새겨 모든 인간이 '불변 또는 불멸의 가치' 를 추구하는 노력을 기울이면 영생할 수 있는 방법이 강구될 것이다.

❷ 물은 부드러움이다

물은 만물 중 가장 부드러운 특성을 가지고 있다. 부드러우면서도 가장 강력한 힘을 갖는다. 물은 바위를 뚫기도 하고 불을 이기기도 한다. 대인관계는 결국 '힘의 관계' 라고 할 수 있는데, 힘을 갖기 위한 한 방법이 부드러운 태도를 취하는 것이다. 물은 그 부드러운 특성 때문에 환경에 대하여 쉽게 적응하는 특성, 즉 유연성을 갖는다. 물은 자신이 처하는 상황에 따라서 쉽게 자신의 모양을 바꾼다. 둥근 그릇에 담기면 둥근 모습을 띠고, 세모난 그릇에 담기면 세모의 모습을 띠고, 네모난 그릇에 담기면 네모의 모습을 띤다. 자신을 내세우는 법 없이 쉽게 적응하지만 원래 자신의 모습을 바꾸는 일도 없다. 원래의 H_2O의 모습을 바꾸는 일은 절대로 없다.

대인관계에서도 부드러운 태도, 주변 환경에 대하여 자신의 원래 모습을 바꾸지 않으면서 쉽게 적응하는 태도는 가장 '강력한 힘'을 가져다준다. 따라서 그것을 실천하기 위한 한 방법이 물의 부드러움이라는 특성을 성찰의 대상으로 삼는 것이다.

❸ 물은 겸손이다

앞서 『도덕경』에서의 물에 대한 교훈에서 볼 수 있는 바와 같이 물은 겸손의 상징이다. 대인관계에서 '자신을 낮추는 태도'를 갖는 것은 강력한 힘을 가져다준다. '겸손한 태도'의 중요성에 대하여는 동서양의 고전 곳곳에서 발견되며, 그 실천을 위하여 물은 좋은 성찰의 대상이 된다.

❹ 물은 무욕이다

물은 욕심을 부리지 않는다. 만물을 이롭게 하면서도 욕심이 없기 때문에 스스로를 내세우지도 않는다. 또 욕심이 없기 때문에 쓸데없는 경쟁도 하지 않는다. '흐르는 물은 앞을 다투지 않는다(流水不爭先).'는 말이 나타내 주듯, 뒤에 흐르는 물은 무리하게 앞에서 흐르는 물을 앞서려는 행동을 하지 않는다. 그저 자신에게 주어진 상태 그대로 유유히 흐를 뿐이다. 사람도 이와 같은 자세를 가져야 할 것이다.

❺ 물은 신뢰다

물은 신뢰라고 할 수 있다. 항상 일정하게 행동하며 모든 생물체에 대하여 항상 이롭게만 작용하기 때문이다. 물론 인간이 물에 대한 준비를 철저하게 하지 않으면 홍수와 같은 재난을 가져오기도 하지만 이것은 인간의 오만함에 대한 경고이기도 하다. 특별한 경우를 제외하고는 물은 항상 믿을 수 있는 존재다. 특히 큰 물일수록 더욱더 깊은 신뢰감을 가져다준다. '큰 강은 소리가 없다(大河無聲).' 라는 말은 큰 강이나 바다에 대한 신뢰의 표현이라 할 수 있다.

❻ 물은 아름다움이다

물은 곧 생명을 의미한다. 물이 없는 생명체란 존재할 수 없기 때문이다. 생명은 그것이 갖는 창의력, 엄숙성, 조화와 균형의 완벽성 때문에 아름답다. 그리스의 미의 여신 아프로디테와 로마의 미의 여신 비너스가 바다에서 탄생했다는 신화는 물과 아름다움의 관계를 엿볼 수 있는 좋은 예라고 할 수 있다.

이러한 관계로 물은 아름다움을 생명으로 하는 문학과 예술에서 많은 소설가, 시인, 미술가 또는 음악가들에 의하여 좋은 소재가 되어 왔다.

주요한의 시 '샘물이 혼자서' 는 물이 지니고 있는 생명력을 그린 '생명의 송가' 라고 할 수 있다. 또한 유명한 정지용의 시 '향수' 의 처음 시작은 "넓은 벌 동쪽 끝으로 옛이야기 지줄대는 실개천이 휘돌아 나가고" 로, 고향에 대한 그리운 마음이 눈에 보일듯 아름답게 표현되고 있다.

김광균의 시 '향수' 중 "어두운 밀물 우에 갈매기 떼 우짖는 바다 가까이" 에서처럼 고향을 그리워할 때에 물이나 바다는 그것이 갖는 생명력과 아름다움 때문에 빼놓을 수 없는 소재가 된다.

김광섭의 '마음' 이라는 시에서는 고요한 마음의 그리움과 동경이 물에 비유되어 아름답게 묘사되어 있다.

신석정의 '산수도(山水圖)' 는 제목 그대로 한 폭의 아름다운 그림을 보는 듯하다. 자연 속에서 유유자적하는 선비의 모습을 보는 듯하고, 영원한 강물의 흐름 속에서 인간이 무엇을 생각하고 무엇을 배워야 할 것인가에 대하여 조용히 가르친다.

양주동의 '해곡(海曲) 3장' 은, 바다는 그리움의 상징이며 사랑의 상징임을 아름답게 노래하고 있다.

김영랑의 '끝없는 강물이 흐르네' 라는 시에서는 강물의 흐름은 생명의 흐름을 뜻하는데, 이 생명의 흐름이 인간의 마음속 어느 곳에서라도 흐르고 있음을 노래하고 있다. 물은 곧 생명이다.

김지하의 '바다' 라는 시에서 바다는 진정 '생명의 고향' 이다. 비단 시인의 입을 통하여뿐만 아니라 과학자의 눈을 통하여도 바다가 생명의 고향임은 밝혀지고 있다. 바다는 어머니의 상징이다. 그래서 바다는 '생명의 고향' 인 것이다. 바다는 인간이 궁극적으로 추구하여야 할 모든 가치를 내포하고 있기 때문에 '화엄의 바다' 인 것이다.

김지하의 또 다른 시 '물' 에서는 물은 생명이고 푸른 하늘이고 또 우주다. 물은 모든 것이기에 우주라고 할 수 있다. 물의 조화와 균형은 우주의 조화와 균형과 흡사하다. 그래서 물은 곧 우주다. 물은 모든 존재의 중요성을 인정하는 물질이다. 우주 또한 자신 속에 있는 모든 존재의 중요성을 인정한다. 인간은 때로는 우주 속에 포함되기도 하고 독립적으로 존재하기도 한다. 종교에서의 우주는 인간을 포함하지만 과학적 연구 대상으로서의 우주는 인간을 포함하지 않는다. 철학에서는 인간 자체가 우주이기도 하다. 그래서 물은 인간이고, 인간은 우주이고, 물은 우주다.

고은의 '우리나라의 물' 이라는 시에는 우리나라 강산의 아름다움과 엄숙성이 잘 그려져 있다. 물이 생명의 원천이고 그 불변성과 불멸성 그리고 무궁함 때문에 간직되는 한없는 물의 아름다움을 노래하고 있다.

어찌 이러한 시들뿐이겠는가? 시인들 치고 물이나 강 그리고 바다에 대한 아름다움을 노래하지 않은 시인은 없다. 물이 없었다면 시인들이 무엇을 소재로 시를 짓고 생명의 아름다움을 노래할 수 있었을까?

어찌 시인들뿐이겠는가? 이태준은 그의 수필에서 물을 다음과 같이 묘사하고 있다. "물은 아름답다. 흐르는 모양, 흐르는 소리도 아름답거니와 생각하면 이의 맑은 덕, 남의 더러움을 씻어는 줄지언정 남을 더럽힐 줄 모르는 어진 덕이 이에는 있는 것이다. 이를 대할 때, 얼마나 마음을 맑힐 수 있고 이를 사귈 때 얼마나 몸을 깨끗이 할 수 있는가?" (중략)

한용운 선생은 '선과 인생' 에서 "물도 또한 그러하여 물의 性은 본래 맑고 고요한 것이지만 진토가 섞이면 흐려지고 바람을 만나면 움직이는 것이다. 그러나 진토가 섞인다고 물의 性까지 흐려지는 것은 아니요, 바람을 만난다고 물의 性까지 움직이는 것은 아니다. 진토만 가라앉으면 맑아지고 바람만 자면 고요하여지는 것이다."라고 말하고 있다.

헤르만 헤세의 『신달타』에는 물의 흐름 속에서 사색하는 신달타의 모습이 생생하게 그려져 있다.

물의 아름다움에 대해 말하고 있는 문학작품 또는 예술작품을 모두 소개하기란 불가능하다. 그러나 앞에서 소개한 여러 작품에서 볼 수 있듯이 '물은 아름다움' 이라는 주장을 하는 데에는 큰 무리가 없을 듯하다. 따라서 '물은 물이다.' 함은 '물의 아름다움' 을 교훈으로 삼아 자신의 마음속 아름다움을 깨닫고 그것을 타인과의 관계적인 측면에서 실천하라는 가르침이라고 할 수 있다.

❼ 물은 자기반성이다

물은 자기반성의 표본이라고 할 수 있다. 이것은 물이 흘러가는 모습을 있는 그대로 살펴보면 이해할 수 있다. 물은 자연스럽게 흘러가는데, 웅덩이가 있는 경우에 그것을 채우지 않고 흘러가는 법은 절대 없다. 웅덩이를 인간에 비유한다면 '자신의 결함, 결점 또는 단점이라고 할 수 있을 것이다. 자신의 결점을 잘 보고 고쳐야 한다는 교훈을 물의 흐름이 주고 있다. 대인관계에서도 항상 갈등이 야기되는데, 이 경우에도 항상 자신을 되돌아보는 일은 아주 중요하다. 왜냐하면 갈등은 항상 상호관계적인 측면에서 이해되어야 하기 때문이다.

인간이 살아 나가는 과정은 '자신과의 관계' 와 '타인과의 관계' 에서 일어나는 모든 사건의 합이라고 정의할 수 있다. 이 모든 과정에서 가장 중요한 것은 스스로를 돌아보는 일이다. 그렇다면 어떻게 스스로를 돌아볼 수 있는가? 이 과제에 대하여 성서, 불경, 『논어』『맹자』『대학』『도덕경』『명심보감』『삼국사기』『삼국유사』『사기』 등을 정리해 물에 대한 교훈을 살펴본 결과 다음과 같은 교훈을 얻는다.

- 물은 그 자체가 반성의 존재다.
  물은 웅덩이를 채우지 않고는 앞으로 나아가지 않기 때문이다.
- 물은 그 자체가 불멸의 존재이자 겸손이며 신뢰다.
- 물은 그 자체가 무욕이자 부드러움이며 아름다움이다.
- 물은 그 자체가 자연스러움이며 모든 가치를 수용하는 사랑이다.

무욕, 불멸, 겸손, 신뢰, 유연, 진선미, 자연스러움, 사랑 등은 모든 인간이 추구하여야 할 궁극적인 태도이며 반성과 성찰의 대상이다. 이러한 가치는 물의 교훈을 통하여 성취할 수 있다.

5. 절대적 힘

절대(絶對)의 어원적 의미를 살펴보면, '絶' 은 실(糸)의 마디(巴)를 칼(刀)로 자른다는 어원을 갖는 것으로 '끊는다' 또는 '자른다'의 의미며, '對' 는 '마주 대한다' 또는 '상대한다' 라는 의미다. 즉, '絶對' 란 '마주 대하고 있는 상황을 끊는다.' 의 의미다. 대극적인 것이 하나가 된다는 의미다.

고전에서 절대의 개념

- 도덕경에서의 절대

天地皆知(제2장)

天下 皆知美之爲美 斯惡已, 皆之善之爲善 斯不善已. 故 有無相生

難易相成 長短相形 高下相傾 音聲相和 前後相隨. 是以 聖人處無爲之事 行不言之教. 萬物作焉而不辭 生而不有 爲而不恃 功成而不居. 夫唯不居 是以 不去.
세상 사람들이 모두 아름다운 것을 아름다운 것인 줄 아나 실은 추한 것일 수도 있고, 다 착함을 착한 것인 줄 아나 실은 착하지 않은 것일 수도 있다. 그러므로 유와 무는 서로 낳고, 어려움과 쉬움은 서로 이루어지며, 길고 짧음은 서로 나타나고, 높고 낮음은 서로 기울고, 음(音)과 성(聲)은 서로 화하고, 앞과 뒤는 서로 따르게 마련이다. 이런 까닭에 성인은 무위(無爲)의 일에 처하여 말없이 교화를 행하는 법이다. 만물이 일어나되 사양치 않고, 생겨나되 가지지 않고, 만들어 내되 뽐내지 않고, 공이 이루어져도 머물지 않는다. 대저 오직 머물지 않는지라 떠나지도 않는다.

흔히 우리는 아름다움과 미움, 있음과 없음, 어려움과 쉬움, 길고 짧음, 높고 낮음, 음과 소리, 앞과 뒤, 떠나는 것과 머물음 등 모든 현상을 대극적으로 생각한다. 그러나 이 모든 것은 상대적인 것이다. 예를 들면, 아름답다고 표현하지만 더 아름다운 것에 비하면 추한 것이 되고, 길다고 하지만 더 긴 것에 비하면 짧은 것이 된다. 이와 같이 사람들의 평가는 모두가 상대적인 것에 불과하다. 그런 상대적인 평가에 얽매이는 것은 불행의 원인이 되기도 한다. 따라서 상대적 또는 대극적 개념에서 벗어나는 것이 절대적인 가치를 추구하는 과정이다.

重爲輕根(제26장)

重爲輕根 靜爲躁君. 是以 聖人 終日行 不離輜重 雖有榮觀 燕處超然. 奈何萬乘之主 而以身輕天下. 輕則失根 躁則失君.
무거움은 가벼움의 근본이 되고, 고요함은 시끄러움의 임금이 된다. 이런 까닭에 성인은 하루 종일 가도 자신이 타던 수레를 떠나지 아니하고, 비록 떠들썩한 구경거리가 있더라도 편안히 처하여 초연한 것이다. 어찌 만승의 천자로서 몸을 천하보다 가볍게 할 수 있겠는가? 가벼이 하면 근본을 잃게 되고, 시끄러이 하면 임금을 잃게 된다.

몸가짐을 신중하게 하여야 함을 무거움과 가벼움 또는 고요함과 시끄러움의 조화와 균형에서 찾고 있다. 이 두 개념 역시 서로 대극적인 개념인 듯하나 사실 상호 보완적이다.

善行無轍迹(제27장)

故 善人者 不善人之師 不善人者 善人之資 不貴其師 不愛其資 雖知大迷 是謂要妙.
그러므로 선한 사람은 악한 사람의 스승이 되고, 악한 사람은 선한 사람의 도움이 된다. 나의 스승을 귀중하게 여기지 않고 나의 도움을 사랑하지 않는다면, 비록 지혜가 있을지라도 크게 미혹하게 된다. 이것을 '현묘한 진리' 라고 하는 것이다.

선과 악 역시 항상 대극적인 상태로 이해되는 개념들이다. 그러나 선 없이는 악이 존재할 수 없고 악 없이는 선이 존재할 수 없다는 관점에서 선과 악은 동전의 앞뒷면과 같은 것이다. 즉, 절대적 개념에서는 선과 악의 엄밀한 구별이 사라지게 된다.

昔之得一(제39장, 득일사상)

昔之得一者 天得一以淸 地得一以寧 神得一以靈 谷得一以盈 萬物得一以生 王侯得一以爲天下貞 其致之一也.
故 貴以賤爲本 高爲下爲基.

옛날에 '하나'를 얻었다 함은 이런 것이다. 하늘은 '하나'를 얻었기 때문에 맑고, 땅은 '하나'를 얻었기 때문에 안정되고, 신은 '하나'를 얻었기 때문에 신령스럽고, 골짜기는 '하나'를 얻었기 때문에 물이 가득하고, 만물은 '하나'를 얻었기 때문에 생겨나고, 임금은 '하나'를 얻었기 때문에 천하의 법도가 되거니와, 이 모든 것은 다 '하나'가 이루어 주는 것이다.

그러므로 귀한 것은 천한 것으로 그 근본을 삼고, 높음은 낮은 것으로 그 근본을 삼는 것이다.

『도덕경』에 나오는 이 장은 '득일사상(得一思想)'을 설명하고 있다. '절대'라는 말이 '상대적인 것을 끊는다'는 뜻이니, '상대적인 것을 끊어서 하나의 개념으로 한다'는 의미가 된다. 따라서 노자의 득일사상은 절대라는 말의 단순한 다른 표현이라 하겠다. 대극되는 개념이 '하나'로 통괄되는 것이 곧 득일사상이다. 여기에서 '하나'는 곧 '도'라고 할 수 있는데, 이 개념에서는 세상 만물이 모두 '하나'가 된다. 하늘, 땅, 신 또는 임금 등 천하의 만물이 모두 하나가 될 때는 엄청난 힘을 지닐 수 있으며, 귀하고 천함, 높고 낮음 등의 대극적인 개념도 이러한 관점에서는 그 차별상이 없어져서 절대의 경지에 이르게 된다.

• 장자에서의 절대

逍遙遊(제2장)

野馬也 塵挨也 生物之以息 相吹也. 天下蒼蒼 其正色耶. 其遠而 無所至極耶. 其視下也 亦若是則已矣.

아지랑이와 티끌과 생물이 토해 내는 숨결로 가득 차 있는 지상에서 올려다보면 하늘은 그저 검푸르기만 하다. 그러나 이것은 하늘 본디의 빛일까? 너무도 멀고 끝이 없어서일까? 그 아래를 굽어보아도 또한 그러할 뿐이다.

지상에서 하늘을 올려다보거나 하늘에서 땅을 내려다보면 그저 검푸른 한 색으로만 보인다. 이것은 본디 하늘이나 땅의 색이 그런 것이 아니며, 가까이서 보면 여러 색을 띠고 있다. 그러나 무한한 거리에서 보면 가까이서 보이는 모든 차별상이 없어져 버린다. 무한의 개념, 보편타당성의 관점에서는 상대적인 차별상은 모두 없어져 버리고, 오직 하나로만 보이는 만물제동(萬物齊同)의 사상(만물이 차별상이 없으며 모두 동일), 즉 절대의 사상이 잘 표현되어 있다.

齊物論, 萬物齊同의 思想(제9장)

物無非彼 物無是非. 自彼則不見 自知則知之. 故 曰 彼出於是 是亦因彼 彼是放生之說也. 雖然 放生方死 方死放生 方可方不可 方不可方可. 因是因非 因非因是 是以 聖人 不由而照之于天 亦因是也. 是亦彼也 彼亦是也. 彼亦一是非 此亦一是非 果且無彼是乎哉. 彼是莫得其偶 謂之道樞. 樞始得其環中 以應無窮. 是亦一無窮 非亦一無窮也. 故 曰 莫若以明.
만물은 저것이 아닌 게 없고, 이것이 아닌 것이 없다. 저쪽에서 보면 보이지 않으나, 자기가 보면 보인다. 따라서 저것은 이것에서 나오고, 이것은 또한 저것의 원인이 된다. 그러므로 이것과 저것을 방생의 설이라 한다. 그렇기는 하나 태어난 것은 죽게 되고, 죽는 것은 또한 태어나게 된다. 가능한 것은 불가능한 것이 되고, 불가능한 것은 가능하게 된다. 옳은 것이 원인이 되어 그른 것이 있고, 그른 것이 원인이 되어 옳은 것이 있다. 그러므로 성인은 그 같은 상대적인 설에 의지하지 않고 하늘의 이치에 비추어 보는데, 이것이야말로 진정한 옳음이다. 성인의 경지에서는 이것도 또한 저것이고 저것도 또한 이것이다. 그런데 과연 저것과 이것은 있는 것일까, 아니면 저것과 이것은 없는 것일까? 저것과 이것의 대립을 지양한 경지를 '도추(道樞)' 라고 한다. 지도리는 고리의 한가운데 걸려 무한히 회전하게 된다. 옳은 것도 무궁의 일부에 지나지 않고, 그른 것도 무궁의 일부에 지나지 않는다. 그러므로 시비로 대립하는 것은 밝은 지혜에 따르는 것보다 나은 것이 없다고 하는 것이다.

장자의 만물제동 사상이 가장 구체적으로 표현된 장이라고 할 수 있다. 이것과 저것, 옳고 그름, 가능과 불가능, 삶과 죽음의 모든 것이 대립적인 개념들이다. 그러나 무궁 또는 무한의 개념에서 이러한 대극적인 개념은 그 의미를 상실하게 되고 결국은 하나로 통괄한다. 만물제동 사상은 노자의 득일사상과 유사한 사상이라고 할 수 있다.

齊物論(제11장)

可乎可 不可乎不可. 道行之而成 物謂之而然. 惡乎然 然於然. 惡乎不然 不然於不然. 物固有所然 物固有所可. 無物不然 無物不可. 故爲是擧莛與楹 厲與西施 恢恑憰 怪 道通爲一. 其分也成也 其成也毁也. 凡物無成 與毁 復通爲一 唯達者知通爲一. 爲是不用 而寓諸庸 庸也者用也 用也者通也 通也者得也. 適得而幾矣 因是已 已而不知其然. 謂之道.

세상 사람들은 가(可)를 가하다 하고 불가(不可)를 불가하다고 한다. 길은 이것을 지나다니므로 이루어지고, 만물은 이것을 그렇게 일컬어서 그렇다고 한다. 무엇을 그렇다고 하느냐? 그러한 것을 그렇다고 한다. 무엇을 그렇지 않다고 하느냐? 그렇지 않은 것을 그렇지 않다고 한다. 만물은 본디 그렇다 하는 것이 있고, 또한 가하다 하는 것이 있다. 만물로서 그렇지 않은 것은 없고, 만물로서 가하지 않은 것은 없다. 그러므로 이를 위하여 들보와 기둥, 문둥이와 서시, 엄청난 것과 괴상하기 이를 데 없는 것을 거론하지만, 도는 오직 하나로 되어 통할 뿐이다. 그 나뉨은 다른 한편에서는 이루어짐이며, 이루어짐은 다른 한편에서의 허물어짐이다. 무릇 만물은 이루어짐도 허물어짐도 없이 통틀어 하나가 된다. 오직 달관한 자만이 통틀어 하나임을 안다. 그리하여 분별하는 법을 쓰지 않고 이것을 자연의 작용에 의지한다. 자연의 작용이 곧 용(用)이고, 용은 곧 통(通)이다. 통이란 모든 것에 통하여 하나가 되는 것이며, 그렇게 통하면 도를 체득하는 것이다. 그리고 도를 체득하는 순간 도의 극치에 도달한다. 도의 극치란 무엇인가? 자연 본래의 길에 순종할 뿐만 아니라 자기가 순종한다는 것을 인식하지 않는 경지다.

장자의 주장에 의하면 자연의 도는 모두 하나다. '가하다, 불가하다' '그렇다, 그렇지 않다' '이루어진다, 허물어진다' 등의 대립적인 개념은 자연의 도 앞에서는 모두 하나로 통괄된다. 대립적인 것이 하나로 통괄되는 과정 곧 '절대적 경지' 에 도달하는 한 방법이다. '오직 달관한 자만이 통틀어 하나임을 안다.' 는 것은 '절대자만이 통틀어 하나임을 안다.' 는 말과 동일한 의미를 갖는다.

齊物論(제23장)

予惡乎之說生之非惑也. 予惡乎之惡死之非弱喪而不知歸者也. 麗之姬 艾封人之子也. 晉國之始得之也 涕泣沾襟. 及其至於王所 與王同筐牀 食芻豢 而後悔其泣也. 予惡乎知夫死者 不悔其始之蘄生乎.
인간이 삶을 기뻐하는 일이 '미혹' 이 아니라고 어찌 말할 수 있겠는가? 인간이 죽음을 싫어하는 것은 어렸을 때 고향을 떠난 자가 고향에 돌아가는 일을 잊은 것과 같은 것이 아닐까? 여희는 애라는 고장의 국경 경비 관리의 딸이었다. 처음으로 진나라에 끌려왔을 때는 훌쩍훌쩍 눈물을 흘려 옷깃을 적실 정도였지만, 막상 왕의 실내에 인도되고 희한한 가구와 침대를 왕과 더불어 사용하고 소나 돼지 고기의 진미를 먹게 되면서부터는 왜 그 때는 그렇게 슬퍼하며 울었을까 하며 뉘우쳤다고 한다. 이와 마찬가지로 저 죽음의 세계에 간 자가 왜 죽기 전에는 그렇게 삶에 집착하였을까 하고 뉘우치지 않는다고 할 수 없으리라.

우리가 흔히 대극적으로 생각하는 것들 중에서 가장 궁극적인 것은 '삶과 죽음'의 문제일 것이다. 장자의 만물제동 사상에서 보면 이런 구별 또한 없어지게 된다. 인간이 태어나기 전에 이미 무한한 시간이 흘렀으며, 죽은 후에도 무한한 시간이 계속될 것이다. 우주의 역사는 150～200억 년의 역사를 가지고 있다. 인간은 길게 살아야 100년을 넘기지 못하므로 '무한의 시간' 흐름의 관점에서 본다면 100년의 세월이란 한 점에 불과하게 된다.

이상과 같이 '절대'의 어원적 의미와 고전에서 이러한 개념이 어떻게 기술되고 있는가를 살펴보면 절대 또는 절대자라는 단어는 우리의 일상생활과 그리 동떨어진 개념이 아니다. 일상생활에서 우리들은 흔히 대극적인 상황 속에서 살고 있다. '나'와 '나 아닌 타인'의 상대적 개념 속에서 살고 있다. 모든 인간은 혼자서 스스로 생존할 수 없고, 내가 있고 또 다른 사람이 존재하며, 항상 이 관계 속에서 생존이 가능하다. 직업이라는 것이 모두 남들과의 관계 속에서 가능한 것이며, 그 어떠한 직업도 다른 사람들에게 직접적 또는 간접적으로 특정 형태의 봉사를 하고 그 대가로 생존할 수 있게 되어 있다.

또한 모든 인간은 혼자서는 살 수 없는 존재이기에 항상 집단을 형성하려는 경향이 있다. 부모-자녀 관계, 형제자매 관계, 친구관계, 선후배 관계, 스승-제자 관계, 노사관계, 의사-환자 관계, 생산자와 소비자의 관계, 건축가와 거주자의 관계, 노래를 부르는 사람과 노래를 듣는 사람의 관계, 운동선수와 관중의 관계, 작가와 독자의 관계, 정치가와 국민의 관계 등 모든 것이 대극적인 상황에 놓여 있다. 이러한 대인관계뿐만 아니라 자연과 인간, 흑과 백, 동과 서, 남과 북, 높고 낮음, 길고 짧음, 넓고 좁음, 귀하고 천함, 앞과 뒤, 행복과 불행, 있고 없음, 아름다움과 미움, 더러움과 깨끗함, 증가되고 감소됨, 일정함과 변함 등 모든 것이 대극적인 관계에 놓여 있다.

이러한 모든 관계, 즉 대극적인 상황에서 모든 인간이 가장 효과적으로 생존할 수 있는 방법은 대극관계의 상대적 차별상을 없애고 하나로 통일되는 '절대적인 가치' 를 추구하는 것이다. 누구나 자기 존재의 중요성에 대한 인식은 하고 있으며, 자신의 어려움이나 고통에 대하여는 아주 적극적으로 대처하여 해결하려는 노력을 기울이고 있다. '나와 남의 차별상' 이 없어진다면 타인 존재의 중요성을 깨달을 수 있다. '나와 남의 차별상' 이 없어진다면 자신의 고통이나 어려움을 해결하듯 남의 고통이나 어려움을 해결하려는 노력을 기울일 것이다. 노래를 부르는 가수가 '자신과 청중' 이라는 대극적인 관계에서 벗어나 '자신과 청중이 호흡을 맞추어 하나' 가 되는 정신으로 부른다면 가장 성공적인 가수가 될 수 있을 것이다. 운동선수도 마찬가지다. '자신과 관중' 이라는 대극적인 관계에서 '자신이 관중과 하나' 가 되는 상태를 이룬다면 관중이 원하는 좋은 운동선수가 될 수 있을 것이다. 식품업을 하는 사람이 자신과 자신이 만든 음식을 사서 먹는 사람과 하나가 된다면 어찌 불량식품을 만들 수가 있겠는가? 정치를 하는 사람들이 정치를 하면서 '자신과 국민' 이라는 대극적인 상태에서 벗어나, '자신과 국민을 하나' 로 생각하면서 정치를 한다면 국민을 위한 정치를 할 수 있을 것이다. 의사-환자의 관계에서도 모든 의사가 '의사와 환자' 라는 대극적인 관계에서 벗어날 수 있다면 환자의 고통이 곧 자신의 고통이 되는 상태를 이룰 수 있다.

이러한 대인관계뿐만이 아니라 관계를 맺는 모든 현상에서 가장 강력해지는 것은 그 대극적인 관계를 '하나' 로 만드는 것이다. '동' 과 '서' 가 서로 하나가 되어야 하고, '남' 과 '북' 이 서로 적대적인 관계에서 벗어나 하나가 되어야 한다. '흑' 과 '백' 이 하나가 되어야 하며, '인간' 과 '자연' 이 하나가 되어야 한다. 정신도 하나로 통일되어야 학문적인 성취를 할 수 있다. 공부뿐만 아니라 운동 등 어떠한 활동에서도 정신을 하나로 통일하는 것은 자신의 목표를 달성하는 데 필수적인 조건이다.

세상에 태어나서 성장 · 발달하는 과정은 여러 관점으로 정의할 수 있으나, 이기주의와 이타주의의 관점에서 본다면 이기주의에서 이타주의로 나아가는 과정이라고 정의할 수 있다. 어렸을 때에는 이기주의의 경향이 강하게 작용하고, 성장해 나가면서 점점 이타주의가 발달하게 된다. 그리고 성인의 경지에 다다르면 극단적인 이타주의, 즉 '보편타당한 가치' 나 '타인' 의 이익을 위하여 자기 자신을 버리게 된다. '절대' 의 개념을 여기에 적용시킨다면 '이기주의와 이타주의가 둘이 아닌 하나가 되는 상태가 된다. 즉, 이기주의가 이타주의가 되며 이타주의가 이기주의가 되는 절대의 경지가 되면 바로 성인이 되는 것이다. 남을 위하여 자신을 버리는 극단적인 이타주의를 실천하지만, 긴 안목에서는 후대 사람들이 성인들의 행동을 마음속에 기리고 그에 따라 행동하려 하기에 시공을 초월하여 많은 사람들의 마음속에 살아남는 상태, 즉 이기주의와 일치되는 상태가 되는 것이다. 이것은 성취하기에 아주 어려운 일이다. 그러나 이러한 생각 없이 그냥 생활하는 것과 이러한 생각을 가지고 생활하는 것은 심성 발달에 큰 차이가 있을 수 있다.

모든 대극적인 것을 통합하여 하나로 이루려는 힘은 우리 속에 내재하고 있다. 모든 인간은 효과적으로 생존하려는 경향을 타고나며, 모든 대극적인 것을 하나로 통괄하는 과정인 절대성의 추구가 우리의 효과적인 생존에 필수적인 요건이기 때문이다. '절대'란 우리와 동떨어진 개념이 아니라 우리 마음속에 이미 존재하고 있는 개념인데 단지 우리가 그 긍정적인 측면을 보지 못하고 있을 뿐이다. 이러한 관점에서 모든 인간은 절대자가 될 수 있는 잠재적인 능력이 있다고 할 수 있다.

인간이 극복해야 할 궁극적인 대극은 삶과 죽음 과정의 대극이다. 이 책의 주제인 영원한 삶을 성취하는 과정이란 생사의 대극을 극복하는 과정이다. 이 또한 모든 인간의 내부에 이미 설계되어 있다고 할 수 있다. 인간을 이루고 있는 세포들은 일정 시간이 지나면 조용히 사라진다. 즉, 아포프토시스다. 더 살겠다고 버티는 세포가 없다. 죽어 가는 세포는 자신이 죽어야지만 자신이 속해 있던 생체가 생존할 수 있다는 것을 잘 알고 있기에 버티지 않는다. 우리 내부에는 '삶과 죽음' 이 공존하고 있는 거룩한 모델이 설계되어 있는 것이다. 결국 우리도 모르게 매일 절대적인 가치가 실천되고 있다.

6. 종교의 힘

역사적으로 인간의 마음과 행동에 대하여 종교만큼 개인에게나 집단에게 더 큰 영향을 미친 것은 없다. 종교의 역사는 곧 인간의 역사라고 할 수 있을 것이다. 인간에 대하여 가장 강력하고 가장 지속적으로 영향을 미쳐 왔으며 또 그렇게 강한 영향을 미칠 수 있었다는 것은 종교가 모든 인간이 궁극적으로 해결하여야 할 공통 과제를 해결해 주는 측면이 있기 때문이다.

모든 인간에게, 아니 인간뿐만 아니라 동물이나 식물에게도 궁극적으로 추구하는 공통적인 목표가 있다. 그것은 '생존' 이다. 즉, '살아남다' 는 과제다. 생존이라는 단어에는 여러 의미가 포함될 수 있다. 첫 번째는 신체적인 측면으로서 생명을 유지한다 또는 목숨을 유지한다는 의미다. 두 번째는 사회적 측면으로서 모든 인간은 다른 사람들과의 관계 속에서 살아남아야 한다는 의미다. 자신이 속해 있는 집단 내에서 효과적으로 살아남는다는 의미다. 학생의 경우에는 공부를 잘하는 것이 학교에서 효과적으로 살아남는 방법이 될 것이며, 직장인의 경우에는 자신이 속한 직장 내에서 열심히 일하고 직장 내에서 대인관계를 원만하게 갖는 것이 효과적으로 살아남는 방법이 될 것이다. 세 번째는 심리적 측면으로서 인간으로서의 존재의 중요성, 즉 자존감에 관한 것이다. 이는 내부적으로 각 인간이 자신의 존재의 중요성을 깨달으며, 다른 사람들과의 관계에서는 자신의 존재의 중요성에 대하여 상처를 받지 않을 기본적인 권리라고 정의될 수 있다. 개인의 명예와도 통하는 개념이라고 할 수 있다.

이러한 개념은 'survival' 이라는 단어의 어원적인 의미를 따져 보면 그 개념이 보다 확대될 수 있다. 'Survive' 에서 'sur' 는 '초월한다, 넘어선다' 는 뜻의 접두어이며, 'vive' 는 '산다' 는 뜻을 갖는다. 따라서 'survive' 는 '사는 것을 초월한다' 는 의미를 갖는다. 이것은 두 가지의 의미로 이해될 수가 있는데, 특정 개인이 다른 사람들보다 더 오래 살아남는다는 뜻도 있으며, 특정 개인 내에서 죽은 후에도 살아남는다는 뜻도 있다. 살아 있는 동안에 어려움을 극복하고 효과적으로 살아남는다는 의미와 죽은 후에도 살아남는다는 의미를 동시에 가지는 것이다.

모든 인간이 공통적으로 취하는 일상적인 행동 모두 '생존' 과 밀접한 관계를 가지고 있다. 이런 생존은 비단 살아 있는 동안의 효과적인 생존뿐만이 아니라 죽은 후에도 자신의 존재가 어떤 형태로든지 살아남기를 바라는 방향으로 설계되어 있다. 특수한 경우를 제외하고는 거의 모든 사람들이 결혼을 하고 자녀를 갖거나 가지기를 희망한다. 왜 이러한 행동을 모든 사람들이 하도록 되어 있는가? 그 답은 간단하다. 바로 '생존' 이다. 사람들은 왜 자녀를 가지는가에 대하여 그리 심각하게 생각하지 않고 으레 결혼하면 자녀를 가지고 싶어 하고 또 대다수가 자녀를 낳고 키운다. 이것은 궁극적으로는 자신이 일정한 나이가 되어 세상을 떠나더라도 자식을 통하여 지속적으로 살아남겠다는 심오한 의미가 있는 것이다. 이러한 의미는 의식될 수도 있고 그렇지 않을 수도 있으나 결과적으로는 이런 생존의 의미가 분명히 존재한다. 이러한 관점에서 본다면 survive는 '생존' 보다는 '영생' 이라는 번역이 원래의 뜻에 더 적합한 것이라고 할 수 있다.

인간의 역사는 곧 종교의 역사라고 할 수 있다. 원시종교의 형태가 있었고, 보다 체계화된 종교로는 3대 종교인 기독교, 불교 그리고 이슬람교가 있다. 이러한 종교들은 저마다 교리를 달리하고 있다. 기독교에서 종교란 '신과 인간의 관계'로서 인간은 절대 신이 될 수 없고 '신에 대한 예배'로 규정될 수 있다. 그러나 불교에서 종교란 '자신과 자신의 관계'로서 자신 속에 있는 불성을 스스로 터득하여 완성자가 되는 과정으로 규정하고 있다.

이처럼 각 종교마다 그 가르치는 내용에서 차이가 있을 수 있으나, 지향하는 목표에서는 큰 차이가 없다. 즉, 인간을 '상대적이고 유한한 세계에서 절대적이고 무한한 세계로 인도하여 영원한 행복이 동반되는 영원한 삶'을 추구할 수 있도록 도와준다는 점이다. 다시 말해, '내세'를 설정하여 '차안(此岸)에서로부터 피안(彼岸)으로 건너가야지만 '영원한 삶'의 추구가 가능하고, 이를 추구하는 것이 모든 종교의 공통적인 목표다. 기독교에서는 '천당'이라고 하고 불교에서는 '극락'이라고 하는 내세는 시간과 공간을 초월하기 때문에 일단 이 세계에 들어가기만 하면 영원한 삶을 누릴 수 있다고 가르친다. 결국 사후 세계를 설정하여 죽음이라는 인간의 공통적인 고통을 해결해 주는 것이 모든 종교의 가장 중요한 역할이라고 할 수 있다.

흔히 유교는 종교가 아니라는 주장들을 많이 한다. 실제 우리나라의 역사에서도 유교는 종교적인 의미보다는 학문으로 존재하는데 그쳤다고 할 수 있다. 유학을 전공하는 학자들도 유학이라는 말을 즐겨 사용하지 유교라는 말은 잘 사용하지 않는다. 수년 전 성균관과 유도회(儒道會)는 유도제도개혁위원회가 마련한 종헌제정안을 통과시킨 바 있다. 이것은 유교가 유학의 수준으로 존재하는데 그치지 않고 종교로서 활동한다는 것을 의미한다고 할 수 있다.

종조(宗祖)에 해당되는 종사(宗師)로 삼고, 경전을 4서 5경으로 하며, 종지(宗指)도 이들 경전이 가르치는 교의라는 점에서 실제 내용적인 면에서는 변화가 없다고 할 수 있다.

그러나 형식적인 면에서 '종교의 양식' 을 갖추지 않았다고 하여 유교를 종교로 보지 않는 주장은 지나친 면이 있다. 또한 구체적으로 내세를 설정하지 않았다는 점에서 종교로 보지 않는 주장도 쉽게 받아들이기 어렵다. 왜냐하면 유교적인 가르침이 비록 '신과 인간의 관계' 측면은 다루고 있지 않지만 '한 인간 내에서' 또는 '인간과 인간의 관계' 에서의 긍정적인 힘에 대한 내용이 주를 이루며 이런 긍정적인 힘의 추구는 효과적으로 생존할 수 있는 가장 기본적인 바탕이 될 수 있기 때문이다. 이러한 점에서 유교는 분명 '종교의 기능' 을 하고 있다고 할 수 있다.

여기에서 필자가 설정한 모델과 종교 간의 상호관계에 대하여 한번 살펴보도록 하자. 인간이 살아 있는 동안에 스스로를 신체적 또는 정신적 고통으로부터 보호하여 편안하고 행복하게 살고 사후에도 지속적으로 살아남겠다는 '생존' 의 소망은 이미 모든 인간의 마음속에 프로그램되어 있는 심성의 부분이다. 즉, 모든 종교가 궁극적으로 추구하는 목표는 종교의 힘에 의하여 교육되고 학습되는 것이 아니라 태어나면서 이미 모든 인간의 마음속에 내재하는 심성의 부분이라는 것이다. 비단 인간뿐만 아니라 동물이나 식물 등 생명이 있는 일체만물은 모두 '생존' 또는 '영생' 의 소망을 가지고 있다. 이렇게 본다면 생명체의 모든 행동은 종교적인 행동이라고 규정할 수 있다. 교회, 성당, 절에 열심히 다닌다고 기독교인, 가톨릭 신자, 불교 신자 등 종교인이며, 그렇지 않다고 비종교인이라는 구분은 '영생' 의 입장에서 본다면 무의미한 것이다. 영생의 관점에서는 모든 인간이 종교인이기 때문이다. 따라서 특정 종교를 믿지 않더라도 우리 속에 있는 '종교성' 또는 '종교심'을 항상 보도록 노력해야 할 것이다.

가능하면 관심이 있는 종교의 신자가 될 수도 있고, 신자가 되지는 못하더라도 관심이 있는 종교의 교리에 대한 공부를 열심히 하거나 종교 지도자의 말씀을 귀 기울여 듣는 것은 좋은 방법이 될 수 있다. 이러한 관점에서 '종교적인 행동'이라는 것은 그 범위가 엄청나게 확장될 수가 있다. 신체적 또는 정신적인 면에서의 효과적인 생존 또는 영생을 종교의 궁극적인 목표라고 한다면 그와 관련된 모든 행동을 종교적인 행동으로 규정할 수 있기 때문이다.

이 책의 전반부에서 인간의 발달과정에서 모든 인간의 발달이 얼마나 효과적으로 생존할 수 있도록 프로그램되어 있는가에 대하여 자세히 기술한 바 있다. 발달과정에서 인간 내부에 프로그램되어 있는 모든 행동—반사 작용, 웃거나 우는 행동, 어머니와의 애착관계의 형성, 낯선 사람에 대한 경계심, 언어의 발달, 또래관계의 형성 및 발달, 지적 기능의 발달, 사고 기능의 발달, 감정의 발달 등—은 종교적 행동이라고 할 수가 있다.

'人間'이란 '사람 관계'를 뜻하며, 이에 다른 사람들과의 관계를 떠나서는 존재할 수가 없다. 따라서 대인관계에서 효과적으로 살아남아야 하는 중요한 과제가 모든 인간에게 주어져 있다. 우리는 대인관계에서 여러 가지의 기본적인 태도를 취할 수가 있다. 그런 자세들 중에서 대인관계에서 효과적으로 살아남는 방향으로 작용하는 자세는 '긍정적인 힘'이라 하고, 대인관계에서 자기 파멸로 이끄는 자세는 '부정적인 힘'이라 할 수 있다.

긍정적인 힘으로 작용하는 자세로는 부드러운 자세, 자신을 낮추는 자세, 남을 용서하는 자세, 타인에 대한 사랑과 봉사와 희생의 자세, 인내하는 자세, 믿을 수 있는 언동, 타인의 고통을 나의 고통으로 받아들이는 자세 등이 포함될 수 있다. 부정적인 힘으로 작용하는 자세로는 다른 사람을 자신의 목적을 달성하기 위한 수단으로 이용하는 자세, 독선적인 오만한 자세, 극단적인 개인 또는 집단 이기주의, 다른 사람을 속이는 자세, 다른 사람에게 폭력을 가하는 태도, 다른 사람의 어려움으로부터 등을 돌리는 자세 등이 포함될 수 있다. 이들 각각의 덕목에 대하여는 이미 자세하게 설명한 바 있다.

모든 인간의 마음속에는 이 두 심성의 부분이 모두 존재하고 있으나, 가만히 두면 부정적인 힘의 부분이 강력해져서 우리의 행동을 지배하게 된다. 이 부정적인 힘은 비교적 쉽게 우리가 얻고자 하는 바를 얻도록 도와주기 때문이다. 그러나 긴 안목으로 본다면 부정적인 힘은 결국 그것을 추구하는 사람을 파멸로 이끈다. 따라서 효과적인 생존을 위하여는 우리 마음속의 긍정적인 힘이 강화되어야 한다. 이러한 방법 중의 하나가 '종교적 가르침' 을 심각하게 받아들여서 충실하게 실천하는 것이라고 할 수 있다. 종교적인 가르침의 궁극적인 목표는 '영원한 삶' 과 '영원한 행복' 이며 이 책에서 정의하고 있는 긍정적인 힘도 결국 '영원한 삶' 또는 '영원한 행복' 과 밀접하게 관계되기 때문이다.

수년 전부터 '종교 간 벽 허물기 운동' 이 국내외에서 활발하게 일어나고 있다. 국외에서는 교황 요한 바오로 2세가 2000년을 대희년(大喜年)으로 선포하는 교서를 통하여 '타 종교와의 대화' 를 촉구한 바 있다. 세계종교인평화회의에서도 30여 개 종교의 지도자 1,000여 명이 참석하여 서로 공존하고 협력하여 인류사회에 공헌할 수 있는 방향을 논의하고, 종교 간의 벽을 뛰어넘어 자신만의 울타리를 열고 인류의 공동선을 구현하기 위하여 서로 협력하기로 결의한 바 있다.

국내에서는 크리스찬 아카데미의 '종교 간 대화모임'이 1965년에 창립되었고, 2005년에 창립 40주년을 맞아 행사를 가졌다. 개신교, 불교, 천주교, 유교, 천도교 그리고 원불교의 6개 종단의 지도자들이 1965년 처음 회동한 이후, 약 40여 회의 각종 대화의 모임을 통하여 종교 간의 갈등 해소와 종교인들 간의 이해 증진에 괄목할 만한 업적을 남긴 바 있다.

1994년에는 '한국평화인종교회의'가 개최되었는데, 유교, 개신교, 가톨릭, 불교, 원불교, 대종교 및 천도교의 국내 7대 종교의 지도자 100여 명이 참석하여 21세기에 대비한 종교인의 역할, 종교 간의 벽을 낮추기 위한 실질적인 방안 등을 토의하였다. 구체적으로는 '종교 간의 위화감을 조성하는 선교 및 포교 행위를 지양하며, 각 종단의 상호 이해를 제고시킬 수 있는 프로그램을 개발하여 함께 참여하는 등' 종교 간의 이해와 협력을 다짐한 결의문들이 채택되었다. 천주교회에서는 미사에 스님을 초청하여 강론을 듣는 이례적인 미사가 시도되어 화제를 모은 바도 있다.

그뿐이 아니라 중 · 고등학교에서 사용될 종교 교과서가 새롭게 구성되었다. 종전에 제작된 종교 교과서에서는 각 종교가 자신의 입장에서만 기술되었기 때문에 학생들이 다른 종교에 대하여는 접할 기회가 전혀 없었다. 그러나 1996년부터는 천주교, 불교, 개신교 등 주요 종교 단체들이 교육 당국의 요청에 따라서 중 · 고등학교에 보급될 종교 교과서를 제작하여 교육청에 제출한 바 있다. 이번에 제작된 각 종교의 종교 교과서에는 자신의 종교뿐만 아니라 다른 종교의 교리와 사상 및 역사에 대하여도 상당히 자세하게 서술하고 있다.

이러한 일련의 운동은 아주 중요하다. 그리고 종교의 기본적인 가르침에 아주 충실한 것이다. 과거에 많은 종교인은 서로 마음을 열지 못하고 타 종교에 대하여는 배타적인 감정과 대립의식을 가져왔으며, 자신의 종교만이 유일한 진리라는 '독선주의적 행동 양식' 에 사로잡힌 경우가 많았다. 그런데 이러한 종교 간 벽 허물기 운동은 그런 부정적인 관계에서 탈피하게 되는 중요한 발전과정이라고 볼 수 있다.

모든 종교는 그 교리가 다르고 영생을 얻는 방법에서도 큰 차이가 있으나 인간에 대한 사랑과 봉사와 희생의 실천, 인간의 생명을 귀하게 여기는 자세 등에서는 기본적인 차이가 없다고 할 것이다. 다시 말해, '공생한다, 더불어 산다' 는 것이 모든 종교의 공통적인 가치일 것이다. 이러한 의미에서 '나의 종교' 와 '다른 종교' 가 함께 공생하는 방향으로 나아가는 운동은 각각의 종교의 가르침을 실천하는 올바른 방법이 될 것이다. 모든 종단의 지도자가 한 자리에 모여 이러한 문제를 심각하게 논의하여야 하는 이유가 바로 여기에 있다.

이상의 인간과 종교에 관한 내용을 정리하면 다음과 같다.

❶ 모든 인간은 다른 사람들과의 관계를 떠나서는 존재할 수 없다.

❷ 모든 인간은 다른 사람들과의 관계 속에서 '생존' 과 '영생' 을 추구한다.

❸ 모든 인간에게 '영생' 을 추구하는 바람이 마음속에 내재되어

있는 것이 사실이라면, 인간은 모두 '종교적이다' 또는 '종교적인 심성이 내재되어 있다' 고 표현할 수 있다.

❹ '종교적인 가치' 를 추구하는 과정은 우리 마음속에 이미 내재되어 있는 '종교적인 심성' 을 깨달을 수 있는 좋은 방법이 될 수 있다.

❺ 특정 종교를 믿는 신자가 되거나 또는 특정 종교의 신자가 되지는 않더라도 종교적인 서적을 통하여 스스로 그 가르침을 배우고 실천하면 우리에게 내재된 종교적인 심성을 깨달을 수 있다.

❻ 종교적인 가르침을 마음속으로 받아들여서 인격의 일부분으로 삼고 그것을 일상생활의 대인관계에서 실천하도록 노력하는 것은 다른 사람과 '더불어 사는 법' 등 긍정적인 힘을 강화시켜 주어 대인관계에서의 '생존' 과 '영생' 을 효과적으로 줄 수 있다.

7. 우주적 존재

긍정적인 힘의 실천으로서 우주적 사고에 대하여 살펴보자. 여러 분야의 독서를 하다 보면 인간에 대하여 깊은 사색을 하는 사상가들이 자주 인간을 '우주' 또는 '소우주' 로 표현하는 것을 볼 수 있다. 이 마지막 절에서는 이것이 무슨 의미인가에 대하여 살펴본다.

'우주' 란 '모든 것' 을 의미한다. 따라서 '인간은 우주다.' 라는 비유는 '인간은 모든 것이다.' 라는 말과 동일한 의미를 갖는다. 따라서 '인간은 모든 것이다.' 라는 비유의 의미를 정확하게 파악하는 것은 '자신이 모든 것이다.' 라는 말의 의미를 이해하고, 이를 바탕으로 '모든 사람은 모든 것이다.' 라는 인식을 갖게 한다. '자신에 대한 중요성, 자신의 존재에 대한 중요성' 을 깨닫고 그것을 다른 사람들에게까지 확대할 수 있다면 모든 사람들이 자신의 마음속에 있는 긍정적인 힘의 부분을 강화시킬 수 있을 것이다.

1) 우주의 의미

'宇宙' 라는 단어가 처음 등장한 문헌은 『장자』라고 알려져 있다. 『장자』의 외편(外篇) '지북유(知北遊)' 에는 "육합이 아무리 크다고 해도 도의 품에서 떠나지 못하고(六合爲巨 未離其內)" 라는 구절이 있다. 여기서 육합이란 '천지와 사방' , 즉 '우주' 를 말한다. 우주라는 직접적인 표현은 역시 '지북유' 제7장에서 태청(泰淸), 무궁(無窮), 무위(無爲)가 도에 대하여 서로 토의하는 내용에서 처음 등장한다. 그 대화는 다음과 같다.

"無始曰 有問道而應之者 不知道也. 雖問道者 亦未問道. 道 無問問無應. 無問 問之 是 問窮也. 無應應之 是 無內也. 以無內 待問窮若是者 外不觀乎宇宙 內不知乎太初. 是以不過乎崑崙不遊乎太虛", 즉 "무시가 다시 말을 이었다. '도에 대하여 질문을 받고 대답하는 자는 도를 모르는 것이네. 또 도에 대하여 묻는 자도 역시 도를 모르는 것이네. 도는 물을 것도 없고 대답할 필요도 없는 것이네. 또 대답할 것이 없는데 대답하는 것은 마음속에 참된 도를 얻지 못하는 것이네. 참으로 도를 얻지 못한 자는 대답할 수도 없고 물어볼 수도 없는 것이니, 이러한 자는 밖으로 우주를 관찰하여 알지도 못하고 안으로 태초의 허무의 현묘한 이치를 알지도 못하며, 따라서 높고 먼 경지에 이르지도 못하고 현묘한 세계에 소요하지도 못한다네.'"

'宇宙' 에서 '宇' 는 '천지사방(天地四方)', 즉 '공간' 을 뜻하며, '宙' 는 '왕고래금(往古來今)', 즉 과거에서부터 미래에 이르는 시간적인 연결을 뜻한다. 따라서 '宇宙' 의 어원적 의미는 '무한한 시간과 공간' 이다. 이에 우주의 역사를 고찰하면서 '우주와 인간의 관계' 를 살펴보자.

2) 우주론의 발달 단계

우주론에는 크게 네 가지의 발달 단계가 있다. 첫 번째는 '지구중심 우주론' 으로 프톨레마이오스, 아리스토텔레스에 의하여 주장된 바 있다. 우주의 중심이 지구이며, 지구를 중심으로 모든 천체들이 돌고 있다는 주장이다.

두 번째는 '태양중심 우주론' 으로 코페르니쿠스, 갈릴레오에 의하여 주장된 바 있다. 우주의 중심이 태양이며, 지구가 태양의 주변을 돌고 있다는 주장이다. 이것은 1687년 뉴턴의 만유인력의 법칙, 즉 '우주의 모든 물체는 서로 끄는 힘이 있는데 물체가 무겁고 거리가 가까울수록 강해지는 힘이 있다.' 는 법칙에 의하여 구체적으로 증명된다.

세 번째는 라플라스(Laplace, P. S.)의 우주의 결정론이다. 이것은 '만약 특정 시기의 우주 상태를 완전히 알 수만 있다면 우주 안에서 일어날 모든 일을 예언할 수 있는 과학적인 법칙들이 존재할 것' 이라는 주장이다. 예를 들어, 특정 시각에 태양과 행성들의 위치와 속도를 알 수 있다면 뉴턴의 법칙을 써서 임의의 다른 시각의 태양계 상태를 계산할 수 있다는 것이다. 더 나아가 인간의 행동을 포함한 모든 현상을 지배하는 유사한 법칙이 존재할 것이라는 가정을 하고 있다.

네 번째는 하이젠베르크의 불확정성 원리(Uncertainty Principle)로서, 라플라스의 우주결정론은 하이젠베르크의 불확정성 원리에 의하여 그 종지부를 찍게 된다. 이 원리는 우주를 구성하고 있는 기본 단위는 소립자인데, 한 입자의 위치와 속도를 동시에 확정할 수 없으며, 어느 한쪽을 정확하게 알수록 다른 한쪽은 덜 정확하게 알 수밖에 없다는 것으로, 이를 우주의 근본적이고도 불가피한 특성으로 규정하고 있다. 따라서 이 원리에 의한다면 우주의 현재 상태조차 정확하게 측정할 수가 없고, 따라서 미래를 예측한다는 것은 불가능한 것이다.

20세기 물리학의 두 가지 큰 업적이 상대성 이론과 양자론이라는 데에는 많은 물리학자들이 동의하고 있다. 아인슈타인의 상대성 이론은 우리가 속해 있는 3차원의 공간과 시간을 합하여 4차원의 시공간으로 생각하는 이론이다. 상대성 이론에 따르면 에너지와 질량은 동등하다. '$E=mc^2$'이라는 유명한 공식은 우주의 '정적 이론' 이다. 이 이론은 프리드먼의 '팽창우주론' 에 의하여 도전을 받는다. 팽창우주론은 우주가 일정한 상태에 있지 않으며 팽창되고 있다고 주장한다. 이 주장은 1929년 에드윈 허블(Edwin P. Hubble)에 의하여 증명된다. 즉, 허블은 우주의 어디를 관찰하여도 은하들이 움직이고 있으며 지구로부터 점점 더 멀어짐을 관찰한 바 있다. 그의 관찰에 의하면 모든 은하들은 지구로부터 멀어지며 또 은하들 간에도 멀어지고 있으나, 지구로부터 멀리 떨어진 은하일수록 멀어지는 속도는 더 빠르다. 우주는 정적인 상태에서 정지된 것이 아니라 동적인 상태에서 팽창하고 있으며, 대개 10억 년마다 5~10% 정도씩 팽창되는 것으로 계산되고 있다. 이러한 허블의 우주 모델은 수학적인 모델이라고 할 수 있다.

이와 같은 수학적인 모델에서 물리적인 우주의 모델을 처음 제시한 학자는 조지 가모프(George Gamow)다. 가모프는 '대폭발이론(Big Bang Hypothesis)'을 제안한 바 있다. 이 이론은 우주가 현재도 지속적으로 팽창하고 있다면 역으로 과거에는 은하들 간의 거리가 지금보다 훨씬 더 가까웠을 것이고, 아득한 옛날 우주의 탄생시기에는 한 점 내지는 공간이 '0'의 상태이었을 것이라고 가정한다. 그 한 점에서 대폭발이 일어나고, 이로 인하여 오늘날 우주의 기본 모델이 탄생하였다는 가설이다.

대폭발의 시점에서는 우주의 크기가 거의 '0'에 가까워서 무한히 뜨거웠을 것으로 추정하고 있다. 그러나 우주가 서서히 팽창함에 따라 복사 온도가 떨어져서 대폭발 1초 후 우주의 온도는 약 100억 도 정도로 떨어진다. 이때 우주는 대부분 광자, 전자, 중성미자(neutrino)와 이들의 반입자 그리고 약간의 양성자와 중성자로 이루어진다. 그런데 우주가 계속 팽창되고 온도가 떨어지면 입자 간의 충돌로 인한 전자-반전자 쌍의 생성률은 서로 소멸되는 비율에 비하여 훨씬 떨어지게 된다. 그 결과로 전자-반전자는 서로 소멸되어 더 많은 광자를 만들고 소수의 전자만 남게 된다. 그러나 뉴트리노와 반뉴트리노는 다른 입자들과 극히 약하게 작용하기 때문에 서로 소멸되지 않는다.

대폭발 후 약 100초가 경과되면 우주의 온도는 약 10억 도로 떨어진다. 이 온도에서 양성자와 중성자는 그들 사이의 강한 핵력에 의한 인력을 벗어날 충분한 에너지를 가지지 못해서 서로 결합하여 양성자 1개와 중성자 1개로 이루어진 중수소를 만들기 시작한다. 중수소핵은 그다음에 양성자와 중성자를 각각 1개씩 더 붙들어 양성자 2개와 중성자 2개로 이루어진 헬륨을 만들고, 원자핵과 소량의 약간 더 무거운 원소인 라듐과 베릴륨도 만들게 된다. 대폭발 이론에 의하면 양성자와 중성자의 약 25%는 헬륨과 중수소 그리고 기타 원소의 원자핵을 만들어 내는 것으로 계산된다. 대폭발 후 불과 몇 시간 이내에 헬륨이나 기타 원소의 생산은 끝나고, 그 후 약 30만 년 동안 우주는 그냥 팽창을 계속할 뿐이며 별로 뚜렷한 사건 없이 평온하게 지나간다.

우주 탄생 후 약 30만 년이 경과되면 우주의 온도가 떨어지면서 암흑의 짙은 안개가 걷혀 우주가 갑자기 태초의 밝은 빛으로 충만한 상태가 된다. 이 태초의 빛이 마이크로파로 변하여 화광으로 지금도 우주 공간에 남아 있는 것이 윌슨(Wilson, R. W.) 박사에 의하여 관측되었고, 그 공로로 윌슨 박사는 1978년 노벨상을 수상하였다. 이후 약 100만 년까지 우주는 다시 비교적 평온한 상태로 지나간다. 그러나 우주의 온도가 3,000도 정도로 떨어지면 전자와 원자핵은 그 사이의 전자기적 인력을 이겨낼 충분한 에너지를 갖지 못하게 되어 서로 결합하여 원자를 만들기 시작한다. 그 후 약 70억 년의 세월이 흐르면서 우주를 이루고 있는 물질들은 만유인력에 의하여 서로 뭉쳐서 은하계를 만들고, 그 속에서 수소와 헬륨으로 된 기체는 더 작은 구름으로 갈라진다. 이들은 스스로의 중력에 의하여 은하계 안에서 수축되는데 그 결과로 무수한 별이 탄생하게 된다. 우주 탄생 후 100만 년이 경과하였을 당시 3,000도이던 우주는 약 150억 년이 지난 오늘날에는 마이너스 270도의 차디찬 공간으로 남아 있다.

3) 지구의 탄생

지구는 약 45~46억 년 전에 생성된 것으로 알려져 있다. 초기에는 매우 뜨겁고 대기층이 없었다. 시간이 지남에 따라 지구는 냉각되고 암석에서 분출되는 기체로부터 대기층이 형성되었다. 이 초기의 대기층에는 산소가 없고 황화수소와 같은 유독한 기체가 있었다. 그러나 이러한 환경에서도 살아남을 수 있는 원시적 생명체가 있었다고 하는데, 그들은 바다 속에서 아마도 원자들의 우연한 결합으로 거대분자로 불리는 더 큰 구조가 생겨서 발전한 것으로 생각된다. 이 원시적 생명체들은 바다 속의 다른 원자들을 자기와 유사한 구조로 만들어 낼 수 있는 능력 즉, 자신을 재생산하고 증식할 수 있는 능력을 갖추게 되었다. 이러한 방식으로 진화의 과정이 시작되어 차츰 더 복잡한 자기 증식 유기체가 발달하게 되었다. 최초의 원시적 생명체는 황화수소를 포함한 여러 물질들을 소비하여 산소를 방출하였고, 이것이 대기를 오늘날의 대기와 비슷한 상태로 변화시켰다. 그리하여 물고기, 파충류, 포유동물 그리고 끝으로 인간과 같은 고도의 생명체를 만들어 내었다.

4) 양자역학의 출현

하이젠베르크, 폴 디랙(Paul Dirac) 및 슈뢰딩거(Schrodinger, E.)에 의하여 주창되고 발전된 불확정성 원리를 발판으로 하여 '양자역학' 이라는 새로운 가설이 등장한다. 이 이론에 따르면 입자들은 각각 자신의 위치와 속도를 갖는데, 이 두 가지는 동시에 정확하게 관측되지 않기 때문에 명확한 위치와 속도를 갖는 것이 아니라 위치와 속도가 결합되어 이루어진 '양자 상태' 를 가지게 된다. 따라서 양자역학에서는 한 관측에 대하여 하나의 확정된 결과를 예측하는 대신 여러 가지의 가능한 결과를 예측하고, 개개 입자가 갖는 결과가 얻어질 확률을 알려 준다. 다시 말해, 동일한 측정을 같은 여건에서 출발하여 수많은 비슷한 계(system)에 대하여 되풀이하면 어느 횟수만큼의 측정 결과 A, 또 다른 횟수만큼은 측정 결과 B 등으로 얻어진다는 것이다. 결과 A나 B가 얻어지는 대략의 횟수를 예측할 수는 있으나, 개개의 측정에 대하여 어느 결과가 얻어지는가에 대한 예측을 할 수는 없다. 그러므로 양자역학은 과학의 예측성에 예측 불가능성 또는 임의성(randomness)의 요소가 통괄된 이론이라고 할 수 있다.

양자역학의 새로운 체계는 고전적인 세계관(뉴턴으로 대변)을 완전히 깨버렸다. 모든 현상이 미리 확정된 운명적인 길을 걷는 것이 아니라 확률만이 주어질 뿐이라는 개념으로 과거의 고정관념에서 벗어난 훨씬 더 넓은 세계를 우리에게 가져다 준 것이다.

이 이론의 출현에 아인슈타인의 상대성 이론이 지대한 영향을 미친 것으로 알려져 있으나, 정작 아인슈타인은 이러한 이론을 받아들이기를 거부하였다. 그는 철저하게 우주를 지배하는 어떤 확고한 과학적인 원칙이 있다고 보고 우주가 '우연' 또는 '임의성'의 지배를 받는다는 생각을 받아들이지 않았다. 아이슈타인의 이러한 생각은 다음 한 문장에 극적으로 표현되어 있다. '신은 주사위 놀이를 하지 않는다(God does not play dice).' 그러나 오늘날의 많은 과학자들은 아인슈타인의 이러한 생각에 동의하지 않는다. 오늘날의 과학자들의 사고방식은 다음과 같이 표현될 수 있다. '신은 주사위 놀이를 즐긴다(God does play dice).'

5) 호킹의 우주론

우주에 관한 연구자로 스티븐 호킹(Stephen Hawking) 박사를 금세기 최고의 학자로 꼽는 데 많은 학자들은 주저하지 않는다. 호킹은 1942년 영국의 옥스퍼드에서 4형제 중 장남으로 태어났다. 아버지는 열대병 연구자인 프랭크 호킹이고, 어머니는 공산당원이었다. 그는 1962년부터 근위축성 축색경화증(일명 루게릭병)을 앓기 시작하여 지금은 휠체어에 몸을 의지하고 있다. 말도 못하여 음성합성 컴퓨터로 의사소통을 해야 할 만큼 심한 장애를 갖고 있다. 이러한 고난에도 호킹은 옥스퍼드 대학과 케임브리지 대학원에서 물리학 우주론을 전공하였고, 팽창우주론의 대가인 호일 박사 밑에서 박사학위를 수여받았다. 32세인 1974년에 사상 최연소 영국왕립학회 회원이 된 호킹은 1978년부터 영국의 천문학자로는 최고의 명예인 케임브리지 대학의 루카시안 석좌교수를 맡고 있다.

호킹은 이전의 대표적인 이론인 상대성 이론과 '양자론' 을 접목시킨 학자로 알려져 있다. 상대성 이론이 거시의 세계를 다룬다면 양자론은 미시의 세계를 다룬다고 할 수 있다. 따라서 호킹은 거시세계와 미시 세계를 훌륭하게 접목시켜 '우주는 무에서 탄생하였다.' 는 가설을 수학적으로 증명하였다는 평가를 받고 있다. 상대성 이론에 의하면 우주는 특이점(singularity: 시공간의 곡률이 무한대가 되는 점)에서 시작되었다는 결론을 피할 수가 없다. 대폭발 이후에는 상대성 이론과 양자론이 모두 적용될 수가 있다. 그러나 특이점에서는 모든 물리의 법칙이 파괴되기 때문에 특이점을 피할 수 없는 한 우주는 과학의 법칙에 의하여 설명이 불가능해진다. 따라서 특이점을 피할 수 있는 방법이 개발되어야 하는데 양자론의 접목이 그것을 가능하게 한 것이다. 즉, 양자론에서는 전자가 최저의 궤도를 돌고 있으면 에너지의 발산이 없고 그 궤도를 그냥 유지만 하면 되는 것으로 되어 있다.

호킹은 이러한 상황에서는 원자가 붕괴되지 않으며 유한한 크기로 남아 있기 때문에 특이점을 면할 수 있다는 생각을 갖게 되었다. 그는 초기의 우주가 워낙 공간이 휘어져 있기 때문에 시공간의 차별이 없을 수도 있다는 가정하에 공간과 시간의 구별이 되지 않는 이 시간을 상상시간(imaginary time)이라고 명명하였다. 현재의 우주는 이러한 상상시간의 흐름을 따라 모든 형태의 위상이 오가며 발달되었다는 주장이다. 하나의 제안은 '우주의 경계 조건은 우주에 경계가 없는 것이며, 그 자체로서 완전히 자급자족할 수 있으며, 그 밖의 아무것에 의하여도 영향을 받지 않는다.' 는 것이다. 시공간은 구처럼 유한하지만 경계가 없는 그러한 위상을 가지고 있다는 것이다. 우주의 발달은 이러한 시공간을 배경으로 일어나며 우주 또는 시간의 시작은 이러한 시공간의 어느 한 점에서 시작되었다는 것이다. 이러한 관점에서 호킹은 "우주는 시작도 끝도 없는, 그래서 창조도 파괴도 되지 않는 존재이며, 그저 우주 자체로서 존재할 뿐이다." 라고 결론을 내렸다.

이러한 주장은 비단 호킹만의 주장은 아니다. 『반야심경』에서는 '불생불멸(不生不滅)' 또는 '무시무종(無始無終)' 이라는 표현이 자주 등장한다. '불생불멸' 이란 '나는 것도 멸하는 것도 없다.' 는 뜻이며, '무시무종' 이란 '시작도 끝도 없다.' 는 뜻이다. 호킹이 『반야심경』을 읽고 영향을 받았다는 근거는 어디에도 없다. 또한 불교가 일어나던 시기, 석가모니가 불법을 펴던 시기의 우주론에 '우주는 시작도 끝도 없다. 단지 존재할 뿐이다.' 라는 우주론이 있었다는 기록 또한 전혀 없다. 그러나 전혀 다른 시기에 다른 방법에 의하여 만물의 이치에 대한 접근을 하였지만 그와 같이 똑같은 결론에 도달하는 것을 보면, 호킹의 이러한 주장은 사실로 증명될 날이 반드시 올 것이라는 확신을 갖게 된다.

6) 우주: 공간적 측면

우주는 얼마나 큰 공간을 가지고 있을까? 지구에서 태양까지의 거리는 약 8광분(1억 4,400만km)이다. 지구에서 관찰되는 별 중 가장 가까운 별은 센타우루스 프록시마라는 별로 4광년(약 39조km) 정도 떨어져 있다. 지구에서 관찰된 별 중 가장 먼 별은 약 80억 광년의 거리를 가지고 있다. 상상도 할 수 없는 엄청난 거리라고 하겠다. 지구가 속하고 있는 은하는 지름이 약 10만 광년이며 약 1,000억 개의 별들로 이루어져 있다. 천천히 돌고 있으며 나선의 팔을 이루고 있는 별들은 은하의 중심 둘레를 수억 년에 한 바퀴씩 돌고 있다. 이러한 은하가 우주 전체에 약 1조 개가 있다고 한다. 이렇게 묘사하여도 그 전체적인 공간은 실감이 나지 않으나, 공간적인 측면에서 확실한 것은 우주에서 지구라는 것은 한 점 티끌에 불과하다는 것이다.

7) 우주를 이루는 물질

인간의 몸과 마음이 기본적으로는 물질로 되어 있기 때문에 우주와 인간의 관계를 설명하기 위하여는 우주를 이루고 있는 내용이 무엇인가에 대하여 함께 생각해 보아야 한다. 우주의 내용을 물질과 이물질 간의 힘이라는 모델로 생각하는 것은 과거나 현재나 기본적으로 큰 차이가 없다.

아리스토텔레스는 우주 안의 모든 물질이 흙, 공기, 불, 물의 네 개의 기본 원소로 되어 있고, 이들은 중력과 양력의 두 힘의 작용을 받고 있다고 주장한 바 있다. 또한 이러한 모든 물질은 한없이 더 작은 단위로 쪼개질 수 있다고 하였다. 이것이 구체적으로 설명된 것은 1803년 존 돌턴(John Dalton)에 의하여서다. 달톤은 원자가 모여 분자를 이룬다고 하였다. 이후 존 톰슨(John Thomson)은 가장 가벼운 원자 질량의 1/1000이 못 되는 전자라고 불리는 물질의 알맹이가 있음을 밝혔다. 톰슨은 전자의 실재를 실험적으로 증명한 원자의 모형을 고안한 공로로 1906년 노벨 물리학상을 수상한 바 있다. 1911년 영국의 물리학자 어니스트 러더퍼드(Ernest Rutherford)는 물질의 원자는 내부 구조를 가지고 있음을 밝혔다. 즉, 원자는 극히 작은 양전기를 띤 핵(양성자)을 가지고 있고 그 둘레가 여러 전자의 궤도로 이루어져 있다고 주장하였다.

원자핵은 크기가 10^{-13}cm 정도 되고, 전자는 핵으로부터 약 10^{-8}cm 정도 떨어져 있다. 양성자는 길이가 10^{-13}cm 정도 되며 질량은 $1.6726485 \times 10^{-27}$kg, 전기량은 $1.6021892 \times 10^{-19}$ coulomb/c 정도 된다. 또한 1초에 10^{22} 회전을 하는 것으로 알려져 있다. 원자핵 속에는 온갖 종류의 미립자들이 생성되었다가 소멸하고 또 다른 미립자가 태어난다. 이 중 양성자보다 더 무거운 엔스타(N*)라는 미립자는 무게가 10^{-24}g, 생명이 10^{-24}초 정도 된다고 알려져 있다.

전자에는 전자, 뮤전자 그리고 타운전자의 세 종류가 알려져 있다. 뮤전자는 자연계에서는 존재하지 않고 인공적으로만 만들어지는 소립자다. 회전하는 모습, 구 주위에 나타나는 자장의 모양, 전기량 등 모든 성질에서 전자와 동일한데, 단지 질량에서만 전자와 달라 전자의 약 200배 정도 무겁다고 한다. 이후 뮤전자보다 더 무거운 전자가 또 발견되었는데, 그것이 타운전자다. 물리학자들은 전자를 제1세대, 뮤전자를 제2세대 그리고 타운전자를 제3세대의 전자라고 부르고 있다. 전자는 또 전자와 짝을 이루는 입자를 가지는데, 이를 반전자(antielectron) 또는 양전자(positron)라 이른다. 이것은 폴 디랙에 의하여 밝혀졌으며, 그 공로로 디랙은 1933년에 노벨상을 수상하였다.

원자는 초미니 태양계라고도 할 수 있다. 중심의 원자핵을 중심으로 전자가 자전을 하면서 주변을 공전하기 때문에 원자핵을 태양에, 그리고 전자를 지구에 비유할 수가 있다. 원자핵의 크기를 태양의 크기로 확대한다면, 전자는 천왕성보다 더 먼 거리에서 원자핵을 돌고 있다는 계산이 나온다. 흔히 특히 불교에서는 '티끌 속에 모든 우주가 들어 있다'는 표현을 자주 쓰는데, 이 표현은 과학적으로 아주 정교하게 증명된 셈이다. 미립자의 세계, 즉 티끌의 세계가 우주인 것이다.

이후에 제임스 체드윅은 핵 속에 양성자 외에 전기적으로 중성인 다른 입자, 즉 중성자가 있음을 밝혔고 그 공로로 노벨상을 받았다. 중성자는 붕괴되면 양성자와 전자 그리고 중성미자를 방출한다. 중성자는 수소의 핵을 이루고 있는 양성자와 질량은 같은 입자이지만 전기량이 중성이다. 중성자는 원자핵 내에서는 양성자처럼 영원불멸이지만 원자핵 밖에서는 8분 정도의 수명밖에 누리지 못한다. 이는 유명한 엔리코 페르미(Enrico Fermi) 교수에 의하여 밝혀졌다. 즉, 중성자는 핵에서 방출되면 양성자, 전자 및 중성미자로 변하게 된다. 양성자, 중성자 또는 전자처럼 원자핵보다 더 작은 미립자들을 모두 합쳐서 소립자라고 부른다.

이후 양성자 또는 중성자는 더 작은 입자로 이루어져 있음이 밝혀졌다. 머리 겔만(Murray Gell-Mann)은 이 물질을 쿼크(quark)라고 하였고, 이를 밝힌 공로로 노벨상을 수상하였다. 쿼크는 원자핵 속에서만 존재하지 단독으로 원자 핵으로부터 튀어나올 수 없는 특징이 있다. 원자핵으로부터 튀어나올 때에는 반드시 둘 혹은 셋이 뭉쳐서 소립자의 형태로 튀어나오게 된다. 쿼크는 양성자나 중성자처럼 원자핵을 이루고 있는 입자의 깊숙한 곳에 숨어 있다는 것이 미국 스탠퍼드 대학의 선형 가속기 실험에서 증명된 바 있다. 양성자 속의 쿼크를 양성자 밖으로 끄집어낼 수는 없지만 양성자 속을 뚫고 지나온 양성자는 쿼크와 부딪친 흔적을 지니고 있다. 양성자 속에는 크기가 점처럼 작고 전기량을 지닌 입자가 있어서 그와 충돌하였다는 명백한 증거가 된 것이다.

전자는 원자핵을 공전하고 또 스스로 자전을 하고 있다. 지구처럼 남극과 북극을 지닌 자장을 지니고 있으며, 더 이상 작은 입자로 되어 있지는 않다. 지름은 10^{-20}cm보다 작은 것으로 알려져 있다. 그러나 전자가 방출될 때에는 항상 따라다니는 입자가 있는데 이를 중성미자(neutrino)라고 한다. 이것은 질량이 거의 없고 다른 물질과의 상호작용은 거의 무시할 수 있는 정도다. 태양에서 방출되는 중성미자는 1초에 100억 개 정도 된다. 인간이 이 중성미자에 노출되어 있는데도 아무것도 느끼지 못하는 것은 바로 이런 이유 때문이다.

8) 우주에 존재하는 힘

우주에는 기본적으로 이러한 소립자들이 존재하고, 그것들은 상호작용을 하여 힘을 나타낸다. 우주에 자연적으로 존재하는 힘은 대개 4～5종류로 분류된다. 첫 번째 힘은 중력이다. 이것은 가장 약한 힘으로 두 가지 특성이 있다. 하나는 원거리에 걸쳐서 작용한다는 점이며, 다른 하나는 항상 인력으로 작용한다는 점이다. 지구를 태양 둘레로 돌게 하는 힘이 바로 중력이다. 중력은 중력자라는 입자에 의하여 힘의 교환이 일어난다.

두 번째 힘은 전자기력이다. 이것은 전자나 쿼크처럼 전기를 띤 입자 사이에 작용하는 힘이다. 전자기력은 중력보다 훨씬 더 강하여 중력의 약 10^{42} 정도 된다. 여기에는 척력(밀어내는 힘)과 인력이 모두 존재하며, 원자핵 주변을 전자가 돌게 하는 힘이 된다. 이 힘에는 광자(photon)라는 가상적 입자(virtual particle)가 작용하게 된다. 일상생활에서는 전신 · 전화 또는 텔레비전을 작동하게 하는 힘이다.

세 번째의 힘은 약력이다. 이 힘은 방사능의 원인이 되는 힘을 말한다. 즉, 알파, 베타 또는 감마 선을 방출하는 힘이다. 아주 미약하여 거의 그 존재를 느낄 수는 없지만 중성미자를 생성하는 원동력이 된다. 이 힘은 W^+, W^-, Z^0 등의 중간 입자에 의하여 전달되는데, 이러한 이론으로 살람(Salam, A.), 와인버그(Weinberg, S.)와 글래쇼(Glashow, S. L.)는 1979년 노벨상을 수상한 바 있다.

네 번째 힘은 핵력이다. 이 힘은 양성자나 중성자 속의 쿼크를 결합시키고, 원자핵 속에서 양성자나 중성자를 결합시키는 힘을 말하는데 글루온이라는 중간 입자에 의하여 교환된다. 이 힘은 아주 강력하여 전자기력의 약 만 배 정도 된다. 그러나 이 힘이 작용하는 범위는 극히 제한되어 10^{-13}cm을 넘지 못한다.

다섯 번째 힘은 '제5의 힘'이라고 하는 것으로 미국의 피슈바하에 의하여 제안되었다. 일반적으로 중력은 인력으로만 되어 있는 것으로 알려져 있다. 그러나 피슈바하는 중력에 인력뿐만 아니라 척력도 작용하며 그 척력을 '제5의 힘'이라고 명명하였다. 그러나 이 힘의 존재에 대하여는 여전히 학자들 간에 의견이 일치되지는 않는 듯하다. 앞으로도 계속 연구가 필요한 영역이다.

9) 우주의 힘 통일

우주는 여러 종류의 물질 입자들 간에 교환 입자가 있으며, 이들의 교환으로 중력, 전자기력, 약력, 핵력과 같은 여러 힘이 있음을 알게 되었다. 따라서 물리학의 발전 역사는 미립자, 교환 입자 그리고 이들 간의 힘에 관한 연구의 역사라고 할 수 있다. 그리고 이러한 힘들이 모두 독립적이며 서로 관계가 없는 것이 아니라 상호 밀접한 관계에 있으며, 이러한 가정하에 여러 종류의 힘을 통일하려는 시도가 여러 학자들에 의하여 시도되어 왔다.

중력이론에 대한 연구는 뉴턴에 의하여 시작되어 아인슈타인에 와서 일반상대성 이론으로 발전하게 된다. 전자기력에 대하여는 패러데이(Faraday, M.)가 전기와 자기는 본질적으로 같은 것이라는 가설을 주장한 바 있는데, 이 가설이 맥스웰(Maxwell, J. C.)에 의하여 증명되었다. 맥스웰은 전기와 자기는 통일된 법칙을 따르며 서로가 서로를 지배하는 관계라는 맥스웰 방정식을 주창하였다. 이 방정식을 만족시키기 위하여는 전파의 존재가 필수적이었다. 그런데 헤르츠에 의하여 전파의 존재가 확인됨으로써 맥스웰의 전자기의 통합이론이 공식적으로 인정받게 되었다. 프란츠 칼루자(Franz Kaluza)는 중력과 전자기력을 통합하려는 시도를 하였고, 살람, 와인버그 그리고 글래쇼는 약력과 전자기력을 통합하는 데 성공하였다. 중력을 제외한 나머지 세 가지의 힘인 전자기력, 약력 그리고 핵력은 모두 통일된 이론이 나왔는데 이를 '대통일 이론(Grand Unification Theory: GUT)' 이라고 부른다. 최근에는 네 가지의 힘을 모두 통일하려는 연구가 이루어지고 있는데 그것을 '만사형통의 이론(Theory of Everything)' 이라고 명명하고 있다. 이러한 이론들 외에도 파울리(Pauli, W.)의 배타원리(Exclusion Principle), 슈뢰딩거의 방정식, 디랙의 방정식 등은 모두 입자의 운동과 관련된 이론들이다.

10) 인간과 우주

이러한 내용을 바탕으로 왜 깊은 성찰을 이룬 철학가, 종교가, 사상가들이 모두 '인간은 소우주다.' '티끌 속에 우주가 있다.' 라는 주장을 하는지 그 의미를 살펴보자.

첫째, 우주에는 시간과 공간이라는 의미가 있다. 인간 역시 시간과 공간의 존재하에 존재할 수 있다. 이러한 관점에서 '인간은 곧 우주다.' 라는 주장이 가능하다.

둘째, 우주를 이루고 있는 모든 물질은 소립자로 되어 있다. 즉, 양성자, 중성자, 이들을 이루고 있는 쿼크 그리고 전자로 이루어져 있다. 인간을 구성하고 있는 기본 물질도 역시 이와 동일하다고 할 수 있다. 기본적으로 핵과 전자의 관계는 태양과 지구의 관계와 동일하다. '티끌이 우주다.' 라는 말은 과학적으로 정교하게 증명될 수 있다. 또한 비단 인간뿐만이 아니라 우주를 이루고 있는 모든 물질의 존재의 중요성이 바로 여기에 있다고 할 수 있다. 불교 등 종교계의 가르침에서 인간뿐만 아니라 모든 생명체가 다 중요하고, 심지어는 무생물까지도 그 존재의 중요성이 강조되는 이유를 여기에서 찾을 수 있다. 미시적 세계에서는 인간이나 동물, 식물, 심지어는 무생물까지도 그 기본 구조가 동일하기 때문이다.

셋째, 인간을 이루고 있는 기본 단위를 조금 더 확대하여 세포로 본다면 조금 더 실감 나게 이해가 가능하다. 세포는 상당히 복잡한 구조로 되어 있으며 세포 하나하나가 모두 우주적 특성이 있다. 우리의 몸을 이루고 있는 세포의 전체 개수가 정확하게 몇 개인가에 대하여는 정확하게 언급하기 어렵지만 수십조 내지는 100조에 이르는 것으로 알려져 있다. 정자와 난자가 만나서 수정란이 되며, 이로부터 세포의 분열이 일어나서 수십조 내지는 100조까지의 세포 수에 이른다. 이는 마치 한 점에서 출발한 우주가 대폭발이라는 과정을 거쳐서 수천 조의 별을 생성하는 과정과 흡사하다. 인체 내에서 하루에도 수많은 세포가 죽고 새로운 세포가 만들어지는 과정도 우주에서 수많은 별이 사라지고 새로 태어나는 과정과 흡사하다. 세포가 모여 조직이 되고, 조직이 모여 기관이 되며, 기관이 모여 계가 되고, 계가 모여서 인간을 이루고 있다. 여기에서 하나의 기관은 하나의 은하계로 비유가 가능하다. 뇌, 심장, 폐, 위장 등을 하나의 은하계로 비유한다면 우주가 수많은 은하로 이루어지듯 인체도 이와 유사하다고 할 수 있다.

넷째, 힘의 논리다. 우주에 대한 탐구의 역사는 힘에 대한 탐구의 역사라고 할 수 있다. 우주에 작용하고 있는 힘은 물체와 물체 또는 물질과 물질 간의 힘으로 정의할 수 있다. 이러한 원칙은 인간에게도 그대로 적용될 수 있다. 한 인간에게는 생명의 유지가 각 세포의 힘에 달려 있으며, 개인과 개인의 관계, 집단과 집단의 관계는 결국 힘의 논리다. 단지 차이가 있다면 우주 내에서의 힘은 순전히 물리적인 힘인 데 반하여 인간에서의 힘은 단순히 물리적인 힘뿐만이 아니라 정신적인 측면도 포함된다는 점이다.

다섯째, 힘의 통일론이다. 우주 내에 존재하는 여러 가지의 힘에 대하여 궁극적으로 하나의 힘 이론에 의하여 우주의 현상을 설명하려는 시도가 있어 왔으며 또 앞으로도 그러할 것이다. 이것은 인간에게도 그대로 적용될 수 있는 원칙이다. 1장에서 힘을 여러 종류로 나눈 바 있다. 즉, 내적인 신체적 힘, 내적인 심리적 힘, 외적인 신체적 힘, 외적인 심리적 힘으로 나누었는데, 궁극적으로는 이 모든 힘이 자신과 타인이 효과적으로 생존할 수 있는 방향, 즉 모든 인간이 공생하는 방향으로 통일되어야 한다. 왜 복잡한 힘이 하나가 되어야 하는가? 하나로 통일되는 것이 가장 강력한 힘을 가지기 때문이다.

여섯째, 우주 내에서 자연스럽게 일어나는 현상이 인간에게도 그대로 적용될 수 있다. 예를 들면, '찬드라세카르의 한계(Chandrasekhar limit)'라는 현상이 있다. 이것은 안정된 저온의 별이 가질 수 있는 질량의 최대값을 이르는데, 대개 태양의 약 1.5배를 넘는 질량을 가진 차가운 별은 자체의 중력을 지탱하지 못하고 붕괴되어 검은 구멍으로 된다는 가설이다. 이는 인간에게도 그대로 적용될 수 있는 이론이다. 우리는 인간이 자신의 욕심을 통제하지 못하여 스스로 파멸에 이르는 것을 얼마나 많이 보고 있는가? 인간이 스스로의 한계를 알고 행동해야 하는 것과 동일하다고 할 수 있다. 또한 파울리의 배타원리라는 것이 있다. 이것은 불확정성의 원리 내에서 두 입자는 동일한 위치와 속도를 가질 수 없다는 것인데, 이 원리 또한 인간에게 그대로 적용될 수 있다. 누구나 같은 인간은 없다. 생김새도 다르고, 생각, 느낌, 행동 등도 사람마다 다르다. 옳고 그름의 차원을 떠나서 비슷한 상황에 노출되더라도 행동하는 바가 모두 다르다. 이것은 마치 두 입자가 동일한 위치와 속도를 가질 수 없음과 유사하다고 할 수 있다. 이러한 점에서는 과학적 예측성에 예측 불가능성 또는 임의성이 통괄된 양자역학의 이론도 인간의 행동이 갖는 예측 불가능성 또는 임의성과 유사하다고 할 수 있다.

일곱째, 조화와 균형 그리고 질서의 중요성이다. 우주가 그대로 존재할 수 있기 위하여는 그 안에 존재하는 물체, 물질들 간 힘의 조화와 균형 그리고 질서의 유지가 필수적이다. 이 점은 인간에게도 그대로 적용된다. 한 개체 내에서도 생존할 수 있기 위하여는 신체적 · 정신적 측면에서 조화와 균형 그리고 질서가 필수적인 조건이다. 대인관계 또는 집단생활에서도 효과적인 생존을 위하여는 그것이 필수적인 요소다.

마지막으로 '시작도 없고 끝도 없다.'는 점에서 인간과 우주는 동일하다고 하겠다. '우주는 어디서 와서 어디로 가는가?' '인간은 어디서 와서 어디로 가는가?' 이에 대하여 자신 있게 대답할 수 있는 사람은 아무도 없을 것이다. 인간과 우주는 창조된 것인가, 진화된 것인가? 이에 대하여도 명확한 답을 하기는 어려울 듯 하다. 현재로는 호킹의 "우주는 시작도 없고 끝도 없으며 단지 그 자체로 존재할 뿐이다."라는 주장을 인간에게 그대로 적용하여 '인간은 시작도 없고 끝도 없다. 단지 그 자체로 존재할 뿐이며 그 자체로 위대한 존재다.' 라고 해 두자.

'우주' 라는 단어를 문헌에서 처음 사용하고 그 정의를 '무한한 시간과 공간' 으로 명쾌하게 내린 장자는 정말 통찰력 있는 성인이었던 듯하다. 인간이라는 존재는 시간과 공간의 존재다. 분자나 세포 수준에서도 시간과 공간은 엄청난 의미를 지닌다. 필요한 시간만큼만 반응하고, 반응이 끝나면 그 만남은 끝을 맺어야 한다. 생채 내에 신호를 전달하는 과정에서 이러한 분자들의 만남과 헤어짐의 시간요인은 생명에 큰 영향을 미친다(박상철, 1999b). 신경전달물질의 작용도 비슷하다. 시냅스를 통해 상대 세포의 선택적 수용체에 결합되고 나면 바로 신경 반응을 유도하고 이내 수용체와 헤어져야 한다. 계속 작용을 하는 경우에는 신경 반응이 오래 지속되고, 그렇게 되면 생체 전반에 혼선이 초래된다. 신경전달물질뿐만 아니라 호로몬과 수용체, 여러 종류의 세포 조절인자와 그 수용체들 간의 모든 반응이 다 비슷한 결과를 낳는다.

이러한 시간성은 바로 생명 현상 자체다. 분자들의 만남은 바로 작용 또는 활성을 나타내고, 그 헤어짐은 바로 반작용 또는 활성의 중단을 나타낸다. 만남과 헤어짐의 조화와 균형이 곧 생명 현상이다. 어떤 분자들의 만남은 밀리세컨드(1초의 1/1000) 또는 마이크로세컨드(1초의 1/100만) 이내로 제한되기도 한다. 이때 사용되는 지표가 해리상수(解離常數, dissociation constant)다. 해리상수란 반응을 통하여 상호 결합한 분자들이 떨어져 나가는 비율의 지표다. 해리상수가 1×10^{-10}이면 100억 개의 분자 중 하나의 분자만이 떨어져 있다는 의미가 된다. 즉, 해리상수가 작을수록 결합이 더 단단하다는 것을 나타낸다. 그러나 이와 같은 생명 분자들은 반응이 끝나면 서로 헤어짐으로써 다음 생명 현상이 일어나기를 기다려야 한다.

또한 분자와 같은 생명 현상의 시간적 흐름에는 반드시 공간적인 개념이 포함된다. 만난다는 자체가 동일한 공간에 존재한다는 의미가 아닌가? 하나의 세포 내에서도 공간적인 배열은 정상적인 기능을 하는 데 있어서 지극히 중요하다. 직경이 불과 10마이크론 정도밖에 되지 않는 세포 내에서 10만 종 이상의 유전 정보와 1만 종 이상의 서로 다른 생체 분자들이 평화롭게 존재하면서 서로 작용하고 기능하려면 정밀한 공간적인 배열이 무엇보다 중요하다고 하겠다.

세포의 수준에서도 시간과 공간 개념은 아주 중요하다. 생명체의 생존에 필요한 경우에는 특정 세포들은 일정한 시간 후에 사라져 주어야 한다. 이미 살펴본 바 있듯이, 이러한 형상은 세포의 자연사(apoptosis)라 이른다. 전체의 생존에 필요하다면 자신을 희생하는 과정인 것이다.

세포적인 수준에서의 공간적인 개념도 마찬가지의 중요성을 갖는다. 간세포는 간에 위치하여야 기능을 할 수 있다. 간세포가 폐에 있다거나 뇌에 있다거나 하는 경우에는 전혀 기능을 하지 못할 뿐더러 정상적으로 존재하는 세포들의 기능까지 방해하게 된다. 이것은 일상 가정생활, 집단생활 또는 사회생활에서도 마찬가지다. 가정 내에서는 부모의 역할과 자녀의 역할이 구분되어 있다. 사회생활 또는 직장생활에서도 각자의 본분이 일정하게 정해져 있고, 그것을 바탕으로 자신의 역할을 성실하게 수행하면서 다른 사람들과 협조체계를 갖게 된다.

이처럼 인간을 이루고 있고 기본 단위인 생명 분자나 세포의 기능에서 시간과 공간이 중요하듯이 인간의 삶도 마찬가지다. 인간 존재 자체가 시간과 공간의 존재라고 할 수 있고, 인간의 발달 역사는 결국 인간이 가지고 있는 '시간적 · 공간적 제한을 극복하는 과정' 이라고 할 수 있다. 의학의 궁극적인 목적도 결국은 인간이 가지고 있는 시간적인 한계를 극복하는 것이라고 할 수 있다. 과학의 발달이란 교통이 발달하고 서로 짧은 시간에 소통할 수 있는 방법이 발달하는 것인바, '시간과 공간의 한계를 극복하는 과정의 발달 역사' 라고 할 수 있다. 인터넷의 발달이 갖는 의미가 바로 이런 것이 아니겠는가? 정치, 경제, 사회, 문화 등 모든 분야가 공통적으로 추구하는 궁극적인 목적은 시간과 공간을 초월하여 영원히, 어디서나 받아들일 수 있는 공통적인 가치를 찾는 것이라고 할 수 있다.

우주의 시간과 공간, 그 무한함을 생각해 보면 지구라는 자체는 한 점 티끌도 되지 못하는 공간을 가지고 있다. 인간이 존재하기 전에도 무한한 시간이 흘렀으며, 또 앞으로도 무한한 시간이 흐를 것이다. 이러한 무한한 시간과 공간 속에서 같은 시간, 같은 공간에 함께 존재한다는 것은 엄청난 인연이 아닐 수 없다. 같은 지구 내에 함께 있다는 자체만으로도 엄청난 인연이라고 할 수 있다. 하물며 이 극동의 조그마한 나라 대한민국에서 한 국민으로 태어났다는 자체는 엄청난 인연이라고 아니할 수 없다. 이렇게 본다면 부모, 형제, 친척, 친구, 선생님, 선후배, 이웃들, 더 나아가 길을 가면서 우연히 마주치는 사람들의 인연도 보통 인연이 아니라는 인식을 가질 수밖에 없다. 사람들뿐만 아니라 동물, 식물, 심지어는 무생물까지도 그 인연은 엄청나다고 할 수 있을 것이다.

이런 생각을 가진다면 매일 대하는 한 사람, 한 사람에 대하여 그 존재의 소중함을 가슴속 깊이 간직할 수 있을 것이다. 진정 모든 인간은 '한 사람, 한 사람이 모두 우주' 다. 진정 '모든 인간은 모든 것' 이다. 모두 자신의 존재의 중요함을 깊이 깨닫고 이를 바탕으로 다른 사람들의 존재의 중요성도 깨달아야 한다. 간단하게 표현한다면, '우주적 관계' 란 시간과 공간이 갖는 소중한 의미를 깨닫는 관계다. 이러한 자세를 갖출 때에 대인관계에서 자신에 대한 통제력을 유지할 수 있으며, 또 이를 통하여 대인관계에서 힘을 갖출 수가 있다. 이러한 힘과 통제력을 바탕으로 스스로의 생존을 성취할 수 있는 것이다.

참고문헌

고기준, 고성경, 김기진, 박상갑, 신원태, 양정옥, 이영익, 이종삼, 임강일, 장인현, 장연수, 하성 공역(2008). 맞춤운동과 건강. Werner, W. K. Hoeger 저. 서울: 한미의학.

권석만(2004). 젊은이를 위한 인간관계의 심리학(개정증보판). 서울 학지사.

권석만(2008). 긍정 심리학-행복의 과학적 탐구. 서울: 학지사.

권오석 역해(1993). 반야심경(般若心經). 서울: 홍신출판사.

김두종(1966). 한국의학사. 서울: 탐구당.

최호 역해(1994). 三國史記. 김부식 저. 서울: 홍신신서.

김열규(1976). 한국의 신화. 서울: 일조각.

김제완(1993). 겨우 존재하는 것들. 서울: 민음사.

김중술(1992). 사랑의 의미. 서울: 서울대학교출판부.

김태곤(1981). 한국무속연구. 서울: 집문당.

대한성경공회(1977). 성경(聖經). 저자.

류시화 역(2004). 용서. 달라이 라마, 빅터 첸 저. 서울: 오래된 미래.

박민규, 박영규 역(1994). 東醫寶鑑. 허준 저. 서울: 학력출판사.

박문현, 이준녕 역해(1994). 묵자(墨子). 묵자 저. 서울: 자유문고.

박상철(1999a). 건강보다 아름다운 것은 없다. 서울: 산학연 21.

박상철(1999b). 생명보다 아름다운 것은 없다. 서울: 사회평론.

박일봉 역(1993). 도덕경(道德經). 노자 저. 서울: 육문사.

박재갑(2005). 인간생명과학. 서울: 서울대학교출판부.

서울대학교 의과대학 편(1996). 세포생물학. 서울: 서울대학교출판부.

서유헌(1994). 뇌를 알고 머리를 쓰자. 서울: 동아일보사.

서유헌(2000). 잠자는 뇌를 깨워라. 서울: 평단문화사.

성동호 해역(1993). 효경(孝經). 서울: 홍신출판사.

소현수(1988). 물(과학의 거울). 서울: 현대과학신서.

신민섭, 송종영 역(2006). 좋은 부모되기 위한 십계명. 로렌스 스타인버그 저. 서울: 시그마프레스.

오진곤(1986). 물이란 무엇인가? 서울: 전파과학사.

의학유전학편찬의원회 역(2002). 의학 유전학. 톰슨과 톰슨 저. 서울: 정담.

이강국 역(1992). 창세기의 발견. 강과 넬슨 저. 서울: 미션하우스.

이기석 역해(1992). 명심보감(明心寶鑑). 서울: 홍신신서.

이기석, 한백우 해역, 이가원 감수(1994). 시경(詩經). 공자 저, 서울: 홍신출판사.

이동환 역(1994). 三國遺史. 일연 저, 서울: 도서출판 장락.

이순열(1992). 베토벤 평전과 작품. 서울: 현음사.

이태교(1992). 재미있는 물 이야기. 서울: 현암사.

임응승(1991). 수맥과 풍수. 서울: 청문각.

정옥분(2005). 발달심리학–전생애 인간발달. 서울: 학지사.

정진홍(1995). 종교변화의 이해. 서울: 청년사.

조두영(2001). 행동과학–의사와 환자. 서울: 일조각.

조수철(1996a). 대인관계에 있어서 긍정적인 힘에 대한 연구, I. 겸손. 정신의학, 20(2), 80-93.

조수철(1996b). 대인관계에 있어서 긍정적인 힘에 대한 연구, II 신뢰. 소아청소년정신의학, 7(1), 3-13.

조수철(1996c). 도덕과 생존. 정신치료, 9(2), 23-29.

조수철(1996d). 절대의 의미와 성찰. 신경정신의학, 35(1), 204-221.

조수철(1996e). Beethoven의 생애와 음악. 정신의학, 21(1), 12-29.

조수철(1997a). 열린 마음으로 세상을 보라. 서울: 열음사.

조수철(1997b). Beethoven의 아홉 교향곡들: 발달학적 측면. 정신의학, 22(1), 19-34.

조수철(1997c). Beethoven의 후기 현악4중주곡: 인격적 발달과 음악적 표현과의 관계. 정신의학, 121-131.

조수철 역(1999). 모차르트 이펙트. 돈 캄벨 저. 서울: 황금가지.

조수철(1999). 소아정신질환의 개념. 서울: 서울대학교출판부.

조수철(2000). 소아정신약물학(개정판). 서울: 서울대학교출판부.

조수철 역(2002). 소아용 모차르트 이펙트. 돈 캄벨 저. 서울: 황금가지.

조수철(2001a). 음악과 정신의학. 임상예술, 12(1), 36-48.

조수철(2001b). 주의력결핍, 과잉운동장애. 서울: 서울대학교출판부.

조수철(2002). 베토벤의 삶과 음악세계-고난을 헤치고 환희로. 서울: 서울대학교출판부.

조수철(2005). 산만한 우리 아이 어떻게 가르칠까? 서울: 샘터사.

조수철(2007). 베토벤-그 거룩한 울림에 대하여. 서울: 서울대학교출판부.

조수철, 김붕년(2005). 뇌신경발달의 신경생화학적 기초. 소아청소년정신의학 16, 1, 15-25.

조수철, 서영미(2008). 뇌를 알면 공부가 쉬워져요. 서울: 효리원.

조수철, 신민섭(2005). 소아정신병리의 진단과 평가. 서울: 학지사.

조수철, 신성웅(2001). 물과 성찰. 소아청소년정신의학, 12(1), 3-24.

지경자 역(1993). 나의 생애와 사상(물과 원시림 사이에서). 슈바이처 저. 서울: 홍신문화사.

지제근 편(2004). 의학용어큰사전, 서울: 아카데미아.

최대림 역해(1993). 사기(史記). 사마천 저. 서울: 홍신신서.

최영박(1981). 물(생명의 기원). 서울: 정음문고.

최재천(1999). 인간은 왜 병에 걸리는가? 다윈 의학의 새로운 세계. 네스와 윌리엄스 지음. 서울: 사이언스북.

최정호(1996). 물과 한국인의 삶. 서울: 나남출판.

최홍 역해(1994). 순자(荀子). 서울: 홍신신서.

한국수자원공사(1991). 물의 과학.

한용득 역해(1992). 장자(莊子). 서울: 홍신신서.

허방자 역(1989). 서양음악사. M. World, & E. Cykler 저. 서울: 삼호출판사.

현정준 역(1995). 시간의 역사. S. W. Hawking 저. 서울: 삼성출판사.

현준만 역(1994). 세계의 유사신화. J. F. 비얼레인 저. 서울: 세종서적.

홍강의, 이영식 역(1998). 인간발달의 통합적 이해. 루이스 브레거 저. 서울: 이화여자대학교출판부.

홍성욱 역해(1994a). 맹자(孟子). 맹자 저. 서울: 고려원.

홍승직 역해(1994b). 논어(論語). 공자 저. 서울: 고려원.

홍승직 역해(1994c). 대학(大學), 중용(中庸). 서울: 고려원.

Forbes, E. (1967). *Thayer's Life of Beethoven*. Princeton University Press.

Kaplan, H. I, & Sadock, B. J. (2000). *Comprehensive Textbook of Psychiatry* (7th ed., p. 17). Lippincott Williams and Wilkins.

Orga, A. (1983). *Beethoven*. London: Omnibus Press.

Rostal, M. (1985). *Beethoven*. The Sonatas for Piano and Violin, Toccata Press.

Scott, M. M. (1974). *Beethoven*. (pp. 253–293). London: JM Dent and Sons LTD.

Simpson, R. (1986). *Beethoven Symphonies*. Ariel Music BBC Publications.

Tame, D. (1994). *Beethoven and the Spiritual Path* (pp. 171–210). Wheaton: the Theoretical Publishing House.

찾아보기

인 명

내 용

아 278

저/자/소/개

• 조수철

서울대학교 의과대학 졸업
서울대학교 대학원 의학박사(정신과학전공)
미국 예일대학교 소아연구센터 연수 · 교환교수 역임
서울대학교병원 신경정신과 과장 역임
대한신경정신의학회 이사장 역임
현 서울대학교병원 소아청소년정신과 교수

〈주요 저서 및 역서〉

- 모차르트 이펙트(역, 황금가지, 1999)
- 소아정신약물학(서울대학교 출판부, 1999)
- 주의력결핍 · 과잉운동장애(서울대학교 출판부, 2001)
- 소아정신병리의 진단과 평가(공저, 학지사, 2005)
- 틱장애(서울대학교 출판부, 2005)
- 베토벤-그 거룩한 울림에 대하여(서울대학교 출판부, 2007)
- 천재성과 마음(공역, 학지사, 2007)
- 뇌를 알면 공부가 쉬워져요(효리원, 2008)
- 엄마는 주치의(경향미디어, 2009)

〈논문〉

- 유아자폐증, 주의력결핍 · 과잉운동장애, 틱장애, 소아기 불안장애, 소아기 우울증, 야뇨증, 행동장애, 소아기 정신분열병에 관한 논문 140여 편
- 베토벤의 생애와 음악, 사상에 관한 논문 6편

인간의 발달과 생존
-힘과 통제의 원리-

2010년 1월 25일 1판 1쇄 인쇄
2010년 1월 30일 1판 1쇄 발행

지은이 • 조수철
펴낸이 • 김진환
펴낸곳 • (주) 학지사
121-837 서울특별시 마포구 서교동 352-29 마인드월드빌딩 5층
대표전화 • 02)330-5114 팩스 • 02)324-2345
등록번호 • 제313-2006-000265호

홈페이지 • http://www.hakjisa.co.kr
커뮤니티 • http://cafe.naver.com/hakjisa

ISBN 978-89-6330-293-5 93180

정가 13,000원